新版

法然と親鸞の信仰

倉田百三

講談社学術文庫

本書は、著作権者の了解を得て、原文を新漢字・新仮名遣いに改め、一部の漢字をひらがなに直し、随時ルビを振りました。引用文は旧仮名遣いのままにしました。なお、本文中に現在において「アキメクラ」「白痴」等の表現が使われております。これらは、現在においては不適切、差別的と言わざるを得ないものでありますが、著者が故人であり改稿が不可能であることと時代背景を考慮し、改変をせずにオリジナルのままとするべきと判断いたしました。

（編集部）

序

生命というものは不思議なものだ。とりまく宇宙も不思議なものだ。そして人間の心はなおさら不思議だ。われわれは日常生活の躁音《そうおん》にまぎれているが、ふと気がつくとつくづくそう思う。そしてあわただしい生活の中にも、自分の影を見失いたくないと思う。

一枚起請文《いちまいきしょうもん》と歎異鈔《たんにしょう》とは、人間のたましいの中に灯をともすような書きものだ。深い深いたましいの海の底に錘《おもり》をおろすような文章だ。これを読むとわれわれはいつの間にか、仏智の不思議と、見えない手とが人間の生活を支えているのを感じるようになる。

歎異鈔よりも求心的な書物はおそらく世界にあるまい。

この書には、また、物柔らかな調子ではあるが、恐ろしい、大胆な、真剣な思想が盛ってある。見方では毒薬とも、阿片《アヘン》とも、利刃《りじん》ともとれる。がそれは宗教の密意を取り扱ってあるからだ。そしてどこまでも敬虔《けいけん》な、謙虚な、しかし真理のためには何ものをも恐れない態度で書かれているのである。文章も日本文として実に名文だ。国宝と言っていい。

私の注釈の方が粗《あら》いことをひそかに恐れている。

はしがき

信仰というものは生きるために必要な、日々夜々欠くことの出来ない、実際に役立つものでなくてはならぬ。心の平和のためにも、また身体をいわゆる肉弾となして、実生活にぶっ突《つ》かって行く時にもなくてはならない最後の「拠《よ》りどころ」でなくてはならぬ。信仰は伊達《だて》でも装飾でもない。また信仰を修養とか、心がけとか、鍛練《たんれん》とかいうぐらいの程度に考えるのも、本当の「信心《しんじん》のおもむき」を知ったものではない。「信仰は生活と密接な関係がある」という言葉は、かなり信仰に志と理解のある人の言うところであるが、「密接な関係」どころではない。生活そのもの、生きる事がそのまま信仰なのである。これが信仰の極致で、いわゆる「一枚の信仰」というものである。関係というのは二つのものが分れていて初めて成り立つ概念であるが、一枚の信仰だから関係ではない。生きることのそのままが信仰、「なむあみだぶつ」となるのである。

私はこの本で仏教の中の浄土門《じょうどもん》の信仰、すなわち法然上人《ほうねんしょうにん》の浄土宗《じょうどしゅう》と、親鸞聖人《しんらんしょうにん》の浄土真宗《じょうどしんしゅう》（あるいは単に真宗）の信仰とを、できるだけ平易に、しかもその奥所を突きつめて説きたいと思うのであるが、上述のように、生きた信仰、生きることと一つの信仰の視点《してん》から離れる事はしないつもりだ。経典の講義をするのがこの本の目的ではない。それにまた、後に詳しく語るように、この二人の「信仰の生活者」の信仰というものの性質が、およそ、むつかしい、面倒な、学問や、理窟とは違うのである。この二人の聖人《しょうにん》の信仰を語るのに、もし私が難解な哲学や、煩瑣《はんさ》な考証《こうしょう》などを持ち出すとしたら、それこそ私は法然上人《ほうねんしょうにん》から、「二尊のあはれみにはづれ、本願にもれ候べし」と叱りを受けねばならぬ。親鸞聖人《しんらんしょうにん》から、「大虚言《そらごと》のかたちなり」と痛棒を喫《きっ》しねばならぬ。実に、浄土門《じょうどもん》の信仰というものは、謙虚《けんきょ》な、ハンブルな、心の貧しいものなのである。ただ、「南無阿弥陀仏《なむあみだぶつ》、なむあみだぶつ」と言う外はないのである。

草のいほに寝てもさめても申すこと
なむあみだぶつ　なむあみだぶつ

これは有名な良寛の歌である。

心の我慢《がまん》、こだわりが除《と》れ去って、いや、それはそのままありながら、ただ「なむあみだぶつ」の一念となったのである。

こういう心組から、私はこの二人の聖人《しょうにん》の信仰を語るのに、一枚起請文《いちまいきしょうもん》と、歎異鈔《たんにしょう》とをテキストとして用い、できる限りは他の経典や論釈《ろんしゃく》によらぬことにした。この二つの文書《シュリフト》さえ、かれこれと沙汰することは恐らく二聖人《しょうにん》の本意ではあるまい。およそ戯論《けろん》に流れ、解り難く、頭を混雑させるようなことは二聖人の最も忌む所である。ただひたすらに、至心《ししん》に「なむあみだぶつ」を唱える心境に同行達《どうぎょうたち》が達することを悦ばれるのである。

一枚起請文《いちまいきしょうもん》は法然上人《ほうねんしょうにん》が自ら書かれたものであり、文字どおり、ただの一枚の証文に過ぎない。歎異鈔《たんにしょう》は親鸞聖人《しんらんしょうにん》生前の片言隻語《へんげんせきご》の述懐を近侍の弟子（唯円房《ゆいえんぼう》か、あるいは誰か）が書きとめて置いた覚書《おぼえがき》であって、これとてごく短篇に過ぎない。しかもこの二つは浄土門の信仰の極致を示す最も恰好な文献であり、しかも恐らく両聖人《しょうにん》が最も好まれたであろうと思われるような平易にして、自然な表現の形を具えており、浄土門の宗旨にとっては無二の宝であり、その信仰の流れを汲み、二聖人の心境を痕《あと》づけて行こうとする求道者《ぐどうしゃ》にとってはまたとなき拠《よ》り所であり、たのみである。

単に平易で、解りいいというだけではつまらないが、奥深く、微妙な、信仰の境地を正直に、徹底的に証示《しょうじ》してあるから有り難いのである。

この一枚起請文《いちまいきしょうもん》と歎異鈔《たんにしょう》とが自分の心にぴったりとはまり、心行くまで嬉しく共鳴されるようになったならば、浄土門の信仰は会得《えとく》できたのだと言っていい。かくいうとそれではいわゆる浄土門正依《しょうえ》の経典《きょうてん》や、法然、親鸞の多くの著作などどうしたのだという人があろうが、元来信仰というものが、一切の理論や、文字など振り捨てて、ただ、なむあみだぶつの一念になった境地であって、一枚起請文《いちまいきしようもん》や、歎異鈔《たんにしよう》さえ要《い》らないのである。それがいわゆる親鸞の「如来《によらい》にたまわった信仰」であって、親鸞の信仰も、むつかしい「教行信証《きようぎようしんしよう》」の註《ちゆう》釈《しやく》をする学者の信仰も、「一文不知《いちもんふち》の尼入道《あまにゆうどう》」の信仰も、ひとつであって変りはないという、念仏一枚の境地なのである。そういう事を説き証《あか》すことこそ、一枚起請文《いちまいきしようもん》や、歎異鈔《たんにしよう》の本旨であって、いずれ後に、歎異鈔《たんにしよう》を詳しく説く時に、親鸞がチャンと言っておられる個所で、詳述するつもりである。

しかしながら、法然や親鸞でも、最初からそういう純一無雑な、混《ま》じり気《け》のない、一念の境地にいた訳ではない。頭の分別《ふんべつ》、生活の迷い、さまざまの複雑な、面倒な世界を通り過ぎて後、そういう単純な、ひたすらな心境に達したのである。

誰しも人間はそのとおりである。理智の懐疑、生活の迷いを経て、むしろその苦しみがあればこそ、至心《ししん》一念の信仰に帰入《きにゆう》するようになるのである。

未信《みしん》のものの心が複雑混乱しているのは怪しむに足りない。それどころか、入信《にゆうしん》したとて心の複雑混乱がなくなるのではない。複雑混乱のままに、それを超えて、いや、そう言ってもいけない、それに即して、帰一した静けさ、涅槃《ねはん》が得られるのである。

だからわれわれは迷いつつ、分裂しつつ、真を求めて進んで行かなければならない。それが生きることの一番中心の意義である。大事なテーマである。生死の一大事とはこれを言うのだ。

今日世間では現代には宗教は要《い》らぬというような声を聞く。われわれにはナンセンスにしか聞こえない。生きることがすなわち宗教になってるわれわれには、宗教は要る、要らぬの問題ではない。それは生きることは要らぬというに等しいのだ。

信仰を日々夜々用いて生きてるわれわれには、信仰は要らぬどころか片時《かたとき》も離すことはできぬ。われわれは信仰によって初めて、われわれのような罪根《ざいこん》の深重《じんじゅう》な、そして器量においてなんら取るに足るもののない光栄のない生命も、なお生きることを許されていることを信じることができる。いわゆる法界《ほうかい》に容《い》れられていることを信じることができる。単に許されているばかりでなく、いかなる聖賢や、英雄や、天才やをも法の前には絶対に平等であることを信じて安心立命《あんしんりつめい》することができる。そして今日の、この瞬間のいのちを肯定しつつ、活きるためには血の涙の出るような、また生き馬の眼を抜くような行動をもあえてして生きているのである。「如来《にょらい》の願船《ぐわんせん》なかりせばいかで苦海を渡るべき」。

生きることは確かに苦である。こう告白して何のはずかしいことがあろう。犠牲《ぎせい》をつくらなくては生きて行かれないこの世界の根本的、先天的機構がある以上は、われわれは多かれ少かれ、他の生命を傷つけずには生きられない姿勢に置かれている。この事が良心を苦しめずにおられるはずがない。親鸞聖人のように罪悪意識の強い人には自分の一々の行為のこの性質、その上に虚偽で、不確かで、脆《もろ》いことが苦しく、浅ましくてたまらなかったのである。親鸞のように宗教的反省の強い人でなくても、極めて卑近の例をとれば、百万円儲けた中から一万円散じて、自分を慈善家であるとして許すことのできるような厚顔な人間でない限りは、普通の義理と人情とをそなえている人間ならば、たとえば、借金を申し込むことも、申し込まれて断ることも、心を苦しめずにできることではあるまい。と言って借りもせず、借りられもせぬような結構な身分は、もしあるとしても、今日の世相において、人間らしくもなければ、共存同悲の社会生活苦を嘗《な》めている人とも思われない。率直に告白すれば、われわれは念仏申しつつ借金を申し込み、また念仏申しつつ借金の申込みを受けたり、断ったりしている。念仏がなくてはとてもその勇気は出ない。強いて出せばやれるであろうが、かかる「厚かましさ」と「無慈悲」との行為をやらねばならぬ機会の充満している世界で、それをあえてし続けていれば、神経衰弱となり、精神病者となる外ない。そうでなくてもその日々は堪え難い苦しいものとなるであろう。

そういう道徳的苦痛でなくても、われわれの運命の不確かさと、境遇の矛盾《むじゅん》だらけのこととは生きることを苦しいものにせずには置かぬ。諦らめてしまっているとはいうものの、われわれの愛している肉親や、相思の者や、友人が死ぬるということは何たる断腸《だんちょう》の事実であろう。天地に俯仰《ふぎょう》して慟哭《どうこく》するにあまりあることである。永久にそれきりどこへ行ったかわからない。そしてわが身もまた同じ運命に陥るのである。自分はどうなるのか。永久に無になるのか。これは実に恐ろしいことである。よくも人間はそういう恐ろしい、不安な状態で活きて行けると驚くほどの事柄である。

われわれの境遇の不確かさは、火宅無常《かたくむじよう》と言わなくても、今日では日々の生活苦、生活難だけでも沢山だと言いたいくらいである。自分と家族との生計を支えるのは容易な事でない。病んで医者にかかれる人はごく少数だろう。大多数の青年は就職できず、結婚できず、農村の小学校では欠食児童をすら出している。たとい生命線が突破できてもそれで苦悩がなくなる訳でもない。所詮《しよせん》人生はショウペンハウエルが道破したごとく「生きるは悩み」である。悩みを取り除こうとしても悩みは尽きない。親鸞の「地獄は必定棲家《ひつぢやうすみか》ぞかし」である。可能なのはただ苦悩の中で、苦悩を克服して生きる道だけである。苦悩のままに人生を受け容《い》れて、苦悩と一枚となって生きる方法のみである。車夫が汗みずくになって、たらたら汗が流れるぐらいになると、汗を苦にしなくなるように、苦しみのままに、さながら苦なきがごとく生きる仕方だけである。これが畢竟《ひつきよう》浄土門の解脱《げだつ》の方法である。

雲にただ今宵《こよひ》の月をまかせてむ
　いとふとてしも晴れぬものゆゑ

これは西行《さいぎよう》の歌である。不断煩悩得涅槃《ふだんぼんのうとくねはん》とか、光雲無碍如虚空《こううんむげによこくう》とかいうのも畢竟《ひつきよう》するところは、苦悩とひとつになって、生そのものを直接に、端的に受け容れた、生活と一枚になり切った境地である。そしてそうなってしまうと、今度は積極的に生活のための努力、たたかいが傍目《わきめ》もふれずにできるようになる。実生活上の奮闘が覚悟と諦念《ていねん》とをもってできるようになる。そこが信仰生活のおもしろいところである。マルキシストは「対境の解釈を変えるのでなく、対境そのものを変える」のでなくてはならぬ。そして宗教は前者だから駄目だとよく言うが、それは信仰そのものの心理を知らぬからで、いったん信仰が自分のものになると、対境に勇猛に打っ突かって行くようになるのである。対境をそのまま受け容れると、同時にそれを改造しようとする実践が生じるというのは奇異に聞こえるが、信仰そのものの内面には入って見なくては解らぬサイコロジーである。後にこの事は詳しく書くが、ちょっと言って見れば、あたかも是非なき時には対手《あいて》と果し合いも辞せぬと覚悟した上で、出来得る限り、対手をなだめ、情理を尽して説明し、謙遜に破局を避ける折衝《せっしょう》を重ねるような心理である。しかしそれでも駄目となれば、早これまでと念仏して、刀の鞘《さや》を払って、必死に渡り合うのである。また貧しくて汚ない部屋借りして住まねばならぬ時、まずどんな部屋でもいとその部屋を受け容れた上で、直《ただ》ちに障子を切り張りする糊《のり》でも煮《に》にかかるという心理である。しかしそうなるまでには、嘆息したり、自暴になったり、また遁《のが》れられぬことを遁れようともがく愚痴など、いろいろの心理を経過するのが人情の自然であって、そういさぎよく信仰の境地にはなれるものでない。法然上人でも親鸞聖人でも同じ煩悶、懊悩《おうのう》を経《へ》られたわけで、自分を煩悩具足《ぼんのうぐそく》の凡夫と認め、罪業深重《ざいごうじんじゅう》の悪人と自覚せざるを得なかったのである。

われわれは煩悶があり、罪悪があることは失望するに当らない。それは達観すれば天意の催し、弥陀のはからいの一面なのだからだ。ただその煩悶、罪悪を生の深刻なる事実として抱きしめ、その意味をよみ取り、またこれを克服《こくふく》することに熱心でないことを恥じねばならないのである。そしてそれを独特の仕方で克服した法然上人や、親鸞聖人のような先蹤《せんしょう》を、しかもわれわれ日本人の先祖に持つことはわれわれにとって実に幸福と言わねばならぬ。一《いち》枚起請文《まいきしょうもん》と歎異鈔《たんにしょう》とはその晩年、克服の事業の仕上げの後に、醗酵《はっこう》したる精粋《せいすい》であり、煉《ね》りにねれたる醍醐《だいご》である。今、私ごときがこれにかれこれと註解を加えることは蛇足の感があるが、近代の西洋文化の教養の中毒から、この世界に比類なき二つの文献の宝玉のごとき価値をも見落とし、未だにこれに触れる機会を持たなかったような人々にとっては、私のごとき同時代の同じ教養雰囲気《ふんいき》に育ったものが、新しい近代的感覚と認識との照明の下に、これを紹介し、手引きする事は、案外役に立つところがあるかも知れぬと思うのである。

目次

第二章　法然の生涯（その時代的背景）……31

第三章　一枚起請文講評

下　篇――歎異鈔を中心として――

第三章　歎異鈔講評

上篇

――一枚起請文を中心として――

第一章　内容一般

一　縁《えん》起《ぎ》

一枚起請文《いちまいきしょうもん》は法然上人《ほうねんしょうにん》が建暦《けんりゃく》二年正月二十三日その臨終に、その弟子勢観房源智《せいかんぼうげんち》の請《こ》いによって、浄土宗の信仰の中心眼目《がんもく》を一枚の紙に簡叙《かんじょ》して、書き遺されたものであって、「黒谷上人起請文《くろだにしょうにんきしょうもん》」とも「一枚消息《いちまいしょうそく》」ともいう。

これは上人が自分の滅後に、門弟たちや、信者たちが、浄土宗の信仰について、いろいろとむつかしい複雑な教義などを唱え出したり、その意見がまちまちにいろいろと別れて来たりすることをおそれて、わしの信仰はこうだとハッキリと書いて止《とど》めを刺《さ》して置かれた、一口に言えば証文である。仏教の僧侶というものはややもすれば学問の誇りに陥り易いものであるから、かれこれと浄土宗の教義を経釈《きょうしゃく》などを引用して打ち建てて見たりするものが出来るかも知れぬ。そうなれば必ずそれに対立する異説が生じてその結果は法然《ほうねん》が最も忌《い》む諍《そう》論《ろん》になり、さらに議論のための議論のような戯論《けろん》に陥るやもはかられぬ。また「偽《いつ》わりの証《あかし》を立てる人」というものはどこにでもいるものだから、「上人はああ言われた」とか、「私はこう聴いている」とかいうようなことを、あるいは過《あやま》って聞き違え、あるいは故意《こい》にまことしやかに唱え出すものが出来ないとは言われぬ。ところで法然上人自身は、

阿弥陀仏《あみだぶ》と云ふよりほかは津の国の
難波《なには》のこともあしかりぬべし

こういう自詠にうかがわれるように、単純無比な、どの学問や、理窟にも障《さ》えられない信仰の境地なのだから、その大切この上もない信仰の本質眼目をハッキリと書き記《しる》して、判を押し、後日の証文にして置いたわけである。

その全文は次のとおりである。

もろこし我朝《わがてう》にもろもろの智者《ちしや》たちのさたし申《まう》さるる観念《くわんねん》の念《ねん》にもあらず。また学問《がくもん》をして念《ねん》の心《こころ》をさとりて申《まう》す念仏《ねんぶつ》にもあらず。唯往生《ただわうじやう》ごくらくのためには南無阿弥陀仏《なむあみだぶつ》と申《まう》してうたがひなく往生《わうじやう》するぞとおもひとりて申《まう》す外《ほか》には別《べつ》のしさい候《さぶら》はず。ただし三心四修《さんじんししゆ》と申《まう》す事《こと》の候《さふらふ》はみな決定《けつぢやう》して南無阿弥陀仏《なむあみだぶつ》にて往生《わうじやう》するぞとおもふうちにこもり候なり。このほかにおくふかきことを存《ぞん》ぜば二尊《にそん》のあはれみにはづれ本願《ほんぐわん》にもれ候べし。念仏《ねんぶつ》

を信《しん》ぜん人《ひと》はたとひ一代《いちだい》の法《ほふ》をよくよく学《がく》すとも一文不知《いちもんふち》のぐどむ《（愚鈍）》の身《み》になして尼入道《あまにふだう》の無智《むち》のともがらに同《おなじ》うして智者《ちしや》のふるまひをせずしてただ一向《いつかう》に念仏《ねんぶつ》すべし。

為ㇾ証以㆓両手印㆒（証《しよう》の為《ため》に両手印《りようしゆいん》を以《もつ》てす）

浄土宗《じやうどしう》の安心起行《あんじんきぎやう》この一紙《いつし》に至極《しごく》せり源空《げんくう》が所存《しよぞん》このほかに全《まつた》く別義《べつぎ》を存《ぞん》せず滅後《めつご》の邪義《じやぎ》をふせがんがために所存《しよぞん》をしるし畢《をは》んぬ。

建暦《けんりやく》二年正月二十三日　源《げん》　空《くう》　印《いん》

二　異　説

もっともこの文中、為ㇾ証以㆓両手印㆒（証《しよう》の為《ため》に両手印《りやうしゆいん》をもつてす）以後の数行は後世の附加であるという説もある。それは今日まで残っている、古い時代の書幅に、この末章のあるものと無いものとあるからであるが、徳川時代の書写および板行《はんこう》にはほとんど皆この末章が附いており、また忍徴《にんちよう》の「吉水遺誓諺論《よしみずゆいせいげんろん》」、関通《かんつう》の「一枚起請文梗概聞書《いちまいきしようもんこうがいききがき》」、法洲《ほうす》の「一枚《いちまい》起請講説《きしようこうぜつ》」等の古文献にも皆この末尾の章が附いており、現代では一般に一枚起請文《いちまいきしようもん》として世間に流布《るふ》しているものはことごとくこの末尾の結文が附いているのであるから、自分はここではこれを法然自身の書いたものとして置く。ここで必要なのは信仰の本質であって、史学的考証ではないからである。親鸞聖人の存在すら否定する史学家もあるのであるから、そういう事に一々拘泥《こうでい》していても利益はない。

三　動機

さて一枚起請文《いちまいきしょうもん》のようなものを書き遺《のこ》すことは、法然のように、その時代の宗教的革命家であって、その時代まで一般に行われていた仏教の諸宗派の中から、全く別の旗幟《きし》を押し立てた者にとっては、自分の事業の総決算としてもハッキリと立場を明らかにして置きたかったであろうし、今一つは法然自身が一代の碩学《せきがく》であり、非常に博学強記《はくがくきょうき》の智者として、その名声が朝野《ちょうや》に喧伝《けんでん》されていたのであるから、なおさらの事、学問弁理と信仰との全く相違すること、そして自分の信仰がそれらのものから全く自由になっていることをハッキリさせて置く必要があったであろう。いわゆる「智者学生《ちしやがくしよう》」という肩書は法然自身はぴったり当てはまるほど法然は博学であったからである。またそれだけに、世にありがちな学問ボコリなど全く跡を止《とど》めない、この一枚起請文《いちまいきしょうもん》の心境が奥床《おくゆか》しいのである。「富める者の天国に入るは駱駝《らくだ》の針の穴をくぐるより難い」と耶蘇《ヤソ》は言ったが、「物識《ものし》り」が素直な、貧しい心になって往生《おうじょう》するのはそれにもましてむつかしいことである。「物識《ものし》り」というものはどうも深い、心情の世界に沈潜出来ないものである。マルキシストなどもあの衒学的《ペダンチック》なところがとれない限り、信仰が解らないのは止むを得ないことである。しかるに法然は類《たぐ》い稀なる博学でありながら、またその学問を捨て切って、世にも単純な、空しい心境となったのは称讃にあまりあることである。「たとひ一代の法をよく学《がく》すとも、一文不知《いちもんふち》のぐどむ（愚鈍）の身になして、尼入道《あまにふだう》の無智《むち》のともがらに同《おな》うして、智者のふるまひをせずして」とあるのは、実に彼自身のことを言ったようなものだ。

人には各ゝ宿業《しゅくごう》があって運命も、性格も一様ではない。法然は衆人に自《おの》ずから愛敬せられ、学徳秀《ひい》で、朝野に貴賤男女の帰依者《きえしゃ》みち、性格も清涼にして順直であり、これを親鸞に比較する時は、生れながらの徳のそなわった恵まれた人であったと思われる。その性格の素直にして、涼しく、安らかな智恵《ちえ》に満ちた円満無碍《むげ》という感じでは恐らく日本のあらゆる高僧の中で法然の右に出る者はあるまい。したがってその信仰、思想は円熟して、手ぬかりがなく、道徳的にも健全であって、危険のおそれがない。まったく天稟《てんぴん》の具足《ぐそく》した聖人《しょうにん》であって、その点親鸞聖人と大分相違している。親鸞は一生貧しく、世に知られず、心情も障《さわ》り多く、その信仰、思想も円満というより、徹底驀直《てっていばくちょく》であって、危険性を帯びている。その境遇も行持《ぎょうじ》も法然のように清涼でなく、煩《わずら》いと暗さとを含んでいる。

それでは法然はどういう生い立ち、どういう生涯を送った人であろうか。一枚起請文《いちまいきしょうもん》を理解するためには、その準備として、法然の伝記の概要と、その時代的背景の特色とを知らねばならぬわけである。

第二章　法然の生涯（その時代的背景）

一　誕生と生い立ち

法然は長承《ちょうしょう》二年（西暦一一三三年）四月七日、美作国久米郡稲岡《みまさかのくにくめのごおりいなおか》ノ庄《しょう》に生れた。父は漆時国《うるまのときくに》、母は秦氏《はたうじ》の女《むすめ》。子供の時の名は勢至《せいし》丸《まる》と言った。幼い時から非常に悧発《りはつ》でいわゆる「一を聞いて十を悟る」というような処があり、他の子供より違っていたらしい。そしてややもすれば西の方の壁に向って坐っている癖があったと言われている。父の時国というのは西三条右大臣の後胤式部《こういんしきぶ》太《た》郎《ろう》という人が美作《みまさか》の国へ来て久米郡の押領使《おうりょうし》漆元国《うるまのもとくに》の娘と結婚したのが原《もと》で漆《うるまの》姓を名乗った。それで家柄であり、姻戚関係の背景で勢力があったから当時稲岡《いなおか》の庄《しょう》の預《あずか》り処《どころ》として赴任した。源定明《みなもとさだあきら》と意見が合わず、その政治に服さなかったので憎みを買っていた。そしてその恨《うら》みが積った結果ついに定明《さだあきら》は時国を夜襲した。時国は致命傷を受けた。時に勢至《せいし》丸《まる》は九つであったが物のすきから窺《うかが》うと定明《さだあきら》が庭で矢を矧《は》いで立っていた。家人の狼狽《ろうばい》する中に勢至丸《せいしまる》は小弓を把《と》り定明にむかって一矢《いっし》を放った。矢は敵の眉間《みけん》に当ったので定明はそのまま走った。時国は疵《きず》のために死に瀕した時、勢至丸に仇討ちを止めて言うには「自分がこういう非業《ひごう》の死を遂げるのも先の世の宿業《しゅくごう》である。敵を恨んであだを結ぶ時にはあだはあだをひいて尽きるという事はない。お前はわしのあだうちをしようというような事を考えず、早く俗を逃れ、出家してわしの菩提《ぼだい》を葬ってくれ。またお前自身の解脱《げだつ》を求め生死を離れるよう心がけよ」と言ったという。なお勢至丸の父の仇定明は眉間の疵《きず》が証拠《しょうこ》になるので土地を逃げて隠居し、後罪を後悔して念仏に帰したという事になっている。

二　出家

勢至丸の母は信心深い人だった。そして勢至丸の叔父に観覚《かんがく》という僧があって、菩提寺《ぼだいじ》の院主を務めていたので、勢至丸をこの叔父の弟子にして出家させた。

観覚《かんがく》は勢至丸のまれな器量を見て田舎に埋《うず》もれさすのは惜しいと思い、自分がかつて延暦寺《えんりゃくじ》に学んだところから、当時学問の権威比叡山に勢至丸を送って本格の修行をさせたいと思い、母にそれをすすめた。母は勢至丸と別れることを悲しんだが弟のすすめと本人の勢至丸が非常に熱心に頼むのでついにそれを許した。こうして初めて比叡山の西塔《さいとう》北谷持宝坊源光《じほうぼうげんこう》という人の弟子として修道の第一歩に入った。時に久安三年十五歳であった。

勅修御伝《ちよくしゆごでん》によれば勢至丸が都の街に登りついた時途中時の摂政《せつしよう》藤原忠通《ただみち》の行列に行き遇った。勢至丸は馬から下りて道の側によけた。忠通《ただみち》は俥《くるま》から勢至丸を見て車を止めて「何処《いずく》の人か」と側近の者に尋ねた。「美作《みまさか》の国より出家修行のため叡山に登る童子たちでありま す」と答えると忠通は丁寧《ていねい》に会釈《えしやく》して通りすぎた。後で忠通が言うには「今日路次であった童子の眼《め》から光を放っていた。いかにも只者《ただもの》ではないと思ったから礼儀をしてすぎた」と。

ちなみに忠通《ただみち》の息兼実《かねざね》が後に法然に帰依《きえ》が深かったのも何かの因縁《いんねん》であろうと言われている。源光《げんこう》は勢至丸の器量が只者でないのを見て自分よりもさらに勝れた師につけたいと思い、功徳院阿闍梨皇円《くどくいんあじやりこうえん》の許《もと》に入室させた。勢至丸はそこで剃髪授戒《ていはつじゆかい》したが、さらに久安六年十八歳の時皇円《こうえん》の許を辞《じ》して黒谷《くろだに》の西塔慈眼坊叡空《さいとうじげんぼうえいくう》の庵《いおり》に投じた。そして初めて法然房源空《ほうねんぼうげんくう》と号した。源空《げんくう》というのは源光《げんこう》の源と叡空《えいくう》の空とを合わせたのである。叡空は大原《おおはら》の良忍《りようにん》上人の附属円頓戒相承《ふぞくえんどんかいそうじよう》の正統《せいとう》であって瑜伽秘密《ゆがひみつ》の法に明らかな当代における名師であった。法然は黒谷に蟄居《ちつきよ》の後名利《みようり》を捨てひたすら出離《しゆつり》の道を求めて精進《しようじん》した。

三　修道の目的

彼にははっきりした目的があった。それは生死を離れることであり、すべての学問もそのために他ならなかった。この目的の唯一ではっきりしていることは法然の晩年死に到るまでも一貫して変わる事のなかったことでよく解る。しかし学問においては博覧強記《はくらんきようきてんだい》天台の奥儀《おうぎ》に通じ、密乗《みつじよう》および大乗律《だいじようりつ》を受け三蔵《さんぞう》の聖教を繙読《はんどく》し、爾後四十三歳に至るまでにおよそ法《ほつ》相《そう》、三論《さんろん》、天台《てんだい》、華《け》厳《ごん》、真言《しんごん》、仏心の諸宗に渉《わた》り、それらの経疏《きようしよ》について読まないものはなかった。黒谷《くろだに》に蔵する一切経《いつさいきよう》を披閲《ひえつ》すること五度に及んだ。法然自《みずか》ら述べて「われ三度書をよめばその義おのずから彰《あき》らかにして労苦せず」といいまた「八宗の他仏心宗に渉《わた》り九教《くきよう》の相《そう》においてほぼ幽致を得たり」といった。法然が書をよまなかった日はただ一日きりであったと言う。それは木曾義仲が京都に討入りした日であまりに乱暴が烈しく騒がしいのでさすがの法然も書を手にすることができなかったと言われている。師の叡空《えいくう》も法然には一歩を譲っていた。ある時天台智者大師《てんだいちしやだいし》の円頓戒《えんどんかい》について叡空《えいくう》と議論《ぎろん》を闘わしどちらも譲らずついに叡空《えいくう》が立腹して枕を法然に投げつけたから法然は静かに師の前を立ち出た。叡空は沈思すること数刻の後弟子の法然の室に来て陳謝し「汝《なんじ》の説の方がやっぱり深い。本意であるらしい」と言ったといわれている。保元元年法然二十四の歳、叡空上人に暇《いとま》を乞うて嵯峨《さが》の清涼《せいりょう》寺《じ》に七日間参籠した。それも法を求むる一事を祈るためであった。参籠終って南都へ下り法《ほっ》相宗《そうしゅう》の碩学《せきがく》、蔵俊僧都《ぞうしゅんそうず》の許に到って法談を交えたが、自宗の義理《ぎり》に法然があまりに明るいので僧都《そうず》も舌を巻いて驚嘆した。また醍醐《だいご》に三論宗《さんろんしゅう》の先達権律師《せんだつごんりつし》寛雅《かんが》を訪ねた。そして所見を述べると律師は無言のまま内に入り、文櫃《もんひつ》十四合を取り出していわく、「わが法門にはこれを附属するに足る人がない。これは秘蔵の書物だが君に贈る」と言ったといわれている。その他華厳宗《けごんしゅう》の法橋慶雅《ほうきょうけいが》も弘法大師《こうぼうだいし》の「十住心《じゅうじゅうしん》」について議論して法然の知識に感嘆し鳥羽院第五の皇子、覚性法親皇《かくしょうほうしんのう》のまえでしきりに法然の勝れていることを賞美したので法然を招かれたが謙遜してそれを辞退した。

四　法然の人となり

法然には謙遜なところと、剛腹《ごうふく》なところとが兼ね備わっていた。そしてそれは結局「理《り》」から起るのであった。法然は実に公《おおやけ》な、無私な、理性的な人間であった。本当に謙遜な人というものは必ず一面剛腹なものである。それは彼が謙遜なのは媚《こ》びたり、へつらったりするためでもなく、また何か為にするところあってそうなのでもないのだから、理のため、法のためにはけっして自己を枉《ま》げないという強靭《きょうじん》さが生じるのである。むしろ、まさかの時、大事な時には決して自分を枉《ま》げられないのだと思えば、平生《へいぜい》は謙遜にしていたくなるものである。正しい人はみなその傾向がある。それは自分の頑固さを理不尽なものに思われたくないからである。法然は柔和で謙譲であったけれども法のため、理のためとなると剛腹になった。師の叡空《えいくう》ともそのためには度々議論をたたかわし、しかもその時にはかなり執拗であって決して妥協しなかった。そのために叡空《えいくう》は怒って打擲《ちょうちゃく》したり、破門しかけたりしたほどであった。年とって円熟し、大成して来るにつれて柔和となり、鋭利な鋒鋩《ほうぼう》を隠すようにはなったが、理を枉げないことは終生渝《か》わらなかった。有名な大原問答《おおはらもんどう》でも謙遜な態度ではあるが、結局自説を頑張り通して相手を説服してしまった。後に法然も「あの時は七日間の根気比べで勝ったのだ」と弟子に語った。法然の容貌《ようぼう》は頭の形がいわゆる法然頭で、凸凹があって大きく、瞳《ひとみ》は黄味《きみ》を帯びて、一見俊勁《しゅんけい》な、一癖《ひとくせ》あり気な面魂《つらだましい》であったらしい。それが次第に円満となり、晩年に念仏三昧《ざんまい》になって、三昧発得《さんまいほっとく》後はさまざまの異象《いしょう》が言い伝えられているほどに、心霊的な輝きを帯びて来たらしい。あるいは頭光《ずこう》を発したとか、両眼の角から光りが出て暗に燈火なくして読書したとか、法然が虚空《こくう》を踏んで歩くのを九条兼実《くじょうかねざね》や、門弟たちが見たとか、心霊現象的《サイキカル》な事実が非常に多く伝えられている。これらは今日の科学では否定することも、肯定することもできず、預かって置くより外ないが、ともかく晩年には念仏三昧に行いすまして、他所目《よそめ》にも尊く、霊的雰囲気《れいてきふんいき》につつまれていたと見るべきであり、この点親鸞とは非常に相違するのを注意すべきである。法然には道徳堅固、自行精進《じぎょうしょうじん》の一面が甚だ強いのである。

五　彷徨《ほうこう》時代初まる

さて法然が二十四の年に叡空《えいくう》に暇乞いして、黒谷《くろだに》を立ち出でたという時を法然の心霊上の彷徨時代の初まったものと私は見る。前にも言ったごとく、法然の修学《しゅがく》には「生死を離れる」いわゆる安心立命《あんしんりつめい》するためというハッキリした目的があった。そのためにかつて皇円阿闍梨《こうえんあじゃり》の許《もと》にいた時、皇円《こうえん》が法然の非凡な学才器量を認めて、将来天台の頭梁《とうりょう》に守《も》り立てようという意を仄《ほの》めかした時にも、それを名利《みょうり》の学であるとして、かえってその許を辞したのであった。十八歳から二十四歳の年まで、法然の精励は非常なものであった。師の叡空にももう学ぶ所は無くなった。手の届く聖教《しょうきょう》は読破し尽したけれども、彼の安心立命はできていない。本当に彼に生死を離れしめ、心霊の救済《きゅうさい》を与える「学」はない。そこで彼は他流の学匠を訪ねて見たなら得る所があるかと思って、南都《なんと》、醍醐《だいご》、御室《おむろ》などに当時の名家を訪ねて見た。しかし心霊の安心立命の問題において心に沁みるようなものがないのみならず、学識において彼を傾倒せしめるに足るものは無かった。そこで青年法然は失望と軽蔑とを感じて再び黒谷へ帰った。一体青年法然は気を負うたる求道者《ぐどうしゃ》、修学者であって、書を読むにも自分の批評眼をもって読み、叡空《えいくう》と議論の際のごときも、師がその先師良忍上人《せんしりようにんしようにん》の証言を典拠《てんこ》として、自説を裏切せんとするや、「良忍上人《りやうにんしやうにん》も先にこそうまれ給ひたれ」あれは五十年も前の人じゃありませんか。それからわれわれは進歩してるはずだと言った調子で片付けて、叡空《えいくう》を非常に立腹させたぐらいである。また三百五十年間偶像視されて何人も一指を加えなかった弘法大師《こうぼうだいし》の十住心論《じゆうじゆうしんろん》をさえ批難している。これは当時一青年僧の態度としては恐るべきものであった。彼は常に、「学問ははじめて見立つるはきはめて大事なり、師の説の伝習はやすきなり」と言った。いわゆる要求をもって書を読むので、鵜《う》呑《の》みするのではなかった。故に叡山の書庫を漁《あさ》り尽くしても、彼の要求を充たすに足るものが見つからなかった。これは本当はまだその時機が到達していなかった。真信打《しんしんだ》発《はつ》の契機《けいき》が熟していなかったのである。彼はまだまだ若い。もっと懐疑し、煩悶しなければならなかったのである。

六　暗黒時代

それから四十三歳の時恵《え》心僧都《しんそうず》の「往生要集《おうじようようしゆう》」を読んで、新しい光明が天啓《てんけい》のごとくに彼の胸奥を照破するまで実に二十年の歳月を費やしている。その長い間は彼の懐疑《かいぎ》・懊悩《おうのう》・暗黒《あんこく》の時代であった。そして彼が「往生要集《おうじょうようしゅう》」に暗示されて、善導和尚《ぜんどうかしょう》の「観無量寿経《かんむりょうじゅきょう》疏《しょ》」を読んで、いよいよ真信打発《しんしんだはつ》する瞬間まで彼の煩悶はその極に達していたのである。あたかも鶏卵がまさに孵化《ふか》せんとして、親鳥の嘴《くちばし》の一撃するのを待つばかりになっていたのである。これは不思議な事であって、法然が往生要集を読んだのはもちろんこれが初めてではない。叡空《えいくう》とも往生要集《おうじょうようしゅう》について議論しているし、二十六歳の時関白忠通《かんぱくただみち》の前でこの書を説いて智者第一の称を得た。しかしその時にはまだ法然の心境が逼迫《ひっぱく》していない。余裕がある。充分貧しくなっていない。ホコリがある。まだ「智」をたのんでいて、それに絶望していない。まだどうにかなるだろうと思っている。四十三歳の時には法然はもう焦《あせ》りに焦り、学問や、観念やでは到底生死が離れられないと絶望し切っている。これまで行われているいかなる方法も自分の機《き》にはふさわない。他人はともあれ、自分はそれらでは往生《おうじょう》出来そうにもない。聖教《しょうきょう》はこの上いくら読んでも所詮《しょせん》同じことだ。自分の出家した目的、そのために栄達を捨ててしまった念願はいつの日にとげられるのか。その目当てがない。のみならずとげられそうにもない気がする。なぜならその方法がありそうもないからだ。誰に聴いても答えは得られぬ。学ぶべき書もなく、善知識もない。他人《ひと》を見れば学問によって栄達を志して名利《みょうり》の徒か、さかしらな学生《がくしょう》か、そうでなければまだ学問に期待している今道心《いまどうしん》である。

彼のこれまでの修学が無駄になるのは仕方なしとするも、彼の心霊の不安はどうするのだ。自分の死後はどうなるのだ。今生《こんじょう》でのこの現実の日々の生活の意義その中心生命はどこにあるのだ。自分も次第に老いてゆく。人生五十は目の前だ。この年になって未だに心の帰宗を知らないとはあまりに惨《みじ》めではないか！

この身は戒行《かいぎやう》において、一戒《いちかい》を持たず、禅定《ぜんぢやう》において一つもこれを得ず、智慧《ちゑ》において断《だん》惑証果《わくしようくわ》の正智《しやうち》を得ず、いかんか生死繋縛《しやうじけいばく》の身を解脱《げだつ》することを得んや。悲しきかな。悲しきかな。いかんせん。いかんせん。ここに予がごとき、すでに戒《かい》、定《ぢやう》、慧《ゑ》の器《うつは》に非ず、この三学の外にわが心に相応するの法門ありや。この身に堪ふる修業ありや。智者に求め、学者を訪《おとな》へども、教ゆる人なく、示す倫《とも》がらなし。しかる間歎き歎きて経蔵《きやうざう》に入り、悲しみ悲しみ聖教《しやうけう》に向つて云々《うんぬん》。

こういった具合である。

七　真信打発《しんしんだはつ》

信仰というものは合理より進んで、その極限において、合理より離れて感情の事実に帰するのである。法然はこれまで往生要集《おうじようようしゆう》や、善導《ぜんどう》の疏《しよ》をいくたびか読んでもさほどまで心に触れずに読み過ごした文字がいったん心機が熟するや、全く新しい、神来的な光明をもって、新天地、新世界を啓《ひら》いて見せたのである。その文字は散善義《さんぜんぎ》の、

一心専念㆓弥陀名号㆒、行住坐臥不㆑問㆓時節久近㆒、念々不㆑捨者、是名㆓正定之業㆒、順㆓彼仏願㆒故

（一心《いっしん》に専《もっぱ》ら弥陀《みだ》の名号《みやうがう》を念じ、行住坐臥《ぎやうぢうざぐわ》に時節《じせつ》の久近《くごん》を問はず、念々に捨てざる者、これを正定の業《ごふ》と名《な》づく、かの仏《ほとけ》の願《ぐわん》に順《したが》ふが故《ゆゑ》に）

というのである。

何故《なにゆえ》この文字がそれほど法然を歓喜させ、声をあげ、躍りあがり、流涕《りゅうてい》して、即座に安心《あんじん》決定《けつじょう》せしめたほどの力があったのであろうか。

これは心情の事実であって合理的には解釈できるものでない。ここの微妙な消息が以心伝《いしんでん》心《しん》できるようにならねばならないのである。そもそも浄土宗の信仰というのは結局、法蔵比《ほうぞうび》丘《く》がまだ仏でなかった時、いかにかして煩悩具足《ぼんのうぐそく》の凡夫を救い取りたいというこれまでの諸仏の発《おこ》した事のない大願を発して、五劫《ごこう》の間思惟《しゆい》し、ありとあらゆる難行苦行をして、ついに稀有《けう》の大弘誓《だいぐぜい》を成就《じょうじゅ》し、自《みずか》ら阿弥陀仏《あみだぶつ》となって、西方極楽浄土に住み、一切の凡夫をただ仏《ほとけ》をたのみ仏名を唱《とな》えさえすれば、浄土に迎え摂《と》って呉れるということを疑わずに信ずる所に成立するのである。これは天台《てんだい》や、真言《しんごん》やのように、即身成仏《そくしんじょうぶつ》して、自分が現に仏になっ

たことを体験するのと相違して、仏にして呉れるという弥陀《みだ》の誓約《せいやく》を信じるのであるから、その弥陀が現に西方浄土にましますか否かということ、その誓いの確かであるか否かということは、実に生死にかかわる肝要であるが、それが本当であるという事を合理的に証拠立てる事はできないわけである。聖教《しょうきょう》に書いてあるといったところで、文献上の典拠《てんこ》を示すのに過ぎず、十方恒河沙数諸仏《じっぽうごうがしゃしゅしょぶつ》が証人となっているといったところで、それも疑えばそれまでである。そこが禅宗《ぜんしゅう》のように徹頭徹尾体験《たいけん》にたよって、一切の文字を立てない宗派ができる所以《ゆえん》であって、この点浄土門の信仰は非合理的であると言わねばならぬ。しかしその非合理性を信仰の心理によって超越し、信仰の体験的事実を自ら内証して見れば、歴然として救済《きゅうさい》の事実が成立するのであるから、結果から見れば体験であって、即身成仏《そくしんじょうぶつ》と変りはないわけである。ただその方法、過程に非合理性がある。そしてこの非合理性の飛躍こそ実に信仰の本質なのである。

法然の場合で言えば、

順二彼仏願一故（かの仏《ほとけ》の願《ぐわん》に順《したが》ふが故《ゆゑ》に）

という文字が恐らく六種震動《ろくしゅしんどう》するほどに胸奥にひびいたであろう。なぜならそれは天地を逆《さかさ》まにするものだからだ。価値の顚倒《てんとう》、これまで上にあったものが下になり、右にあったのが左になる——ニイチェもトルストイもこれを経験した。トルストイが転向《コンバート》した時、「街を反対に歩くように、往《ゆ》きに右にあったものは、帰りには皆左にあるようなものだ」と告白しているのもこの体験である。

かの仏《ほとけ》の願《ぐわん》に順《したが》ふが故《ゆゑ》に

これまで自分の力で救われようと自分の力から出発していたものが、全然これとあべこべに、仏の願力で救われるということにふと、咄嗟《とつさ》に思い当ったのである。ハッとした。ははあ、これだなと思う。これだからこそどうもうまく行かなかったのだ。いくら学習しても、思惟《しい》工夫《くふう》しても、観念を凝《こら》しても、瑜伽《ゆが》三密《さんみつ》の観法《かんぽう》を行《ぎよう》じても救われなかったのは皆自分の力で救われようとしたためだ。そうだ。他に唯一つ道が残っている。それは仏の願力によって救われる道だ。他力《たりき》の救済《きゆうさい》だ。

八　仏の境涯と人間の命数

この時の法然の心境はありありと解る気がする。彼は一度に人間の命数、運命、うつそみのさだめ、モータルの位置というものを観て取った。そして仏の智慧と力の広大なことを感嘆せずには居られなかった。思え。法然は叡山で智慧第一と言われた頭のいい人間だ。彼はおおよそ当時の北嶺《ほくれい》の碩学《せきがく》たちの頭の力を測ることが出来たにちがいない。そして南都の学《がく》生《しょう》たちの力の程度も訪問して窺《うかが》っている。大したものではないと腹の底では思ったに相違ない。その頭のいい自分の思惟工夫《しいくふう》とはこのぐらいのものだ。年限にして高々二十幾年、それに比して五劫思惟《ごこうしゆい》したという法蔵比丘《ほうぞうびく》の大工夫、よく初心のこざかしい議論家などに自分が遇《あ》ってその智慧の浅はかなのを笑ってすます外ないように、仏という人間とは位の違う境涯から見れば、自分の工夫がどんなに幼稚に見えるだろう。行《ぎょう》だってそうだ。一つの戒行《かいぎょう》も満足には保ち得ないわれわれに対し、法蔵比丘《ほうぞうびく》の、超歳永劫《ちょうさいえいごう》の苦行《くぎょう》は比較にならぬ。智慧《ちえ》も願力もまるで違うのだ。

法然は法蔵比丘《ほうぞうびく》というものの実在かどうかということを疑うよりも、仏の本願の故に凡夫が救われるという大計画、大悲願が自分があれだけ学び、あれだけ繙《ひもど》いても気のつかなかったうちにチャンと用意されてあり、それが目前にありながら、アキメクラのように気づかずに苦しんでいた自分の無智を思い、しかもその愚鈍な自分が智慧第一と称されているのを思う時に、人間、うつそみというものの位置を痛感するとともに、かかる大計画、大悲願はそれに気のつく事だに人間業《わざ》ではないから、何かそういう絶大な、人智を超絶した実在があるに相違ない、弥陀仏の実在と救済とは真実に相違ないと思ったのである。これは実に、他力の信の発する微妙な契機であって、人間の運命と地位とを一度痛感した者でなくては到底理解出来ない心理である。

法然《ほうねん》ほどの博学強記の英才が人間の頭の程度を知っているのに、それに及ばぬ凡才が空威《からい》張《ばり》していたら滑稽《こっけい》である。こういうのは人間の頭に見切りをつけることではない。その正しい位置を知ることである。太陽が地球の周囲を回転していると幾ら威張ってみても仕方がない。謙遜に地動説を受け容れて天文学を築くに如《し》かない。

法然《ほうねん》にとっては自分の思いもつかぬ大悲願が実は自分の運命を抱いていたのだという自覚はあきれるばかりの驚きであったのである。そしてかくばかり広大なる慈愛があったのかと、それを人間のたのみなき愛に比べるにつけ、尊く、有り難く、涙がこぼれたのである。そういう大悲願《だいひがん》、大弘誓《だいぐぜい》力《りき》があるに相違ない。なぜなら、人間がその頭で、かかる他力の救済という計画に気がつくはずがないから。自分も善導《ぜんどう》の疏釈《しょしゃく》がなかったら気がつかなかったのだ。

これが浄土門の信仰の論理である。納得《なっとく》出来ないものには到底納得出来ない。親鸞のごときは、例の有名な「弥陀の本願まことにましませば……」の大逆説を真顔で言って怪しまないのも、この信仰の論理によるのである。

ハッと驚く、そして人間の智慧《ちえ》、力を超絶した智慧、力にふれる――これが信仰の打発する契機である。そしてその人間の智慧、力の限界はこれを用いつくして初めて解るのである。そこで他力を知るには自力をつくさねばならぬ。悩み、苦しまねばならぬという準備が必要になるのである。それも他力を知るための準備として、悩むのではない。そんなことは事実上あり得ない。他力の有り難味《ありがたみ》などは初めには解るものでないから、自然の催しで悩むのである。何事も因縁相応《いんねんそうおう》し、時機《じき》が醇熟《じゅんじゅく》せねば打発しない。

法然は二十四歳の時叡空《えいくう》の許《もと》を出てから、四十三歳までの二十余年間出離《しゅつり》の道を求めて煩《もだ》え、悩《なや》み、焦《あせ》ったに相違ないが、その間の記録として書かれたものが残っていないから、ただ想像するより他はない。しかもそれは心霊上の彷徨《ほうこう》、懐疑《かいぎ》、暗黒《あんこく》の長い歳月であったということは確実である。でなくては善導《ぜんどう》の疏《しょ》を見て、あれほど打たれるはずがなく、歓喜流《りゅう》涕《てい》するはずがない。他力の信を発して、直ちに余行《よぎょう》を捨てて、専修念仏《せんしゅうねんぶつ》に帰する大決心がつくはずがない。

九　名号《みょうごう》の意味

一心専念二弥陀名号一（一心《いっしん》に専《もっぱ》ら弥陀《みだ》の名号《みやうがう》を念《ねん》じ）こうなると弥陀名号《みだみょうごう》というものが全く祀《まつ》りあげたい、尊く、やんごとないものに印象したに相違ない。「名《な》」というものの独特の味、「唱《とな》える」ということの特別の趣きは知る人ぞ知るである。

天皇陛下万歳

これなども同じく名を唱える独特の味である。そして事実乃木《のぎ》大将のごとき忠君家はこの唱名《しようみよう》にその生命をささげたのである。総じてある絶対的感情の強いもの、何か一つの神聖なもの、絶対なものに生命をささげずには生きられない人間は結局かかる唱名的な生活に帰するものである。それは人間のあり得る生活態度の中、最も厳粛な緊張したものだからである。

是名㆓正定之業㆒（是《これ》を正定《しやうぢやう》の業《ごふ》と名《な》づく）

これも法然を悩ました問題であって、心が絶えず、念仏と観仏《かんぶつ》との二途に別れ、叡空《えいくう》と諍《そう》論《ろん》した時にもいずれを先とするかという点で、叡空《えいくう》は「観仏《かんぶつ》こそまさりたれ」と主張し、法然は「念仏すぐれたり」と固持したのであるが、是名㆓正定之業㆒（これを名づく正常《しやうじやう》の業《ごふ》と）とハッキリと宣言されてみれば、それに決定して専修するのが法然のように、心情の一すじな性格の者には心が至心になってちょうど蠟燭《ろうそく》の火が一とすじに空に燃え集まるようになって何《なん》ぼういさぎよいか知れぬのである。行住坐臥不㆑問㆓時節久近㆒（行住坐臥《ぎやうぢうざぐわ》時節《せつ》の久近《くごん》を問《と》はず）というのも、法然のように、内省の強いものには、行《ぎやう》の時、観仏《かんぶつ》の時だけ、改まって、後は常識に返ってあらぬ事を語り合って忘れてしまうというようなことでは満足出来ない。生活の端々《はしばし》まで、隙間《すきま》なく、水ももらさぬようにやりたいのである。それには寝てもさめてもという趣きがなくてはならぬ。処でいつも威儀を正していることは不可能であるから、その形態威儀《けいたいいぎ》のいかんを問わずに、いつも念仏していることはまことにふさわしい事に思えたのであろう。

　草のいほに寝てもさめても申すこと
　　南無阿弥陀仏　南無阿弥陀仏

良寛の心も同じである。法然のごとく難解な学問に苦しめられ、ことに門を分ち、部を別にすることを好む仏教の教学の、そのころの風に飽き飽きした者は、単純な、素直な、ひとすじなものを要求する心が強かったであろう。人間の魂の平和は煩わしく、分裂する時に毀《こわ》たれるからである。

今一つ法然が念仏往生《ねんぶつおうじょう》の道に随喜《ずいき》した大きな理由がある。それは時代に相応し、大衆に結縁するという事であった。

恵心《えしん》の「往生要集《おうじょうようしゅう》」には、冒頭《ぼうとう》に、

往生之業念仏為レ本、夫往生極楽之教行、濁世末代之目足也、道俗貴賤誰不レ帰者、但顕密教法其文非レ一、事理業因其行惟多、利智精進之人未レ為レ難、如レ予頑魯之者、豈敢矣、是故依念仏一門一聊集二経論要文一、披レ之修レ之、易レ覚易レ行。

（往生《わうじやう》の業《ごふ》は念仏《ねんぶつ》を本《もと》と為《な》す、それ往生極楽《わうじやうごくらく》の教行《けうぎやう》は、濁世末代《じよくせまつだい》の目足《もくそく》なり、道俗貴賤《だうぞくきせん》誰か帰せざる者あらん、ただし顕密の教法《けうほふ》その文一《もんいつ》に非《あら》ず、事理の業因《ごふいん》その行《ぎやう》これ多し、利智精進《りちしやうじん》の人は未《いま》だ難《かた》しと為《な》さず、予《よ》がごとき頑魯《ぐわんろ》の者、あにあへてせんや、この故《ゆゑ》によつて念仏の一門にいささか経論《きやうろん》の要文《えうもん》を集む、これを抜《ひら》きてこれを修《しゆ》さば、覚えやすく行ひやすからん。）

とある。この「往生極楽《わうじやうごくらく》の教行《けうぎやう》は濁世末代《じよくせまつだい》の目足《もくそく》なり」というのが大きな意味があるのだ。これは法然が叡空《えいくう》との議論や、「大原問答《おおはらもんどう》」の折などで主張した理論の、一つの大きな根拠であって、信仰というものは「法《ほう》」と「機《き》」とが一致しなければならぬ。各人の器量、素質、性格と法の難易、修行の仕方、説き方等がぴたりと当て嵌《はま》らねばならぬ。心経《しんぎよう》一つ読めない農夫に天台《てんだい》の奥義を理解せよというのは無理である。実際生れつき弱気な、神経質な性格のものには聖道門《しようどうもん》は適しない。これは法然より後に出たものだが、日蓮宗《にちれんしゆう》などは多血質の、強気な性格の者にでなくては適しない。また漁夫や、軍人に殺生戒《せつしようかい》を保てといっても間に合わない。これが法と機との合う、合わぬの問題である。今一つは「法」と「時代」とが相応せねばならぬ。これは主として衆生済度《しゆじようさいど》とか、伝道とかいう要求から起るのであるが、よほど進んだ近代的な考え方である。釈迦出世《しやかしゆつせ》の時代と日本の保元、平治の乱世の後を継いだ時代とではいわゆる「時代の要求」が相違する。その環境が相違する。そして人間の素質、一般大衆の心理状態が違っている。その時代の要求とか、趨勢《すうせい》とかいうものと「法」

とが適合しなければならぬ。そして今の時代には聖道門《しょうどうもん》の「法」は適しない。念仏門でなくてはならぬというのである。

「それ往生極楽《わうじやうごくらく》の教行《けうぎやう》は濁世末代《じよくせまつだい》の目足《もくそく》なり。道俗貴賤《だうぞくきせん》誰《たれ》か帰《き》せざるもの」

この言葉はその頃の人心に非常に強く響くものがあったのである。

十　時代についての予言

もっともこの濁世末代《じょくせまつだい》というのは、仏教には、他の宗教もそうであるが、時代についての予言があって、時代を正《しょう》、像《ぞう》、末《まつ》の三期に分ち、釈迦滅後五百年間は、「教」もあり、これを「修行《しゅぎょう》」するものもあり、「悟りを開くもの」もある。すなわち「教《きょう》、行《ぎょう》、証《しょう》」の三つが揃っている。これが正法《しょうほう》の時代、次の一千年間は教もあり、修行する者もあるけれども悟りを開くものが少ない。この「証《しょう》」の欠けている時代を「像法《ぞうほう》の時代」という。それから次の一万年間には教えは残っているけれども、それについて修行する者も至って少なく、まして悟りを開く者は極めて少い。このように「教《きょう》」のみ残って「行《ぎょう》」も「証《しょう》」も欠けている時代を「末法《まっぽう》の時代」という。その時代には念仏往生の法のみが栄える。かくて最後に「法滅の時代」が来るが、その次に、五十六億七千万年後に弥勒《みろく》が出世して、再び正法の栄える光明時代が来るという。これは「キリスト教」の「キリスト再臨」などと同じ予言である。その予言にある末法の時代になっているというのである。

それでは当時の社会状態、ことに京洛《けいらく》附近の様子はどんなものであったろうか。

法然の存世時代は日本の歴史初まって最も、人倫の廃頽《はいたい》した暗黒時代であった。そしてまた人間の無常を感じさせる栄枯盛衰の実に目まぐるしい有為《うい》転変《てんぺん》の事相にいやでも目を塞《と》じられないような時代であった。君臣相乖《そむ》き、父子争い、盗賊横行し、疫病《えきびょう》しきりに流行し、加うるに地震、飢饉《ききん》等の天災が起って人間を苦しめるところへ、兵乱が相次いで京都の街は修羅《しゅら》の巷《ちまた》となる上に、その度毎に兵燹《へいせん》にかかって炎上する。この前は清盛が大兵を率いて福原から上洛《じょうらく》したかと思えば、今度は木曾義仲の軍が侵入して狼藉《ろうぜき》をする。いくばくもなくして義経、範頼《のりより》の軍隊がこれを追うてやって来ると言った調子である。その上に比叡山の僧兵は日枝《ひえ》神社の神輿《みこし》をかつぎ、南都の興福寺の僧兵は同じく春日《かすが》明神の神木を押し立てて朝政に不満ある毎に上洛して、街々を示威《じい》行列してねり廻る。平重衡《しげひら》が興福寺を攻めて南都の寺々や、宝物を焼いてしまい、人民は浅ましいことだと眉を顰《ひそ》めていると、いくばくもなく、重衡《しげひら》は源氏の兵隊に一ノ谷で捕えられて、京都の街々を引き廻され、ついに首を斬られるというような具合である。

十一　長明の方丈記と兼実の玉葉

その頃の時代の惨憺《さんたん》で、荒涼な有様を最も詳しく如実に示しているものは鴨長明《かものちようめい》の方丈記《ほうじようき》である。また法然に帰依の厚かった九条兼実《くじようかねざね》の日記「玉葉《ぎよくよう》」にもありありと窺われる。

鴨長明《かものちようめい》は方丈記《ほうじようき》に、

予ものの心をしれりしよりこのかたよそぢあまりの春秋をおくれるあひだに、世の不思議を見ることや、たびたびになりぬ。（中略）治承四年卯月《うづき》のころ、中御門京極《なかみかどきやうごく》のほどよりおほきなるつじ風おこりて六条わたりまでふける事はべりき。三四町をふきまくるあひだにこもれる家ども、大きなるもちひさきもひとつとしてやぶれざるはなし。さながらひらにたふれたるもあり、けたはしらばかりのこれるもあり、かどをふきはなちて四五町がほかにおき、又かきをふきはらひて、となりとひとつになせり。いはむや、いへのうちの資財かずをつくしてそらにあがり、ひはだ、ふきいたのたぐひ、冬のこのはの風に乱るが如し。ちりを煙のごとく吹きたてたれば、すべて目も見えず。おびただしくなりとよむほどに、ものいふこゑもきこえず。彼の地獄の業《ごふ》の風なりとも、かばかりにこそはとぞおぼゆる。家の損亡せるのみにあらず、これをとりつくろふあひだに身をそこなひ片輪づける人かずもしらず。この風ひつじさるの方にうつりゆきて、おほくの人のなげきをなせり。風はつねにふくものなれど、かかる事やある。ただ事にあらず、さるべきもののさとしかなどぞうたがひはべりし。また治承四年みな月の比《ころ》、にはかにみやこうつり侍りき。いとおもひの外なりし事なり。おほかた、この京のはじめをきける事は嵯峨の天皇の御時みやこさだまりにけるよりのち、すでに四百余歳をへたり。ことなるゆゑなくて、たやすくあらたまるべくもあらねばこれを世の人やすからず、うれへあへるさま、実に理《ことわり》にもすぎたり。されど、とかくいふかひなくて、帝よりはじめたてまつりて大臣公卿《くぎやう》みな悉《ことごと》くうつろひ給ひぬ。(中略)

また養和のころとか、久しくなりておぼえず。二年があひだ世中飢渇《きかつ》して、あさましき事侍りき。或は春夏ひでり、或は秋大風洪水などよからぬ事どもうちつづきて、五穀ことごとくならず。(中略)是によりて、国々の民、或は地をすてて、さかひをいで、或は家をわすれて山にすむ。さまざまの御祈はじまりて、なべてならぬ法どもおこなはるれど、さらにそのしるしなし。京のならひ、なにわざにつけても、みなもとはゐなかをこそたのめるに、たえてのぼるものなければ、さのみやはみさをもつくりあへん。ねむじわびつつさまざまの財物《たからもの》かたはしよりすつるがごとくすれども、さらにめみたつる人なし。たまたまかふる者は金《こがね》をかろくし、粟《ぞく》をおもくす。乞食《こじき》路《みち》のほとりにおほく、うれへかなしむこゐ耳にみてり。まへのとしかくのごとくからうじてくれぬ。あくるとしはたちなほるべきかとおもふほどに、あまつさへ、えきれいうちそひて、まさざまにあとかたなし。（中略）かくわびしれたるものども、ありくかと見れば、すなはちたふれふしぬ。築地のつら、道のほとりにうゑしぬる物のたぐひ、かずもしらず。とりすつるわざもしらねば、くさき香世界にみち満ちて、かはりゆくかたちありさま、目もあてられぬことおほかり。

また九条兼実《くじようかねざね》の日記「玉葉《ぎよくよう》」には、

東富小路《ひがしとみこうぢ》より南六条、西朱雀《にしすざく》以西、北大内併せて焼亡、未曾有《みぞう》の事なり。およそ余焔の体《てい》たらくただ事に非ず。火災、盗賊、大衆兵乱、上下騒動、緇素《しそ》奔走《ほんそう》、誠にこれ乱世の至りなり。人力の及ぶ所に非ず。五月一日、強盗数人宮中へ乱入、雑物等悉《ことごと》く盗取、また火を放つ、禁中騒動……天運尽きんとするか。悲泣するも余りあり。わが国滅亡の時至れるか。余、乱世に生れたる宿業を恥づるのみ。

十四日、今日入道相国《しやうこく》入洛……武士数千騎、人何《なに》の故《ゆゑ》たるを知らず、およそ京中騒動無双、洛中《らくちゆう》人家資財を東西に運ぶ、誠に以て物騒乱世の至なり。

十五日……寅刻《とらのこく》太夫史《たいふし》隆職《りうしよく》注進して曰く、関白基房《もとふさ》を罷免《ひめん》、基通《もとみち》を内大臣の関白とす。法皇親近の者三十九人の官職を奪ふ。事の原因は重盛薨去の後、知行《ちぎやう》越前国を公収せられたるによる。今日昏黒《こんこく》に及び、中宮、東宮《とうぐう》たちまち八条亭に行啓《ぎやうけい》、直《ただ》ちに相具《ぐ》して鎮西《ちんぜい》に赴かるべしとの風聞《ふうぶん》、二十二日前関白《さきのくわんぱく》出家入道《しゆつけにふだう》、その室《しつ》も同心出家《どうしんしゆつけ》、これらの事を聞いて悲涙抑《ひるゐおさ》へ難《がた》き者なり。

重衡朝臣《しげひらあそん》南都を征伐してただいま帰洛《きらく》、興福寺、東大寺已下《いか》堂宇房舎地《だううばうしやち》を払《はら》って焼失、七大寺已下《いか》ことごとく灰燼《かいじん》と変ずの条、世のため、民のため、仏法、五法滅尽《めつじん》し了《おは》れるか。……余《よ》この事を聞き心神屠《と》のごとし。……なまじひに生きてこの時に逢ふ。宿業の程《ほど》来世《らいせ》また憑《たの》みなきか。臨終正念《りんじゆうしやうねん》の宿願一期《しゆくぐわんいちご》の大要なり。天を仰いで泣き、地に伏して哭《こく》す。……云うて余りあり、記して益なし。

十二　末法《まつぽう》の世相《せそう》と無常感《むじようかん》

「方丈記《ほうじようき》」や「玉葉《ぎよくよう》」の著者の抱く無常観、人生の「たのみなき」絶望、世間の濁乱《じよくらん》の到底個人の力でどうとも出来ない時代の大勢《たいせい》であるとの感想は、おおよそ当時の有識階級、また目のあたりその世相を見た京洛《けいらく》地方の人民、またこれを伝え聞く地方の大衆民庶《たいしゆうみんしよ》の感想であったであろう。自分の一代は夢のように短い、平家の栄華とその没落との交替を見聞きしただけでも、誰人といえども無常の感を起さずにはおられないであろう。

法然のごときも、二十四歳の時ちょうど清涼寺《せいりょうじ》に参籠《さんろう》して、お室《むろ》や、奈良に他流の学匠たちを歴訪して、失望して、比叡山《ひえい》へ帰ってふたたび黒谷《くろだに》へ落ちついた年が、やっと保元《ほうげん》の乱のあった年で、それから三年後に平治の乱があって、初めて平家の権勢《けんせい》が確立し、それ以後旭日の昇るように平家の栄華全盛時代になったわけだが、元暦元年にはもう清盛の第四子重《しげ》衡《ひら》は捕えられて死ぬ直前に法然のところに来て、法を聴いており、建久六年には重盛の孫である十三歳の少年（後に勢観房源智《せいかんぼうげんち》）が内密に法然の所へあずけられている。まことに夢幻のごとく、泡影のごとき人世の栄枯盛衰を目のあたり見ている次第である。

その保元の乱というのは誰でも知ってるごとく、後白河天皇と崇徳上皇《すとくじょうこう》との争いで、清盛、義朝は天皇方に味方し、清盛の伯父、忠正と義朝の父為義兄為朝とは上皇方に味方し、ついに上皇方《がた》が敗れて、崇徳上皇は讃岐《さぬき》に流され給い、清盛は伯父忠正を斬り、義朝は勅命により父為義を六条河原に引き出して斬ってしまった。為朝は伊豆に流された。

子が父を斬り、兄弟相殺し、同族相食《は》むという荒涼とした状態である。それからわずか三年後には平治の乱が起って、義朝、清盛は今度は敵、味方になって、義朝は殺されてしまい、清盛のごときは義朝の二人の子供を生んでつれている妾常盤《めかけときわ》を強いて自分の妾にしてしまうという無道を敢てした。

そういうような破倫、無常、荒涼、惨憺《さんたん》とした時代相であったから、「念仏《ねんぶつ》は末法濁世《まっぽうじょくせ》の時代《じだい》の目足《もくそく》である」といわれると、その当時の人の心には反抗出来ない力があった。そして今一つには法然は凡夫《ぼんぷ》、大衆の救済《きゅうさい》ということを目安にしている点で着眼がこれまでの宗派と違っている。宗教は一人や二人の傑《すぐ》れた人の成仏《じょうぶつ》を目的とするのではない、世界に充ち充ちている、生に喘《あえ》いでいる大衆を救済することを目的としなければならぬ。清濁併せ呑み、「衆水海《しゅうすいかい》に入って味はひとつ」であるように、「善悪の凡夫人」を憐愍《れんびん》して、ことごとく往生せしめることを理想としなければならぬ。

十三　一切善悪の凡夫人の救済

法然はその著作、「選択本願念仏集《せんちゃくほんがんねんぶつしゅう》」の中で言っている。

故《かるがゆゑ》に知んぬ、念仏は安きが故に一切に通ず、諸行《しょぎゃう》は難きが故に諸機《しょき》に通ぜず、然ればすなはち一切衆生をして平等に往生せしめんがために、難《かた》きを捨て易《やす》きを取りて、もて本願とし給ふか。もしそれ造像起塔をもて本願とし給はば、すなはち貧乏困窮の類は定めて往生の望みを絶たん。然るに富貴のものは少なく、貧賤の者ははなはだ多し。もし智慧高才をもて本願とし給はば、すなはち愚鈍下智のものは定めて往生《わうじゃう》の望みを絶たん。しかるに智慧ある者は少なく、愚鈍なる者ははなはだ多し。もし多聞多見《たもんたけん》をもて本願とし給はば、すなはち小聞小見《せうもんせうけん》の輩は定めて往生の望みを絶たん。しかるに多聞の者は少なく、小聞の者ははなはだ多し。もし持戒《ぢかい》、持律《ぢりつ》をもて本願とし給はば、すなはち破戒無戒の人は定めて往生の望みを絶たん。しかるに持戒の者は少なく、破戒の者ははなはだ多し。自余の諸行之に準じて知るべし。まさに知るべし。上の諸行等をもて本願とし給はば、すなはち往生を得るものは少なく、往生を得ざる者ははなはだ多からん。しかればすなはち弥陀《みだ》如来《にょらい》、法蔵比丘《ほふぞうびく》の昔、平等《びやうどう》の慈悲《じひ》に催《もよほ》されて、あまねく一切を摂《せつ》せんが為めに、唯称名念仏の一行《いちぎやう》をもてその本願とし給へり、云々。

この時代と相応し、機と相応し、大衆救済を目安としているという点で法然の浄土宗はこれまでの諸宗に対して、全く新しく、革命的なものであった。法然は三十三歳の時慧心《えしん》の「往生要集」に暗示されて、その新しい傾向に思いを凝らし、感情をあつめ、摸索《もさく》し、研究し、精練すること十年間、ついに四十三歳の時に善導《ぜんどう》の観無量寿経《かんむりようじゆきよう》の疏《しよ》を読んで安心決定《あんじんけつじよう》し、新宗教の旗幟《きし》を立てたのであった。

法然はその青春時代をかようにして全く比叡《ひえい》山で過したわけであるが、その間にどういう私的生活を送ったかということは、日記も、手記も、後年の告白もないので全く分らない。これは昔の人は近代人のごとくに、筆まめでもなければ、告白好きでもないからでもある。

したがって恋愛事件《ラブアフェア》など一つも伝わってはいない。みだりに近代人の感覚をもって想像する事は避けた方がいいが、法然のような感情の鋭い人の青春時代に、京洛に近い比叡山にいて、都の繁昌《はんじょう》を見、平家の絵巻物《えまきもの》のような栄華や、さまざまのローマンスを耳にし、琵琶湖《びわこ》の浜に下りて見ては滋賀《しが》の都や、万葉時代の歌など思い出したり、石山寺《いしやまでら》に参詣《さんけい》しては紫式部や、平安朝の事など想像してみたり、いろいろと世間の人間らしい悩みを感じたであろうことは推測される。西塔黒谷《さいとうくろだに》という所は根本中堂《こんぽんちゅうどう》から二十四丁の西北にあたり、老木が繁り、幽鳥が啼き、溪川《たにがわ》の音のひびく閑寂境《かんじやくきょう》というから、そこで宇宙の真理を求める勇猛心に燃えて聖教をあさり読みながら、人生のさまざまの事に考え耽ったであろう。

私はあの平将門《たいらのまさかど》がこの山の四明《しめい》の峰の頂きに登って、美しい京都の市街を眺め、謀叛心を起したという話を誠に人間らしい同情をもっていつも思うのであるが、法然なども浮世の栄華を夢幻のごとしと思い捨てたとは言っても、いろいろ思い迷ったに違いないと思う。

十四　新宗教の旗幟《きし》

さて法然《ほうねん》は四十三歳の時善導《ぜんどう》の観無量寿経《かんむりょうじゅきょう》の疏《しょ》を読んで安心決定《あんじんけつじょう》するとそのまま叡山を出て、いったん西山の黒谷という処に移り住んだが、幾程《いくほど》もなく、東山吉水《よしみず》のあたりに静かな地所があったので、黒谷の庵《いおり》をそこに移して住み、訪ねて来るものに念仏をすすめた。これが浄土宗の念仏唱名《しょうみょう》の発生地であった。

世の中の人のこころにかはりける
世をいとふとて山をいづれば

これは法然が黒谷《くろだに》を出る時に詠んだ歌だということだ。かつては世をいとうて山に入ったのであるが、今度は「世をいとうて山をいづる」のだ。俗塵のはげしい都近くは今ではなつかしい同行凡夫《どうぎょうぼんぷ》たちの日々生のために苦労している処だ。今の身を置くにふさわしい住所だ。いわゆる小隠隠㆑山大隠隠㆑市（小隠山《せういんやま》に隠《かく》れ大隠市《たいいんまち》に隠《かく》る）という大隠《たいいん》のこころである。否《いな》、別に隠《かく》れるにも及ばない。われと他人と隔てる気はもうない。われも人も今はひとしく凡夫《ぼんぷ》である。煩悩具足《ぼんのうぐそく》した、ただ念仏のみをたのみとして生きる「うつそみ」に過ぎない。「われは賢く他人は愚かである」こういう誇りは山の上の学生《がくしょう》たちのこと、自分はもう捨ててしまったのだ。

この時法然の心にはひろいひろい博大な世界がひらけたに相違ない。世界にみちみちている大衆は自分の朋《とも》、仲間になってしまった。彼らの悲喜、彼らの塵労《じんろう》はありありと自分の胸に脈打ってひびいて来る。彼らを助けずに置いてどうしよう。彼らを放擲《ほうてき》して自分のみが悟りをひらいて成仏すればいいという気にはもうなれぬ。自分はもう彼ら大衆から離れる事が出来ない。彼は自分が今のような立場に立った事によって、大衆への離れるに忍びぬ愛とあわれみとを如実に知ったに相違ない。しかも自分のその共存同悲《どうひ》の感情を「われ独り賢し」とする誇りと比べる時、いかにそれがより博い、広大な世界につながっているかを感じたに相違ない。そればかりでない。自分の今の心こそ、取りもなおさず、法蔵比丘《ほうぞうびく》の心ではないか！　不取正覚《ふしゅしょうがく》、自分だけ成仏《じょうぶつ》しないぞ、誰も彼も可哀い、皆残らず救い取りたい。そういう大慈大悲《だいじだいひ》からこそ第十八の本願を立てたのではないか！

決定後《けつじょうご》の法然が山から下りて里近く住んだのは当然な、自然な心理であり、また彼にとっていい事であった。

初めのほどは吉水の庵を訪ねて来る有縁《うえん》の人々に念仏往生《おうじょう》の道を教え、唱名《しょうみょう》を勧《すす》めていたが、その教法《きょうほう》が全く、大衆と時代との要求にぴったりしているのと、彼の智慧第一の名はすでに鳴りひびいていたので、念仏の帰依《きえ》者はみるみるその数を増して来た。そして驚くべき速度で、洛中《らくちゅう》、洛外《らくがい》にひろまって行った。そしてそれはいろいろの階級を網羅《もうら》していた。それはさもあったろうと思われる。当時文化、教養と言えば主として仏教であるのに、大衆が実際に目に見、耳に聞くものと言えば、寺、塔、仏像の類であり、経文の端々《はしはし》であったろう。つまり仏法は尊いものということはすでに先入主となっており、その仏法が今や大衆に向って門戸を開かれ、開祖が博学で聞えた法然であり、しかもその仏法が直《ただ》ちに、自分たちの後生《ごしょう》の一大事に触れてくれ、しかも易々《やすやす》とそれが出来るというのであるから、大衆が驚喜して、水の低きにつくように、靡《なび》いて来たことは想像出来る経路である。化導《けどう》日にしたがひてさかりに、念仏に帰するもの雲霞のごとしと「法然上人行状画図《ほうねんしょうにんぎょうじょうえず》六」には書いてある。

十五　釈尊以来の大導師《だいどうし》

およそ法然ほどあらゆる階級、あらゆる種類の人々に結縁《けつえん》して、帰依《きえ》を得、法を説き得たものは、釈迦を除いては世界に類比がないと言っていい。天皇、門院《もんいん》、関白《かんぱく》、公卿《くぎょう》、将軍《しょうぐん》、武士《ぶし》より盗賊《とうぞく》、遊女に至るまでことごとく結縁して教化《きょうか》している。未見の善男子、善女人にして、法を聴いて歓喜《かんき》信受《しんじゅ》したものは数限りがない。

文治四年には後白河法皇が、法然上人を先達《せんだつ》とし御如法教《ごにょほうきょう》を修《しゅ》せられたが、相国師長公《しょうこくもろながこう》、山門から良宴法印《りょうえんほういん》、行智律師《ぎょうちりつし》、仙雲律師《せんうんりつし》、覚兼阿闍梨《かくけんあじゃり》ら、園城寺《おんじょうじ》から、道顕僧都《どうけんそうず》、真賢阿闍《しんけんあじゃ》梨《り》、玄修阿闍梨《げんしゅあじゃり》ら居並ぶなかに、西の一座に法皇がつかせ給い、東の一座には勅命によって無位無官の法然がついたというような例がある。

九条兼実《くじょうかねざね》ごときは法然に随喜《ずいき》して、草履《ぞうり》を脱《ぬ》いで庭に立ち、その背後に円光《えんこう》を幻視《げんし》して、跪《ひざまず》いて拝したぐらいであった。鎌倉の北条政子《ほうじょうまさこ》も法然に帰依して法を聴いた。平重衡《たいらのしげひら》や熊谷直実《くまがいなおざね》が法然に法を聴いたのは誰でも知っている。その他枚挙《まいきょ》にいとまがない。

しかし法然の貴顕との結縁《けつえん》は決して名利《みょうり》のためではなかった。彼は貴賤貧富を問わなかったのである。貴顕だからと言ってわざと避けるのは矢張り差別であり、拘泥であって自由ではない。彼は一生無位無官で、質素な草庵に住み、墨染《すみぞめ》の衣《ころも》をまとい、輿《こし》に乗らず、金剛草履《こんごうぞうり》を穿《は》いて歩いた。そして盗賊にも、遊女にも、田舎の田夫野人《でんぷやじん》にも懇《ねんご》ろであった。

念仏門の繁昌がそういう勢いであったから、どの立宗開祖《りっしゅうかいそ》にもあるように、法然にも試錬や、迫害が免れなかった。

十六　大原問答

その試錬の最も有名なものは、法然のオルムズともいうべき「大原問答《おおはらもんどう》」という一つの宗教会議であった。

これは天台座主《てんだいざす》顕真僧正《けんしんそうじょう》が法然に念仏往生の要義を問うた事から始まった。顕真《けんしん》の法然に対する態度は謙遜《けんそん》な法を聴《き》く者としての態度のようでもあり、冷静な批評的立場からの質問のようでもあり、ある意味では法然を試験し、もしくは審判しようとする態度のようでもあって、曖昧《あいまい》であるが、恐らく彼自身がいずれとも決定《けってい》しかねていたのであろう。法然の信仰の内容いかんによって自分の態度を決めようと思ったのであろう。いずれにせよ、彼は当時北嶺《ほくれい》の最高権威者であったから、彼との折衝《せっしょう》、応答《おうとう》のいかんは、布教の上には重大な結果を生ずる事情があった。

顕真《けんしん》と法然《ほうねん》とは初め叡山の坂本《さかもと》で対面したが、顕真はこの時の問答では念仏往生《おうじょう》というものが充分に釈然としなかったものらしい。そこで自分で浄土門の根拠になっている文献を研究した後に、法然に対して要求していわく、

「自分は浄土の法門もひと通りは調べたが、まだ不審の個所もあるから、今一度詳しくお説を承りたい。それについては、かかる公《おおやけ》の大問題は、宗教界の公の問題だから、自分一人でなく、宗教界の権威者たちを集めて、公開の席でお聴かせ願いたい」

これは顕真《けんしん》がかなり自由な囚《とら》われない度量をもって、肝《きも》いりして、自分の地位を利用して、念仏往生《おうじょう》の法門が、宗教上どれだけの意義のあるものかを、当時の諸宗の碩学《せきがく》たちの前で合議批判させたいという気であったかも知れない。いずれにせよ、これは今日でいえば、公開状を突きつけられたようなもので、その答えは公開せねばならぬ、そしていかなる質疑が出るかも知れないし、またそれが渋滞《じゅうたい》、紛糾《ふんきゅう》する時には布教上には大きな困難と面倒との生ずることを免れぬという容易ならぬ事情のあるものであった。法然の門弟たちが、ひどく

気を揉《も》んだのは尤《もつと》もであると言わねばならぬ。

が法然は存外平静であったらしい。それは彼が二十数年間のたゆみなき勉強で、諸宗の奥《おう》義《ぎ》に通じ、聖教《しようきよう》に精《くわ》しく、学問の上ではひけを取らぬ自信があったからにもよるが、それよりも深い理由はもともと浄土宗の信仰は学問などに根拠《こんきよ》を置いているのではないから、たとい法然が一切の聖教を忘れてしまって、耄碌《もうろく》していたとしても、いわゆる一文不知《いちもんふち》の尼《あま》入道《にゆうどう》で差支えないわけである。弥陀《みだ》の悲願《ひがん》を信じて念仏していさえすれば恐ろしいことはないわけである。この腹の極《きま》っている事が法然をかかる碩学《せきがく》たちの「裁《さば》きの座」においても平静《へいせい》

さて文治二年、法然五十四歳の年の八月七日、いよいよ大原《おおはら》の立禅寺《りゆうぜんじ》で宗教会議は始まった。

当日集った顔ぶれを見れば、山門からは顕真大僧正《けんしんだいそうじよう》の外に、本性上人《ほんしようしようにん》、永弁僧都《えいべんそうず》、相模《さがみ》房阿闍梨《ぼうあじやり》以下碩学《せきがく》三十余人、南都の学生《がくしよう》二十余人、高野の明遍僧都《みようへんそうず》、栂尾《とがのお》の明恵上人《みようえしようにん》、笠《かさ》置《ぎ》の解脱上人《げだつしようにん》、三井《みい》の公胤《こういん》、八宗の能化《のうけ》智海法印《ちかいほういん》ら門弟を引きつれて三百余人、当時の有名な学者たちはことごとく走《は》せ参じて、法星《ほうせい》一堂に集まるという光景であったといわれる。

法然の方でも弟子たちが事態を憂慮して、俊乗房重源《しゆんじようぼうちようげん》が三十余名の弟子を引き連れて立ち会った。こうなると容易ならぬ風雲が、静かな寺院の内に漂うた。

しかしこの問答の席はかなり宗教家や、学者たちの集まりに相応《ふさわ》しく、公明に、進行したらしい。それも法然の言う所が条理が立っていて、一々聖教《しょうきょう》に典拠《てんこ》がなくては主張しない。私の、勝手な説ではなくて、経文に依《よ》り所《どころ》があって、それを引証《いんしょう》する。そしてそうなれば博学なだけに博引豊証である。たいていの学者には歯が立たない。またそのいう所が謙遜であって決して他宗を誹謗《ひぼう》せず、機《き》のすぐれた人たちは聖道門《しょうどうもん》で成仏《じょうぶつ》出来るであろうが、劣機《れっき》のものは念仏門で往生するより道がない。そして劣機《れっき》のものははなはだ多く、そして時代は釈尊の予言通りに、末法《まっぽう》の時代になっている故に、一般の凡夫大衆には念仏門の方がよく相応《そうおう》する。しかしこれは勝機《しょうき》の人々の聖道門《しょうどうもん》の道を取らるる事を妨げたり、非難するためではない。全くわれらの器量ではその修証《しゅしょう》が及ばぬからに過ぎない、という主張なのであるから、碩学《せきがく》たちの自負心を傷つけず、かえってこそばゆい内省を与えたであろう。そしてそれもわざとらしい、当てつけではなくて、極めて素直な、自然な態度が法然にあるので、誰人も事実において、反対が起らなかったのではないかと思う。

「ただこれ涯分《がいぶん》の自証《じしょう》を述ぶるばかりなり、またく上機《じゃうき》の解行《げぎやう》を妨げんとにはあらず」

という調子である。

しかしこの会議では「法」の議論はかなり激しく闘わされた。顕真《けんしん》を初め当代の学匠《がくしょう》たちが次ぎ次ぎに質問を提出した。

まず質問の矢を放ったのは発起人の顕真《けんしん》であった。

「速疾《すみやか》に生死《しゃうし》を離れ、解脱《げだつ》をきはむる事は天台真言《てんだいしんごん》にあり。しかるに念仏はこれらに勝《すぐ》れて解脱《げだつ》速かなりとはいかん」

これに対して法然は、

「万機普益《ばんきふやく》の故《ゆゑ》に、万徳円満《まんとくゑんまん》の故《ゆゑ》に、称《とな》へ易き故《ゆゑ》に、持ち易き故《ゆゑ》に、時に契《かな》ふ故に」

と五つの理由を挙げて、弥陀《みだ》の本願《ほんがん》の勝れたりということを諄々《じゅんじゅん》と述べた。

それから、第二番永弁《えいべん》、第三番智海《ちかい》、第四番静厳《じょうごん》、第五番明遍《みょうへん》、第六番貞慶《ていけい》、第七番証真《しょうしん》というように、次ぎ次ぎに質問が提起された。それを一々書いていることは出来ないが、最後に永弁僧都《えいべんそうず》が提出した悪人正機《しょうき》の問題についての質問は、重要な、そして誰でも起す疑問であるから掲げて見ると、永弁《えいべん》の問うには、

「弥陀《みだ》の本願《ほんがん》は悪人正機《しょうき》で、善人よりは悪人、男子よりは女人と、罪深いもの程目当てにするという事である。それではただでさえ罪を造り易い凡夫《ぼんぷ》、悪を造りたがる機《き》が、罪はいかほどつくってもかまわぬ、それが弥陀《みだ》の慈悲《じひ》であると聴けば、ますます多く罪を造るであろう。仏法はいずくに行くも、造悪《ぞうあく》差し支えなしという教えはあるまいと思われる」

これに対して法然の答は、

「諸悪莫作《しょあくまくさ》、衆善奉行《しゅぜんぶぎょう》は諸仏の通誡《つうかい》であって、弥陀《みだ》の法門においても必ず『悪は造るなか

れ』というに変りはない。しかし『造るなかれ』と外から禁じるのと、自《おの》ずと悪を造る機《き》が内からほどけて行くのとどちらが効果があるか。悪を造るなと言っても、凡夫《ぼんぷ》の自性《じしょう》として悪を造ることが所詮止《しょせんや》まぬ。これは生まれつき、過去遠々《おんおん》の持ち料であって、それこそ凡夫《ぼんぷ》の本質なのだ。それを無理に止めよというなら、易行他力《いぎょうたりき》の法門ではない。凡夫を見込んでそのまま助けるとの本願を聴き、これのみ救いの綱と一とすじに縋《すが》るほどの感激を味わった者は、心が砕けて、柔和となり、悪を造る機《き》が弱くなり、また悪を造るたびに、それが悪だという自覚、浅ましいという感じが強くなる。『自分は悪人だ』と感じることはそれだけでも懺悔《さんげ》に近い。そして殊勝《しゅしょう》な、人間らしい心である。ましてその悪人をそのまま救うてくれる大慈悲者《だいじひしゃ》があると信じるほどの者なら、その感謝から、悪をつくり難くなるはずだ。そうしてもなお造る悪は、『造る勿《なか》れ』といっても所詮《しょせん》造る悪である。善導《ぜんどう》は『随犯随懺《ずいぼんずいさん》、念々《ねんねん》称名常懺悔《しょうみょうじょうさんげ》』と言われている。悪の被救済の自覚と悪の懺悔《ざんげ》とは同時に起るはずである。念仏が尊いからとて悪を造るは薬があるとて毒を飲むごときもの、『十悪五逆《じゅうあくごぎゃく》も助かると知って、小罪をも犯さじ』と願うのこそ浄土宗の信者の心得である」

というのである。

これに対しても碩学《せきがく》たちは一応納得《なっとく》せざるを得なかった形であった。

十七　法然の勝利

その外に本性上人《ほんしょうしょうにん》の報土化土《ほうどけど》の問答、俊乗房重源《しゅんじょうぼうちょうげん》の無生而生《むしょうにしょう》の問答、顕真僧正《けんしんそうじょう》の他作自受《たさじじゅ》の問答等があったが、結果はかえって浄土門の信仰の広大なことと、時代と、機《き》とに一層適合していることを一座および聴衆たちに認めさせるようなことになってしまった。問答が進むにつれて、法然の信仰の確実で、情熱があるのと、その人物、学問が図抜《ずぬ》けて立ち勝《まさ》っていることが露骨になって来るので、次第次第に法然が皆に法を説いているような貌《かたち》になったらしい。そしてついに一種の法悦のような空気が一座に生じてしまって、顕真僧正《けんしんそうじょう》自《みずか》ら念仏を唱えて焼香《しょうこう》し、皆々がそれに倣《なら》って、念仏焼香し、唱名《しょうみょう》の声が一堂を揺がすというような結果になって、この宗教会議は事実上法然の勝ちに帰し、諸宗派が浄土宗という新しい一宗を「承認」したということを世間に公布する機会となってしまった。

法然自らはこの時のことを後日門弟に話して、

「議論においては互角であったけれど、根気《こんき》において自分の勝ちに帰したのだ」と言った。それで見ても、法戦がかなり激しいものであったことが想像される。

十八　大原談義と鴻門《こうもん》の会

この「大原談義《おおはらだんぎ》」には昔から逸話めいたものが伝わっており、ちょっと漢の高祖の鴻門《こうもん》の会《かい》のような趣きがある。それは法然の弟子の成阿房《じょうあぼう》、昔は角張《かくばり》七郎といった大身《たいしん》の僧が、一座の雲行きのただならぬのを見て、鴻門の会の樊噲《はんかい》のような役目を演じて、万一の場合誰かもし法然に危害を加える者がありでもすれば、一身をもって師を護ろうと昔の武士の本性を現わして、法然の坐している高座の後ろに構えていた。何でも法然にひけを取らせじと、一方の顕真《けんしん》の高座に虎の皮が敷いてあるのに、法然の高座に敷物がないのを見て、内陣へ上って半畳を取り出して来て、敷いて座をととのえて法然を招《しょう》じた。法然の方では、予期はしていたものの、これほどまでに大袈裟《げさ》な会合とは知らなかったので、弟子たちの数も少なかった。なにしろ二千余人の会衆であったというのだから、当時の世相ではどんな争いが起らぬものでもない。それに山門や、興福寺などの僧は荒いので有名である。そこで成阿《じょうあ》が憂慮して鉄扇を逆手《さかて》に以《もっ》て座席の後ろに構えていたというのだ。

この伝説にはまたかの熊谷直実《くまがいなおざね》（蓮生坊《れんしょうぼう》）が登場する。彼は初め今日の会合がこんなものとは知らず、例のごとく吉水の庵室の方へ行ったが、急を聞いて、立禅寺へ駈けつけてみると、おびただしい大衆が集まっている。彼は血眼《ちまなこ》になって、白洲《しらす》のむしろの上にいる会衆を押し分け押し分け、本堂の縁《えん》に上って見ると、角張の成阿房《じょうあぼう》が法然の後ろに控えているのでホッとした。成阿房《じょうあぼう》は蓮生坊《れんしょうぼう》の姿を見るとニッコリして鉄扇を振って見せた。蓮生坊《れんしょうぼう》もまけずに、法衣《ほうえ》の袖口を背で結び、黒々とした腕に大きな鉈《なた》を振り上げて構えていたが、会議が平和に進行して、どうやら法然の勝ちに帰し、大僧正が行道《ぎょうどう》し、学匠たちまで唱名し出すという光景になったので、安心するやら、具合が悪いやらで、その大鉈《おおなた》を藪《やぶ》に捨てたという。今でも大原には熊谷の「鉈捨ての藪」の遺跡《いせき》が残っている。

しかし熊谷の法然について出家したのは、建久四年三月であるから、大原問答《おおはらもんどう》はそれより七年前であって、この伝説は怪しい。成阿房《じょうあぼう》の話ももちろん誇張があるであろう。

十九　浄土宗の事実上の承認

この大原会議《おおはらかいぎ》があって以来、浄土宗というものは当時の諸宗派から承認されたかたちとなり、徳望は法然の一身にあつまって、前にも述べたごとく、文治四年八月十四日には、後白河法皇の如法経《にょほうきょう》を修せられた際法然が導師の役を命じられ、固辞したけれども、勅諚《ちょくじょう》によって、山門や、南都の官位の高い律師《りつし》、阿《あ》闍梨《じゃり》たちを差し置いて、法皇と東西相対する第一座に法然がついた。これは前代未聞の事であった。勅旋とはいいながら、ただの平僧がそういう特別の礼遇を受けて、当時のむつかしい山門、南都の僧たちから黙認しなければならなかったということは、法然の徳望がいかに圧倒的であったかということを示すものであろう。

恐らくこの頃がそういう、世俗的な意味における法然の全盛時代であったのであろう。こういう特別の繁昌、破格の礼遇というようなものが世間の嫉視《しっし》、反感を醞醸《かも》さずに済むはずがない。月は円《まど》かにして必ず雲に障《ささ》えられる。かくしてようやく法然および浄土宗にも法難の時代が準備されて来るのであった。

腐敗軽佻は聖道門《しょうどうもん》にもあれば、浄土門《じょうどもん》にもある。ことに浄土門は見方によっては危険な法門であって、「悪人正機《あくにんしょうき》」の教が内から真心をもって聞かれず、外から勝手に解釈されれば、誤解もしくは曲解によって、破戒無慚《むざん》の者を生ずるし、また若年にして思慮が浅い者は対手《あいて》構わず、念仏往生を振りまわして、聖道門《しょうどうもん》を誹謗《ひぼう》し、山門や、南都をそしり、また法然の教えから脱線して、異説を唱えたりするものが出来、数多の大衆を抱擁する法門だけに、いろいろといかがわしいものも輩出したに相違ない。

念仏門があらゆる階級にあまりに繁昌するので、当時聖道門《しょうどうもん》の方は勢い衰え、気勢あがらず、このまま放置する時には火の消えたようになるかも知れないという危険を感ずるようになった。こうなると自己保存の本能ほど強いものはないから、山門も、興福寺も拱手《こうしゆ》傍観してはおられない。

「かかる有様なれば、聖道難行《しやうだうなんぎやう》の門自ら塞《ふさ》がり、自力修学《しゆがく》の窓つひに閉ぢて、四ケの大寺を初めとし、千万の小院に至るまで、庭上に草しげり、いたづらに狐狸の栖家《すみか》と荒れ、四面の垣傾きて、僧侶の跡絶え、扉は風に倒れて落業の下に朽《く》ち、瓦《かはら》は雨に犯されて仏壇さらにあらはなり。」

これは誇張と、文飾とに過ぎるであろうが、多年浄土宗の繁昌するままに任かせて置いた結果は、聖道門《しようどうもん》の方はかなりひどい打撃を被ったであろうことは想像できる。

二十　法難時代はじまる

そこで山門や興福寺では、何とかして念仏門の流行を抑止せんものと、たびたび朝廷へ訴えて来たが、関白九条兼実《くじようかねざね》たちが斡旋《あつせん》して、その度ごとに押し鎮《しず》めていた。しかしついにその不平は破裂して、元久元年冬、叡山《えいざん》大講堂の鐘は打ち鳴らされて、三千の大衆が集まり議し、興福寺と結んで、浄土宗停止《ちようじ》の訴願に及んだ。これは実に卑怯《ひきよう》な話であって、宗教の力をもって争わずに、朝権によって禁止しようとするのである。「法」の争いを「法」の力で解決せずに権力によって強制的に抑圧しようとするのは卑怯この上もない。しかも当時の山門や、興福寺のやり口は名は願訴であっても実は、強訴《ごうそ》であり、示威《じい》である。つまり暴力によって抑圧《よくあつ》するのと同じである。双六《すごろく》の賽《さい》と鴨川《かもがわ》の水と共に、朝廷の意にも任《まか》せぬ山法師《やまほうし》の強訴《ごうそ》で、不本意《ふほんい》ながらも、念仏は停止という事になりかけた。

そこで法然は、自分の宗門にも落度《おちど》のある事を謙遜《けんそん》に自覚して、七ヵ条の起請文《きしようもん》をつくって、主だった門弟八十余人の連署《れんしよ》をもって、天台座主《てんだいざす》に提出した。それでようやく山門の憤《いきどお》りは止んだが、興福寺の方は収《おさ》まらない。しかし皇室を始め、公卿《くぎよう》たちに帰依者《きえしや》が多いので、この度はついに揉み消しになってしまった。その七ヵ条の起請文《きしようもん》というのは、元久元年十一月七日法然が弟子の法蓮坊《ほうれんぼう》に執筆せしめたもので、門弟の不心得《ふこころえ》をいましめる形式となっており、これを門弟を集めて宣誓《せんせい》せしめ、連署《れんしよ》せしめたもので、兼《か》ねて天台座主《てんだいざす》への起請文になっている訳である。これは確かに法然の門弟たち信者たちの誡《いまし》めとなるべきものであったに相違ない。そして永久に浄土宗の道俗に対して、誡《いまし》めとしての効果を持つものであろう。

一、いまだ一句の文義をうかがはずして、真言止観《しんごんしくわん》を破し、余《よ》の仏、菩薩を謗《ぼう》ずることを停止《ちやうじ》すべき事。

一、無智の身をもちて、有智の人に対し、別解別行《べつげべつぎやう》の輩に逢ひて、このみて諍論《じやうろん》を致す事を停止すべき事。

一、別解別行《べつげべつぎやう》の人に対して、愚癡偏執《ぐちへんしふ》の心をもて、本業を棄置《きち》せよと称して、あながちにこれを嫌ひ笑ふ事を停止すべき事。

一、念仏門においては戒行《かいぎやう》なしと号して、もはら淫酒食肉をすすめ、たまたま律儀をまもるをば、雑行人《ざふぎやうにん》と名づけて、弥陀《みだ》の本願をたのむ者は、造悪《ざうあく》を恐るる事勿れといふ事を停止すべき事。

一、いまだ是非を弁へざる癡人《ちじん》、聖教《しやうけう》をはなれ、師説をそむきて、ほしいままに私の義をのべ、みだりに諍論《じやうろん》をくはだてて、智者に笑はれ、愚人を迷乱する事を停止すべき事。

一、愚鈍の身をもちて、ことに唱道を好み、正法を知らず、種々の邪法を説きて、無智の道徳を教化《けうか》する事を停止すべき事。

一、みづから仏教にあらざる邪法を説きて、いつはりて師範の説と号する事を停止すべき事。

これらの条項は恐らく当時の法然の門弟たちや、信者たちの間に行われていた通弊であって、法然もその点を山門から非難される時には、謙遜に受け容れざるを得なかったものであろう。そして山門の方からいえば、乗ずべき好個の口実であった。

がこの元久元年の訴訟は法然のこの七ヵ条の起請文《きしょうもん》によって、ひとまず取り下げとなった。しかしそれは朝廷の公卿たちの斡旋《あっせん》が大きな力をなしていたのであって、山門や南都の多くの僧たちがそれに心から満足していた訳ではなかった。またこういう通弊は念仏門そのものに内在し、附属している危険性であって、人間性に根を持っているのだから、法然のこの七ヵ条の訓戒や、誓約ぐらいで、その大勢を阻止することの出来るものでない。もともと小数《しょうすう》の勝機《しょうき》の人を対手《あいて》にする法門ではなく、凡夫大衆《ぼんぷたいしゅう》を目安《めやす》とする法門だから、その何百万という多数の中から、多かれ、少なかれ脱線するものが出来るのは止むを得ない。

二十一　清濁併せ呑む法門

もともと清濁併せ呑む、大度量の法門であって、今日でも浄土門は危険だからいけないなどというのは、初めから立宗の趣旨と動機とを、理解しないものである。

山には清流があって、わさびが育つ。わさびは清い水でなくては育たない。そういうひたすら清く、行い澄ます宗門もある。それは誰の心にもある宗教的要求の一面である。

いとまある老いとなりせば此処《ここ》に来て

　　　わさびをつくり過ぎなんものか

これは奥伊豆の山間で、清水に洗われる山葵田《わさびた》を見て、私が詠んだ歌である。

しかし浄土門はそういう要求の法門とはちがう。それは揚子《ようす》江《こう》の川口の海のように、黄いろく濁った大海に、さんさんと降りそそぐ太陽の光のようなものである。この火《か》宅無常《たくむじょう》の娑婆世界に、毎日毎日の塵労《じんろう》に疲れて喘《あえ》ぎ、生の本能に催されて、欲望し、愛憐し、喜び、また悩んでいる、善悪無数の凡夫人、それらがつくりなしている現実の人間世界を、それが善かろうが、悪かろうが、清かろうが、濁っていようが、斉《ひと》しくこれ人間としての運命、うつそみとしての制約の下に繋縛《けいばく》されて、生死を離れ得ない者と見て、一挙にしてこれを救済《きゅうさい》しようとする、大慈《だいじ》大悲《だいひ》の念願より生じた法門《ほうもん》である。だから実を言えば法然の門下や、信者たちの間から、多かれ、少なかれ、教えを穿《は》き違《ちが》える者が出来たからと言って、初めから覚悟の前であって、あえて驚くにも当らぬのであるが、それを見逃さず問題として取り上げるのがまた「世間の法」というものの相である。

そういう訳で、浄土宗の広まって行くにつれて、法然や、宿老たちの訓戒にも拘わらず、穿きちがえや、軽々しいものや、狂言のあまりやり過ぎ、言い過ぎるものや、破《は》戒無《かいむ》慚《ざん》の異端者が出来るのをどうすることも出来なかった。そしてついに建永元年に、弟子安楽《あんらく》、住蓮《じゅうれん》の軽卒から、宮女出家の問題が生じて、法門および法然と高弟たちとに「法難」が襲ったのであった。

事の起りは松虫《まつむし》、鈴虫《すずむし》という二人の年若い宮女からであった。当時宮廷には念仏門の帰依《きえ》者《しゃ》が非常に多かったが、その中には門院はじめ、宮女たちの女性の間にも渇仰者《かつごうしゃ》があふれていた。念仏門が女人を嫌わぬということは、新しい、大きな特色なのだから女性に随喜者が生ずるのは自然の数であった。そして念仏門の僧にして院の局《つぼね》に出入するものも多く、宮女たちと法話の上で、深い知り合いとなるものも相当あったらしい。そしてそういう事は人目を惹きやすく、嫉妬を買い勝ちなものだ。ことに別時念仏《べつじねんぶつ》や、六時礼讃《ろくじらいさん》の興行は女性の心を惹きつける一種の魅力を持っていた。この頃の寺というものは民衆にとっては今日での、劇場と音楽会と寺院の役目を兼ねていたものと見ていい。文化と言えば仏教の外にはないのである。

建永元年七月十五日の盂蘭盆会《うらぼんえ》に鹿ヶ谷の安楽寺《あんらくじ》では、法然上人《しょうにん》を招請《しょうせい》して、法然の弟子、安楽房《あんらくぼう》、住蓮房《じゅうれんぼう》は別時念仏を勤めた。その評判が京洛《けいらく》中に伝わって、おびただしい参詣人であった。

折しも松虫、鈴虫はともに後鳥羽上皇《ごとばじょうこう》の寵《ちょう》を受けている美しい女官であったが、清水寺《きよみずでら》へ参詣した帰りに行きずりの人からただいま鹿ヶ谷《ししだに》で法然上人の別時念仏《べつじねんぶつ》がつとまりわけて今日は女人のための御化導《ごけどう》があると聞いて二人相談して安楽寺《あんらくじ》へ輿《こし》を向けた。法然は出家功徳《しゅつけくどく》経《きょう》の由来を説いていた。これは釈尊在世の時に天竺《てんじく》に吼蘭女《くらんにょ》という女があって迦留陀夷尊者《かるだいそんじゃ》の説法を聞いて主人の不在中に頭の飾りを落して尼となってしまった。主人が帰って大いに怒り牢屋《ろうや》へ押しこめた。そして頭髪の伸びるのを待って還俗《げんぞく》さしてしまった。しかるに吼蘭《くらん》女《にょ》が命終の後焦熱地獄《しょうねつじごく》へ堕ちたが一度出家した功徳によって救われて天上界へ生れたという話である。二人の宮女はその説法を聞いて感動して仙洞御所《せんとうごしょ》へ帰ったが、その時の話が身に沁みて忘れられずついに十二月十九日後鳥羽《ごとば》上皇が紀州熊野へ参籠《さんろう》せられ院《いん》の百官百僚ことごとく御伴した隙《すき》を窺《うかが》い闇《やみ》に乗《じょう》じて仙洞御所《せんとうごしょ》をのがれ出で東山安楽寺《ひがしやまあんらくじ》へ尋ねて行き出家《しゅつけ》の志を述べた。住蓮《じゅうれん》、安楽《あんらく》の両人は一応とめてみたけれども切なる願いで拒《こば》めば自《じ》害《がい》もしかねまじき様子なのでついに望みを叶えてその夜黒髪を落して比丘尼《びくに》にしてしまった。松虫は妙《みょう》亭《てい》、鈴虫は妙智《みょうち》と法名《ほうみょう》を貰って、黒染《くろぞ》めの法衣《ほうえ》に身をやつし、紀州粉河寺《こがわでら》をさして落ちて行ったということになっている。後鳥羽院《ごとばいん》は翌年正月十六日還御せられて二人の寵嬪《ちょうひん》が留守中、御所《ごしょ》をのがれ出て姿をくらましたと知って気色《けしき》を損ぜられ行方《ゆくえ》を詮議《せんぎ》せしめられしが、ついに事の次第が明白となったので非常な御憤《いきどお》りであった。

二十二　念仏禁止

このことは早くも山門の知るところとなり、多年念仏門の隆盛《りゅうせい》を嫉《ねた》んで不平満々としていた矢先に、この絶好の口実を得て、乗ずべき機会と、たちまち大講堂の大鐘を打ちならし、三千の大衆を集めてこの事を披露《ひろう》し決議の上、訴状《そじょう》を認めて、法然を初め、主だちたる弟子を死罪に処しその他は流罪《るざい》に行い、念仏布教を停止《ちょうじ》せられん事を朝廷に訴えた。その時山門だけでなく、南都の興福寺東大寺もこれに加わった。朝廷においても、この度はその訴状をとり上げられ、ついに浄土門念仏禁制を宣告された。時に建永二年二月四日である。この時にも九条兼実《くじょうかねざね》は種々斡旋《あっせん》したが上皇《じょうこう》の御憤りがひどいので力及ばなかった。法然は吉水《よしみず》の庵《いおり》を退《しりぞ》いて法性寺《ほっしょうじ》の小堂《しょうどう》へ移り、念仏の声は後をひそめ、吉水の庵《いおり》には訪《おとな》う人もなくなってしまった。そして住蓮《じゅうれん》は江州馬淵《ごうしゅうまぶち》ヶ原、安楽《あんらく》は六条河原《ろくじょうがわら》で死罪に処せられ、法然は讃岐《さぬき》の国へ流罪《るざい》、その他の高弟もそれぞれあるいは死罪、あるいは流罪となり、親鸞も越後へ流罪《るざい》となった。法然は初め土佐の国へ流罪と定められたのだが、九条兼実《くじょうかねざね》が懇請《こんせい》して自分の知行国《ちぎょうこく》讃岐へ流罪という事になったのである。その他善綽房《ぜんしゃくぼう》、性願房《しょうがんぼう》は死罪に、浄円房《じょうえんぼう》は備後《びんご》、禅光《ぜんこう》房《ぼう》は伯耆《ほうき》、好覚房《こうかくぼう》は伊豆《いず》、法本房は佐渡、成覚房《じょうかくぼう》は阿波へ流罪《るざい》となった。法然は罪名を藤井《ふじい》元彦《もとひこ》とつけられ、七十五歳にして、三月十六日住み馴れた都を出発して、配所へ向う事となった。梨打《なしう》ちの折烏帽子《おりえぼし》、水色の直衣《のうし》という俗服姿で、鳥羽《とば》から船で下った。

法然が都を出発する前十四日夜、岡崎の庵室にいた時に、善信（後の親鸞）が自分も越後に流罪《るざい》と定まった身で、ひそかに法然を訪ねて暇乞いしたという事になっている。二人はそれが生き別れとなったのである。

京洛の信徒たちは念仏が停止され、日頃生き仏のように慕っている法然がいよいよ流罪となって、都を落ちると聞いて嘆き、惜しんだのは言うまでもない。法然の出発巳《み》の刻《こく》までに、帰依《きえ》の道俗は小松谷《こまつだに》の門前に群集し、成阿坊《じようあぼう》はじめ十二人が轅《ながえ》に取りつき、打ちかつぐ輿《こし》の前後には老若男女が充ち充ちて、鳥羽《とば》まで、咽《むせ》び泣きつつ見送りしたという。

二十三　法然と兼実

中にも法然との別離を最も悲しんだのは九条兼実《くじようかねざね》であった。兼実の法然への帰依《きえ》は生きた菩薩《ぼさつ》に対するような純情無垢《むく》な渇仰《かつごう》であったばかりでなく、一種特別な濃《こま》やかな交《まじ》わりであって、法然みずからが門弟に向って、「月《つき》ノ輪《わ》殿《どの》と自分とは前世に深い因縁《いんねん》があるのだ」と言ったくらいである。彼は法然の最も有力な、熱心な庇護者《ひごしや》であった。有名な、法然の「選《せん》択本願念仏集《ちゃくほんがんねんぶつしゅう》」も兼実にたのまれて、浄土宗の安心起行《あんじんきぎょう》の要義を述べ、念仏の要文を集めたものである。法然は生前これを公表せず、直弟《じきてい》にだけ披見《ひけん》を許したものである。今度は力及ばずして、法然の配流《はいる》を抑止《よくし》することが出来なかったのが残念でたまらなかった。

法然が都を去ってから、兼実は怏々《おうおう》として楽しまず、いつも法然の事を愁《うれ》えては、朝夕食事も進まず、ついに病気になって、四月五日、月《つき》ノ輪《わ》殿《どの》で念仏を唱えつつ、死んで行った。かくてこの二人もまた生き別れとなってしまったのである。兼実はよほど性質の純情的な、濃《こま》やかな人であったらしいが、法然と兼実《かねざね》との交わりは、師弟の関係以上の特別なものであったらしい。法然の史実中に恋愛めいた話は一つも伝わっていないが、強いて探せば、この兼実公との、全然プラトニックな、精神的な、同性愛であろう。月《つき》ノ輪《わ》殿《どの》には法然を招じるために特別な部屋がいつも用意してあり、法然が晩年念仏三昧のためと称して、いずくの招請にも応じなくなった時にも、兼実の病気とか何とか称して、月《つき》ノ輪《わ》殿《どの》へだけは法然は出向いたらしい。そこで弟子が、それを咎《とが》めるような口吻《こうふん》を示すと、法然は不機嫌で、「月ノ輪殿と自分とは前世からの深い因縁《いんねん》があるのだ」と言ったという。

二十四　配流《はいる》の法然

　さて法然は鳥羽《とば》の南の門から、淀川を下って、八幡《やはた》、水無瀬《みなせ》、枚方《ひらかた》を過ぎて難波津《なにわず》につき、ここから大船に乗り換えて大海へ出た。法然の舟が経ノ島《きようしま》へつくと、島の住民たちは、名高い大導師《どうし》法然上人が、配所《はいしよ》へ赴《おもむ》かれる途中、お立ち寄りになるのだと、港へ迎えに出て、一夜の法談を乞うた。この経ノ島は清盛が法華経《ほけきよう》を石の面に写して、何十艘となく、舟に積んで沈めた所である。

　それから舟路は進んで、法然一行の舟は摂津《せつつ》の室津《むろつ》に着いた。

　ここは昔の港によくある遊女の廓《くるわ》のあるところで、船が港に入ると、美しい屋形船《やかたぶね》に幕を垂れて、遊女が四、五人乗って、客の舟までやって来て、船客の疲れを慰めるという仕組みになっていた。

　初め供《とも》の隆寛《りゆうかん》は遊女たちが普通の客と間違えて、引出物《ひきでもの》を貰いにやって来たのだと思って、追い返そうとすると、「法然上人様のお舟だという事は知っている。妾たちは引出物を貰いに来たのではない。卑しい稼業をしている身ながら、尊い上人様の御勧化《ごかんげ》にあずかりたいのだ」と言って、なかなか退こうとせず、御座舟《ござぶね》のまわりを廻っていた。

　法然はあわれに思って、船にあげてやって、女人往生の話を聞かしてやった。

「あなた方は運拙《つた》なくしてそういう稼業に身を沈めているのだ。人間は宿業《しゆくごう》次第で誰がどんな境遇に陥らないとも限らない。念仏というものは、そういう運の拙いもの、宿業《しゆくごう》の深いもののために設けてある法門なのだから、心配する事はない。あなた方は、出来るなら、今の稼業をやめてしまって堅気になって、念仏するに越した事はない。しかしどうしても、止められぬ事情があるなら、今の稼業のままでもよろしい、ただこんな卑しい稼業をしている罪深いものでも、お救い下さると信じて、念仏を唱えれば、必ず往生疑いない」

遊女たちは法然から目のあたり、自分たちの境遇をチャンと承知の上で、掌の上に受け容れてくれる弥陀《みだ》の救済《きゅうさい》の話を聴いて涙をこぼして喜んだ。

そしていったん引き取ったが、後で、お礼のしるしといって一つの高蒔絵《たかまきえ》の小函《こばこ》が届けられた。披《ひら》いて見ると五人の女の黒髪が惜し気もなく切り離されて結んで入れてあった。法然は「女の一念というものは強いものだ。ただ一句の法門を聴いてこれだけの道心を発する」と言って、感動したという。

法然たちの舟は室津《むろつ》を発《た》って、やがて和田へ着いた。ここから直ぐに讃岐《さぬき》へ渡るので、成阿《じょうあ》坊《ぼう》たちだけ残って、見送りの僧たちは皆別れて帰った。

三月二十六日にいよいよ讃岐へ着いた。そして直ぐに塩飽《しあく》の地頭《じとう》、高階保遠入道西忍《たかはしやすとおにゅうどうさいにん》の館へ入った。これは皆九条兼実の取り計らいであった。

この西忍《さいにん》というのは兼実の世話になった家来であって、懇《ねんご》ろに法然を迎えまず旅の疲れを休めたまえと、薬湯《やくとう》を立てて、法然を浴させた。西忍が湯加減《ゆかげん》をきくと、法然が、

極楽《ごくらく》もかくやあるらんあらたのし

はや参らばや　南無阿弥陀仏《なむあみだぶつ》

と詠じたといわれている。これは真偽は不明であるが、話しとしては面白い。讃岐《さぬき》の塩飽《しあく》といえば、京から来た者にとっては辺鄙《へんぴ》の田舎で、景色《けしき》から家の格好から、言葉遣いから、まるで変って田舎じみて見えたろう。

そこで、主人の懇《ねんご》ろな、気らくな取り扱いに、長い、舟旅の足腰をのばして、老体の法然が薬湯につかっている。やれやれという気がする。貧しい感謝の念と、はるばる来たなという感傷が一緒になって起って来る。法然はもう老人でもあり、都の栄華を思うよりも、どうせもう何処でもいいという離れた気持になっている。そこで薬湯の中に浸りながら、

極楽もかくやあるらん……

という実感が起る。これが配所へついた第一歩だから面白い。

が法然はやがて那珂《なか》郡子松庄《ぐんこまつのしょう》の生福寺《しょうふくじ》という寺へ移った。

法然はその寺で、田舎の生活や風物にも、さしたる不満も感じず、霊地を巡礼したり、訪い来るものに、法を説いて、暮らしていた。

二十五　赦免《しやめん》の沙汰《さた》

さて都では兼実の没後、藤中納言光親《ふじちゆうなごんみつちか》は、兼実からくれぐれも遺嘱《いしよく》されたので、折あるごとに、上皇に法然上人恩免《おんめん》の運動をしていた。また中山相国頼実《なかやましようこくよりざね》ともどもに、法然の赦免《しやめん》を願い、門弟の罪過をもって師に及ぼすことの、条《すじ》ちがいであることをお諫《いさ》めした。とかくするうち、上皇がある霊告と思われるような夢を見られた事などあり、ついに最勝四天王院《さいしようしてんのう》供養《くよう》の折大赦《たいしや》が行われたので、法然上人にも御沙汰があって、承元元年十二月八日赦免の宣旨《せんじ》が下った。

大政官符　土佐国司《こくし》

流人《るにん》　藤井元彦

伴《くだん》の人は、二月二十八日事に罪してかの国に配流、しかるを思ふ所あるによりてことに召しかへさしむ。但《ただ》よろしく、畿《き》の内に居住して、洛中《らくちう》に往還《わうくわん》する事なかるべし。国者宜《よろ》しく承知して宣《みことのり》によりて之れを行へ、符到らば奉行《ぶぎやう》せよ。

承元元年十二月八日　左大史　小槻宿弥

権右小弁《ごんのうせうべん》　藤原朝臣《ふじはらのあそん》

すなわち赦免はするが、京都へ入ることは差控えよというのである。これは山門や南都に対する遠慮もあったのであろうと思う。もっとも伝説には、日枝《ひえ》の山王の使であることになっている山猿が乱暴して塔、堂を荒らし、また春日明神の使である鹿も同様に荒れて乱暴するので、神託を伺うと、法然を流したのが怒りに触《ふ》れたのだとあるので、驚いて、法然赦免《しやめん》の義を願い出でたのだという話もあるにはある。

さて法然は配所で結縁《けちえん》した道俗《どうぞく》の人々に見送られて出帆したが、摂津《せつつ》の国へつくべき船が、風に流されて紀伊境《さかい》の油《あぶら》ヶ浜《はま》に漂着《ひようちやく》した。ここは淋しい漁村だったが、ここに法然一行は七日間滞在して順風を待った。この間にも法然は荒らくれた漁夫たちを教化《きようか》した。

それから油ヶ浜を出帆して摂津《せつつ》の神戸につき、それから勝尾《かつお》寺《でら》に入った。そしてこの寺の二階堂に四年間止まったのである。

この寺にいる頃、谷間を埋めて来る白雲が、二階堂の柴垣《しばがき》の所までかかって来たのを見て、

柴の戸にあけくれかかる白雲を
　いつ紫の色に見なさん

という歌を法然が詠んだといわれている。

一生を通じて、浄土宗の人たちは西方の浄土を思慕するのであるが、法然の晩年にはその

思慕の思いが絶えず心に充ちていたらしい。

むらさき匂う極楽浄土に生まれる日、それが法然のただひとつの希望であった。

かくて建暦元年十一月に至ってようやく帰洛《きらく》を許す宣旨《せんじ》が下った。

これも藤原光親《ふじわらみつちか》の取りなしであった。

そして法然は五年ぶりに京都へ帰って、東山大谷《おおたに》の庵《いおり》へ入った。

京洛の念仏門帰依の道俗たちが喜び迎えたのはいうまでもない。

二十六　臨終と絶筆一枚起請文

けれどもその年も暮れて、翌年正月元日の朝、法然は年始の勤行《ごんぎょう》が出来ず風《かぜ》の心地で病臥した。それからついに立つ事が出来なかった。

法然は晩年になるにしたがって、念仏を唱える回数が次第に増し、余事を捨てて唱名三昧《しょうみょうさんまい》となり、長日七万遍《まんべん》の行者《ぎょうじゃ》となっていた。臨終が近づくに及んでは、ただ唱名《しょうみょう》の声ばかりになった。法蓮坊《ほうれんぼう》、善恵坊《ぜんえぼう》、勢観房《せいかんぼう》など側を離れず看護したが、病気は次第に重くなって行った。

法然は正月二十三日、もはや臨終の迫った事を知って、自分の歿後にいろいろと邪義の生ずる事を慮《おそ》れて、浄土宗の信仰の肝要《かんよう》をただ一枚に書きおさめて、信者たちの迷いを防ぎ、長く宗門《しゅうもん》の紛糾《ふんきゅう》の根を断とうとした。そしてそれに署名押印《おういん》して、側近の勢観房源智《せいかんぼうげんち》に附属した。実に往生《おうじょう》の前々日であった。

それがすなわち有名な一枚起請文《いちまいきしょうもん》である。

その翌々日二十五日、夜の引き明けから様子がかわり、門弟たちの枕べをとり囲むなかに、法蓮《ほうれん》に命じて慈覚大師《じかくだいし》から相伝《そうでん》の袈裟《けさ》を出させて、手ずからこれをかけ、

光明遍照《こうみょうへんじょう》、十方世界《じっぽうせかい》、念仏衆生《ねんぶつしゅじょう》、摂取不捨《せっしゅふしゃ》

と観経の文を称えること九たび、頭北《ずほく》、面西《めんさい》、右脇《うきょう》で、釈尊入滅《しゃくそんにゅうめつ》の時の威儀《いぎ》をたもったまま、ついに息が絶えた。享年《きょうねん》八十歳。出家してから実に六十六年であった。

門弟たちの嘆きはもとより、洛中洛外《らくちゅうらくがい》の道俗にして法然の訃《ふ》を聞いて、来たり集って慟哭《どうこく》し、愁嘆《しゅうたん》するもの引きも切らなかったというのは、もとよりそのところである。

二十七　滅《めつ》後《ご》

さて葬式の時に法然の死骸を土葬にしようか、火葬にしようかと議が別れたが、法蓮房《ほうれんぼう》が、十二歳の時から侍僧《じそう》として朝夕仕えた師の体を烟《けむり》と化し去るに忍びないとしきりに願う

ので、ついに土葬という事になって、大谷に墳墓《ふんぼ》が築かれた。

しかるにそれより十五年後、山門から「弾選択《だんせんちゃく》」という書物を著《あらわ》して、法然の「選択本願念仏集《せんちゃくほんがんねんぶつしゅう》」を破斥《はせき》したので、隆寛は「顕選択《けんせんちゃく》」という書を著して、いちいちこれを弁駁《べんばく》したところ、山門の僧徒は怒って、例のごとく集合し、大谷の墓地を襲って、法然の墓を発《あば》き、死骸を白川に流そうとした。そこで京都の守護職平時氏《たいらときうじ》は、大隅入道《おおすみにゅうどう》、内藤盛久《ないとうもりひさ》らを遣わして、これを駆逐《くちく》して、ようやく死骸を取り返した。しかしなお危険なので、夜の明けぬ間に粟生《あわぶ》の光明寺《こうみょうじ》に移した。

しかるに山門の僧徒はなおも憤《いきどお》りを解かず、いつ襲《おそ》い来るかもはかられない形勢なので、遺骸《いがい》を盗まれて侮辱《ぶじょく》されることを虞《おそ》れて、ついに火葬に附した。

元禄十年東山天皇は円光大師《えんこうだいし》と諡《おくりな》を賜《たま》い、中御門《なかみかど》天皇は、東漸大師《とうぜんだいし》、桃園《ももぞの》天皇は慧成大師《えじょうだいし》、光格天皇は弘覚大師《こうがくだいし》、孝明天皇は慈教大師《じきょうだいし》、そして明治天皇は上人《しょうにん》七百回遠忌《おんき》に際し、明治四十四年特に明照大師《めいしょうだいし》と勅諡《ちょくし》せられて、その徳を彰《あらわ》し給うた。

以上が法然上人の伝記の概略である。

二十八　主要人物の略伝

なお初心の読者のため、上述の「法然上人の伝記」の中に出て来た重要な人物、善導《ぜんどう》、恵《え》心《しん》、良忍《りようにん》らの略伝を書いて置こう。

恵心僧都《えしんそうず》（源信《げんしん》）は朱雀天皇《すざくてんのう》の天慶《てんぎよう》五年（九四二年）大和葛木郡《やまとかつらぎごおり》に生れた。父は卜部《うらべ》正《まさ》親《ちか》。幼にして父を失い、比叡《ひえい》山の慈慧《じえ》に師事した。源信と号す。名利《みようり》を忌《い》んで横川《よかわ》の恵心院《えしんいん》に閉じこもって、聖教《しようきよう》を読み、思索し、著作した。深く意を浄土教に傾け、四十三歳の時、浄土門の経論《きようろん》の要文を集めて「往生要集《おうじようようしゆう》」を撰した。永観二年十一月筆を起し、翌年四月脱稿した。そしてこれを宋に送ったところ、台州《だいしゆう》の周文徳《しゆうぶんとく》がこれを天台山国清寺《こくせいじ》に納めた。しかるにこれを読んで随喜讃嘆するものがたちまち五百人も出来、荘厳《しようごん》した堂内にこの「往生要集《おうじようようしゆう》」を安置して慶讃供養《きようさんくよう》した。

そして遙かに拝して日本の釈迦《しやか》源信如来《げんしんによらい》とうやまい当時の帝王もまたこれを読んで渇仰《かつごう》して止まなかったと言う。中国においてもまたそうであったほどだから日本においても広くよまれ、これが結局法然という知己を得て、その本当の価値が見出され、生かされて浄土宗という一宗の開宗の導火となったわけである。法然より百五十年前の人であるが、その著書は七十部百五十巻余ありと言われ、日本における最初の念仏門の草分けをした先駆者と言っていい。念仏を自力《じりき》他力《たりき》の二つに分けて自力を棄てて他力念仏を初めて唱導したのはこの恵心《えしん》僧都《そうず》であって念仏についても専修《せんしゅ》の念仏と雑修《ざっしゅ》の念仏とをわけ、雑修《ざっしゅ》の念仏は万不一生（万に一生《いっせい》あらず）とし専修の念仏を千無一失（千に一失《いっしつ》無し）とほめたが、その後を嗣《つ》ぐ者がなかった。「それ極楽往生《ごくらくわうじやう》の教行《けうぎやう》は濁世末代《じよくせまつだい》の目足《もくそく》なり。道俗貴賤《だうぞくきせん》誰か帰せざらんもの。」という往生要集《おうじようようしゆう》冒頭の一句は法然を初め、当時の人心に深く響いたのであった。後一条天皇の寛仁元年七十六歳をもって入寂《にゆうじやく》した。

善導《ぜんどう》は中国臨淄《りんし》の人、随《ずい》の大業九年（六一三年）に生れた。道綽《どうしやく》のあとを承《う》けて大いに浄土教を興し専《もつぱ》ら念仏をすすめた。中国において浄土教を創立した最初の人である。観経《かんぎようの》疏《しよ》、往生礼讃《おうじようらいさん》、法事讃《ほうじさん》、観念法門《かんねんほうもん》、般舟讃《はんじゆさん》等の著書があるが、その観経疏《かんぎようのしよ》をよんで、法然が真信《しんしん》打発して安心決定《あんじんけつじよう》したのである。永隆二年三月二十七日六十九歳にして寂《じやく》した。かの恵心《えしん》の往生要集《おうじようようしゆう》は専ら善導《ぜんどう》の釈義をもって指南としたのである。善導は学匠と言うよりも体験的求導《ぐどう》者であったらしく、初め三論の師に就いて学んだが、出離《しゆつり》の道に悩んで溺《おぼ》るる者が何ものかを求めてとりすがるごとく、聖教《しようきよう》をあさってふと観無量寿経《かんむりようじゆきよう》が目にふれ、それが因縁となって念仏三昧に帰した。それらの点が法然と相通じる処があった。善導は観念《かんねん》の念仏と称名《しょうみょう》の念仏とを分けて称名の念仏の専修《せんじゅ》を主張した。弥陀の四十八願の中第十八願の条項に「設我得仏《せつがとくぶつ》、十方衆生《じっぽうしゅじょう》、至心信楽《ししんしんぎょう》、欲生我国《よくしょうがこく》、乃至十念《ないしじゅうねん》、若不生者《にゃくふしょうじゃ》、不取正覚《ふしゅしょうがく》」とあるその乃至十念《ないしじゅうねん》というのを観念の念もしくは憶念の念という意味に取らずに十声すなわち声の意味に解釈した。声はすなわち仏名を呼ぶことである。仏の御名をよべば仏が必ず救うという誓いである。恵心《えしん》も念仏を賞揚したがその念は観念《かんねん》理念の念仏と称名《しょうみょう》の念仏とが未だ一枚になり切らずして曖昧《あいまい》なところがあった。そこで法然は源流に溯《さかのぼ》って、善導《ぜんどう》の疏《しょ》に到ってこの解釈に契当《けいとう》してぴったりとしたのである。

良忍《りょうにん》は尾張《おわり》知多郡《ちたぐん》の領主秦道武《はたみちたけ》の子、延久《えんきゅう》四年（一〇七二年）正月元旦に生れた。十二にして比叡《ひえい》山の良賀《りょうが》に就き天台を学び、円城寺《えんじょうじ》の禅仁《ぜんにん》に梵網戒《ぼんもうかい》を受け仁和寺《にんなじ》の永意に密教《みっきょう》を授《さずか》った。嘉保《かほう》元年山城《やましろ》の北大原に退き来迎浄蓮華《らいごうじょうれんげ》の二院を建て常に阿弥陀経《あみだきょう》を読誦《どくじゅ》したが、一方また禅定《ぜんじょう》に身をゆだね、観念を華厳法華《けごんほっけ》にひそめ、未だ専修念仏《せんじゅねんぶつ》という風にはならなかった。永久五年融通念仏《ゆうずうねんぶつ》を称え勅命をうけて宮中に融通念仏会《ゆうずうねんぶつえ》を営んだ事もあった。諸国に布教し摂津住吉《せっつすみよし》に大念仏寺を開いたが、その念仏は事《じ》の念仏と理《り》の念仏であって、その不二融通《ふにゆうずう》を説いたのであって未だ称名の念仏ではなかった。法然の師叡空《えいくう》はこの良忍上人《りょうにん》の念仏の系統をひいた学匠であった。天承二年二月大原で入寂した。聖応大師《しょうおうだいし》と諡《おくりな》し享年《きょうねん》六十一であった。

二十九　法然までの念仏門の歴史

ここで日本における法然までの念仏門の歴史を簡単にかいておく方がいいだろうと思う。

いかなる天才といえども全然の独創というものはなく、必ず伝統から生れるものであって日本における浄土門も法然が初めて称《とな》えたものではなく、遠く過去に由来する処があった。すでに欽明《きんめい》天皇の十三年（五五二年）百済《くだら》の聖明王《せいめいおう》が献じた仏像、経論《きょうろん》を初めとし、其の後百済《くだら》、新羅《しらぎ》、高麗《こま》等よりしばしば仏像経論の貢入があったが、その中には阿弥陀仏およびその脇侍《わきじ》たる観音《かんのん》、勢至《せいし》つまりいわゆる弥陀三尊《みださんぞん》の像と共に浄土の三部経のいずれかをも舶来《はくらい》したであろうことは充分に推測される。用明天皇の三年に天皇の御不例《ふれい》の時、鞍部《くらべ》ノ多須奈《たすな》が造った仏像は弥陀三尊の像であったと言われている。次いで推古朝の聖徳太子《しょうとくたいし》に到っては日本往生伝《おうじょうでん》の冒頭に念仏の行者としてその伝をのせてあり、親鸞も聖徳奉讃を作ってその念仏門の弘宣者《ぐせんしゃ》としての徳を讃《さん》じている。欽明《きんめい》天皇の十二年僧恵隠《えいん》を請《しょう》じて無量寿経《むりょうじゅきょう》をかかしめた。万葉集の山上憶良《やまのうえのおくら》の漢詩には本願托生彼浄刹《ほんがんたくしょうひじょうせつ》の句がある。文武天皇の四年元興寺の僧道昭《どうしょう》の臨終の記事に「命終《みょうじゅう》の時に臨んで西に向って端座す……定めて知る。必ず極楽浄土に生れん事を。」というのがあり、現存する推古飛鳥奈良諸朝の大仏像に弥陀像があり、さらに平安朝に及んでは僧空也《くうや》京の市中に念仏を称え、僧昌海《しょうかい》西方《さいほう》念仏宗《しゅう》をあらわし、僧良源《りょうげん》は九品義《くほんぎ》を著わした。そして恵心僧都《えしんそうず》以後にも僧性空《しょうくう》（九二五年）僧永観《えいかん》（一〇三二年）等があって、これらは念仏の一行ではなく、三論密教《さんろんみっきょう》等の学者であって念仏を兼ねているのであるが、とにかく念仏と西方極楽往生の思想信仰は昔から伝わり来たったものであった。それが法然に到って時代の相応と法然の信仰の純一無雑《じゅんいつむぞう》ただ念仏の一行のみにもっぱらになった態度と、その博学高徳とによって一般的のものとなり、大衆に普及するに到ったのである。つまり浄土宗という立宗の本旨は観念を去り余行を去って専修念仏となって称名するという点に帰するのであってこの立場にはっきりと立ったのが法然である。

第三章　一枚起請文講評《いちまいきしようもんこうひよう》

一　そのまま素直に

さて法然の生涯と、その時代的背景との概略は以上で解ったと思うから、初めに立ち返って、これからいよいよ一枚起請文《いちまいきしようもん》をテキストにして、直接に、法然上人の信仰そのもの、その安心立命《あんしんりつめい》の本質について、私見を述べてみたいと思う。も一度全文をかかげて見る。（これは暗記してほしいものだ。）

もろこし我朝《わがてう》にもろもろの智者《ちしや》たちのさたし申《まう》さるる観念《くわんねん》の念《ねん》にもあらず。また学問《がくもん》をして念《ねん》の心《こころ》をさとりて申《まう》す念仏《ねんぶつ》にもあらず。ただ往生《わうじやう》ごくらくのためには南無阿弥陀仏《なむあみだぶつ》と申《まう》してうたがひなく往生《わうじやう》するぞとおもひとりて申《まう》す外《ほか》には別《べつ》のしさい候《さふら》はず。ただし三心四修《さんじんししゆ》と申《まう》す事《こと》の候《さふらふ》はみな決定《けつぢやう》して南無阿弥陀仏《なむあみだぶつ》にて往生《わうじやう》するぞとおもふうちにこもり候《さふらふ》なり。このほかにおくふかき事《こと》を存《ぞん》ぜば二尊《にそん》のあはれみにはづれ本願《ほんぐわん》にもれ候《さふらふ》べし。念仏《ねんぶつ》を信《しん》ぜん人《ひと》はたとひ一代《いちだい》の法《ほふ》をよくよく学《がく》すとも一文不知《いちもんふち》の愚鈍《ぐどん》の身《み》になして尼入道《あまにふだう》の無智《むち》のともがらに同《おなじう》して智者《ちしや》のふるまひをせずしてただ一向《いつかう》に念仏《ねんぶつ》すべし。

為レ証以二両手印一（証《しやう》のために両手印《りやうしゆいん》をもつてす）

浄土宗《じやうどしう》の安心起行《あんじんきぎやう》この一紙《いつし》に至極《しごく》せり。源空《げんくう》が所存《しよぞん》このほかに全《まつた》く別義《べつぎ》を存《ぞん》ぜず。滅《めつ》後《ご》の邪義《じやぎ》をふせがんがために所存《しよぞん》をしるし畢《をは》んぬ。

建暦《けんりやく》二年正月二十三日　　源《げん》　空《くう》

前にも書いたごとく、この一枚起請文《いちまいきしようもん》には、為レ証以二両手印一（証《しよう》のために両手印《りやうしゆいん》をもつてす）以後の結文《けつもん》のあるものと無いものとがある。それでこの結文は後世の附加であろうという説もある。また書いた時日についても、臨終の前々日に書いたものだという説と、それよりかなり以前に書いて弟子の源智《げんち》に与えて置いたものだという説とがある。建暦《けんりやく》二年正月二十三日という日付があるのだから、臨終の前々日に書いたわけだが、これを後の附加とする説だと、時日《じじつ》も不明になるわけである。「勅修御伝《ちよくしゆごでん》」、「和語燈録《わごとうろく》」等に収録してあるのは結文《けつもん》がない。が徳川時代の書写及び板行《ばんこう》には大概この結文がついている。しかし足利時代でも、その時代の末期に、越前の敦賀《つるが》の西福寺《さいふくじ》に隠栖《いんせい》した学僧、道残《どうざん》が書いた一枚起請文《いちまいきしょうもん》が二幅《ふく》今も残っていて、その一幅には結文がついている。

そういう訳で、こういう考証の真偽というものはなかなか容易に決定出来るものでない。こういう問題はその道の専門家にまかせて置くよりない。

私は源智《げんち》に書き与えて置いた文に、法然が臨終に及んで、この結尾を附加して、押印《おういん》、花判したものだという忍徴《にんちょう》の説をとって、この全文を法然自ら書いたものだとして置く。なぜなら、手印《しゅいん》した上に、法然の花印までついている書きものを疑いたくないし、この結文を法然が書いたものとして、少しも全体の本質にかわりはないからである。花判のあるものさえ疑う程なら、経文の外なんの証拠もない弥陀の誓約、「み仏の御ちかい」を疑うだろうし、それを疑うことは「一枚起請文《いちまいきしょうもん》」の趣旨を全く殺してしまう事であるから、よろず疑いがましい、ひねくれた思いを抱いて、この「一枚起請文《いちまいきしょうもん》」に対したくない。それゆえ世間一般に「一枚起請文《いちまいきしょうもん》」として流通《るづう》し、なんの障《さわ》りもないこの全文のままを、そのまま素直に受け容れるのが最もふさわしい態度と思うのである。

二　ただ一つのもの

さてこの一枚起請文《いちまいきしょうもん》で法然が言い現わしたい積極的主張はただ「念仏申せば必ず極楽へ往《おう》生《じょう》させて貰えると信じて念仏申す」という事だけである。その他はそれと紛《まぎ》れることを弁別《べんべつ》して拒斥《きょせき》したのに過ぎない。すなわち法然にとって「なくてはならないもの」はただ「み仏の誓《ちかい》をたのんでそのみ名を唱える」という事のみである。比叡山での二十幾年月の研学《けんがく》も、思索《しさく》も、さらに久しい生涯のさまざまの生活の体験も、結局この単純極まる「唱名《しょうみょう》」の一事に煮《に》つまってしまったのである。この外には何も要《い》らない。まことに至心帰命《ししんきみょう》とはかくのごとき心境である。この何もかも要《い》らなくなる、放下《ほうげ》するという心の有様が仏法の要訣である。むつかしい理窟を捏《こ》ねまわすような態度とはおよそ反対の心境である。その意味で必ず「愚《おろ》かさ」の相《そう》を呈するものである。世間には仏教徒であると自任しながら、この紛糾《ふんきゅう》混雑をできるだけ忌《い》むサラリとした心境がなくて、いやに理窟めいた、ことさららしい人があるものだが、それはそれだけでもうその心境が信仰の本筋から離れていることを示しているものである。いわゆる「さかしら」という感じほど信仰の雰囲気《ふんいき》と背馳《はいち》するものはないのである。

> もろこし我朝《わがてう》にもろもろの智者《ちしゃ》たちのさたし申《まう》さるる観念《くわんねん》の念《ねん》にもあらず。また学問《がくもん》をして念《ねん》の心《こころ》をさとりて申《まう》す念仏《ねんぶつ》にもあらず。

これは法然の念仏は「唱える念仏」、「声の念仏」であるから、これと紛《まぎ》れる虞《おそ》れのある憶念の念仏、観念の念仏、理《り》の念仏、事《じ》の念仏等の古来煩《わずら》わしい、色々の議論があり、問題が出て、学生《がくしょう》たちの諍論《そうろん》の種ともなり、研究の課題ともなって、兎角《とかく》沙汰《さた》された、それらの念ではないという事を冒頭にハッキリと掲げて、区別をつけてしまおうと思ったのである。信仰というものは思量分別がすたれて、非思量底《ひしりようてい》の世界が現前する時に生まれるのであって、かくいろいろと煩わしい理論が、幾つにも分岐して、いずれとも決着がつかず、そのために頭は悶《もだ》え、心は乱れるという状態では、信仰という心的状態は生じるものでない。信仰という心理状態は至心な、ひとすじな情意の態度だからである。しかしもとより知のはたらきが加わらないというわけではない。ただ知識というよりも智慧というものになって作用する。これまで情意から切り離されて、主として思量分別《しりようふんべつ》の分析知《ぶんせきち》となり、理智のための理智としてはたらいていた知的作用が、袋路《ふくろじ》に行きつまって、自分の力の限界を知り、ふたたび情意をともなうた綜合的、統一的なものになって、初めて智慧の眼《まなこ》が見ひらかれる。この意味の智慧の光ならば、法然のあらゆる文章、その著書から、消息の端々《はしばし》まで、至るところに漲《みなぎ》り、こぼれている。法然は実に「賢い人」であり、かゆい所に手の届く頭のいい人である。その事はだんだん証明して行くが、とにかくそういう訳で「知」の作用が信仰という心の状態に加わらないわけではないが、その智慧の光に照明されて、意志がきっぱりと決断する。このきっぱりと決断する意志のはたらきに「決定《けつじょう》」という意識が生じるのだ。そうなると初めて、感情が純一に、さまたげられるものなしに、一ぱいにはたらき、また円満に滞《とどこお》りなく、全体に行き渡り、たらいに水を一杯なみなみと充たしたような状態になる。そこへ真如《しんにょ》の月が映《うつ》って、ますます智慧《ちえ》の光があらわれるという具合になるのである。

それゆえ信仰は必ずしも知的作用を拒斥《きょせき》するものではないが、理智というかたちでは受け容れられない。ことに浄土門の信仰ではそれを忌《い》むのである。

三　理智の苦悩

法然自身が比叡山での二十幾年の苦しみは主としてこの理智のための苦しみであった。師の叡空《えいくう》と諍論《そうろん》したのもこの念仏の種別、唱名の念仏か、観仏の念仏かという問題についてであった。法然は善導《ぜんどう》を引いて唱名の念仏が勝っていると立てて叡空《えいくう》は良忍《りょうにん》など引いて念仏は事の念仏と理の念仏の外にはないと主張し、互いに譲らず、激論した結果、叡空《えいくう》は立腹して、法然を打擲《ちょうちゃく》し、破門《はもん》までしたほどであった。

法然にとってはその生涯の経験上、人間の理智の苦しみ、論理的苦悩というものは、つくづく腹に沁《し》み、うんざりしていたに相違ない。その心理状態は、例えて見れば、ある生得《しようとく》の不貞腐《ふてくさ》れの女を何とかして改悛《かいしゆん》させてやろうと手を代え、品をかえて、教えさとし、あらゆる犠牲を忍び、飼い犬に手を噛まれても辛棒《しんぼう》し、生涯を費やし、財も使い果たして、ついに甲斐なく、とうとう力尽きて見切りつけたばかりの処へ、誰か善良な、正直な、経験の乏しい人があって、自分のやった事を繰り返そうとするものがあるのを見たら、「ああ、あの人はまたやるのか」と思わず嘆息するのに似た心理状態である。しかしその人が自分よりも徳力がすぐれて、その女を改悛《かいしゆん》させ得ないとは限らないから、一概に止める事はできぬ。自分をもって他を推しはかることはできぬ。自分よりも知徳が勝れ、根気のいい人がそうするのを止めはせぬが、ちょっとした同情心や、客気からやろうとし、またなみなみの器量の人ならば、止《と》めてやりたくなるだろう。その人の破産することが目に見えているからだ。

これから笈《きゆう》を負うて叡山《えいざん》に登ろうとする善男子《ぜんなんし》があるとする。彼が名聞利養《みようもんりよう》のためにそうするのならともかく、出離《しゆつり》のためにそうするのなら、「やれやれ、またあれをやるのか」と思わずには居られないだろう。しかし自分より勝機《しようき》の素質かも知れぬから一概に止める訳には行かぬ。しかし法然が悪びれず、わざと卑下せずに、素直に考えて見れば、自分が山にいた時、自分よりも勝器の人がどれほどあったか。当時の北嶺南都の学匠たちがどのくらいの実力があったか。自分は山門で「智慧第一」と称せられ、自分より勝れた器量の人がそうあったようにも思われない。若しあれば自分は教えを乞うたのだが、それが無いから、盲目の手探りのように摸索《もさく》する外なかったのだ。並み並みの器量の人の手に負う事ではない。山にいた当時も、「自分こそ勝機《しょうき》である」と自負していた人たちに幾人遇《あ》ったか知れぬ。しかしそれは大概己惚《たいがいうぬぼ》れに過ぎなかったではないか。それらの人々の中には後に自分の弟子になった者や、浄土門に帰した人は少くない。法然ぐらいに年もとり、経験も積み、いろいろな人たちと遇《あ》って人を知っているものには、遇って少しく問答すれば、どのくらいの器《うつわ》かは大概わかる。そのなみなみな人たちがたとい気を負うていても、知識にたよる聖道門《しょうどうもん》の道を勧《すす》める気にはなれなかったろう。自分の嘗《な》めた、長い歳月の苦しみを思えば、慈悲心のある者なら、さし止めて、易行道《いぎょうどう》に行かしめるのが当然である。しかしどんな勝器の人がいるかも知れないし、また自分でどうしても聖道門《しょうどうもん》の道をたどるという者を強いて止める事もできない。またある種類の人は、ちょうど自分のやったように理智に行きつまるまでは浄土門に帰す事のできないものもある。法然はそういう消息をよく知っているから、一概に浄土門へ来いとは言わない。自分が謙遜《けんそん》なのは美しいが、そのために他人に謙遜を強いるのはかえって醜《みにく》いものである。他人が智者と言われると嫉妬《しっと》して悪口を言ったり、智者を以て任じる者がいると、揚足《あげあし》を取って引きおろし、その人が愚かであると告白するまでは気になるというようなのは見苦しい。そういう未練があるなら謙遜にならない方があっさりしている。本当に謙遜になるなら、他人との比較的の話でなく、絶対的に自分の実力に失望した上でなくてはならない。

四　素直な、悪びれない謙遜《けんそん》

法然の謙遜はこの点で実に気持がいい。素直な、悪びれない、謙遜である。自分より智者がいることを拘泥《こうでい》しもしなければ、わざと卑下《ひげ》するところもない。実に自然で、公けである。

それでこの冒頭の一節にしても、「もろこしわが朝《てう》にもろもろの智者たちの沙汰し申さる云々」という文章の調子にはなんの皮肉もないのである。むしろ、法然の心には、自分がこれまで学んだ、中国や、日本の先人たちの誰、彼の文章が頭に浮かび、尊敬の念をもって書いているのである。これは後に四修《ししゅ》のところで述べるが、恭敬修《くぎょうしゅ》の態度がちゃんと備わっているからである。礼の味わいのこもった文章である。

しかし法門の上から拒斥《きょせき》すべきものは拒斥しなければならぬ。浄土宗の念仏はかの尊敬すべき人々の、いろいろ沙汰される観念の念でもなければ、また学問をして、「念とはこういう意味だ、それにはこういう意味と、こういう意味とがあるが、文献を比較研究して見れば、結局こういう意味にとるべきだ」などと研学の結果に理《り》会《かい》するような念でもないと、はっきり断《ことわ》って、何の曖昧《あいまい》も、不明瞭《ふめいりょう》も残していない。まことに間然《かんぜん》するところのない態度である。

この「もろこしわが朝《ちょう》にもろもろの智者たち」というのは一般に中国や、日本のこれまでの学匠たちととってもいいけれども、これを書く時の法然の頭には若干の具体的な人たちの名が浮かんでいたものと解釈するのが本当らしい。

すなわち唐の智者たちというのは天台《てんだい》、浄影《じょうえい》、嘉祥《かしょう》等である。

天台《てんだい》は摩訶止観《まかしかん》に、

意論二止観一者念二西方阿弥陀仏一（意《こころ》に止観《しくわん》を論《ろん》ずるは西方阿弥陀仏《さいほうあみだぶつ》を念《ねん》ずるなり）

また

阿者即レ空、弥者即レ仮、陀者即レ中、仏者一心三観也（阿《あ》とはすなはち空《くう》、弥《み》とはすなはち仮《け》、陀とはすなはち中《ちう》、仏《ぶつ》は一心三観なり）

というような事を書いている。

こういう阿弥陀仏は理観《りかん》の仏であって、法然の救済主《きゅうさいしゅ》としての人格的の仏ではない。空《くう》とか、仮《け》とか、中《ちゅう》とかいう思想は深奥であって、充分な哲学的内容を持ち、しかのみならず、悟得《ごとく》としては体験の対象ともなり得るのであるが、それはどこまでも真如法性《しんにょほっしょう》としての、いわゆる法身仏であって、願成就《がんじようじゆ》のための修行が報いられて、仏となった人格的の仏、すなわち報身仏《ほうじんぶつ》ではない。法蔵比丘《ほうぞうびく》が凡夫《ぼんぷ》救済のために修行《しゆぎよう》をして阿弥陀仏《あみだぶつ》になって、今現在西方《こんげんざいさいほう》の浄土にいて説法しているというような人格的の仏ではない。

また法然自ら大経《だいきよう》の釈《しやく》に、

「諸宗諸家《しよしうしよけ》に甚深理観《じんじんりくわん》の行《ぎやう》あり。いはく法相宗《ほつさうしう》の五重唯識《ごぢゆうゆゐしき》の観《くわん》、三論宗《さんろんしう》の八不《はつぷ》中道勝義《ちうだうしようぎ》、皆空観《かいくうくわん》なり。華厳宗《けごんしう》の十玄六相《じふげんろくさう》、法界円融《ほふかいゑんゆう》の観《くわん》、天台宗《てんだいしう》の一念三千《いちねんさんぜん》、一心三観《いつしんさんくわん》の観《くわん》、真言《しんごん》宗《しう》の阿字本不生《あじほんふしやう》、三密同体《さんみつどうたい》の観《くわん》、これ理観《りくわん》の法門《ほふもん》なり。」

こういうような諸宗にある観念の沙汰、理観とか、空観とかいうような、難解な観念の念でもないという意味である。そういうような哲学的の理論を一々研究し、理解し、弁別してかからねばならぬという事になれば大変である。よほど頭のいい人が一生をかけて、理解できるかどうか受け合えないぐらいのものである。普通の頭を持った凡俗大衆が日々の生活に駆り立てられつつ、片手間《かたてま》に研究し、理解出来るような生やさしいものではないのである。

五　まじりなき念仏

また法然が排斥した念仏の中には、上記のような理論的な哲学的の観念の外にも、観仏《かんぶつ》とか、見仏《けんぶつ》とかいった、かなり体験的な要素が加わってはいるけれども、なお唱名《しようみよう》の一行《いちぎよう》に専念せずに、混淆物《こんこうぶつ》、挾雑《きようぞう》のまじっている、いわゆる雑修《ぞうしゆ》の念仏も含まっている。それも観念的な沙汰《さた》の清算出来ていないものとして、法然は観念の念仏、学問上の念仏の中に入れて、ひとしく忌《い》み、避けているのである。

たとえば空也《くうや》の、

「声に随《したが》って見仏《けんぶつ》すれば息声《そくじやう》もすなはち念誦《ねんじゆ》なり。」

これはかなり唱名《しようみよう》の念仏《ねんぶつ》に近づいているのであるが、この見仏というのが未だ浄土門になり切っていない。見仏と唱名との二元に分れている。こういう風に二つになると、行者《ぎようじや》は唱名しつつも、仏身を観じようとせねばならぬから、一心専念《いつしんせんねん》に唱名《しようみよう》することが出来ぬし、だいいちこの見仏《けんぶつ》ということが容易に出来ることでない。この見仏という観念がまじっている限りは、それは浄土宗の念仏ではないのである。

また、恵心《えしん》の、

「初心《しよしん》の観行《くわんぎやう》は深奥に堪へず、このゆゑに今まさに色相観《しきさうくわん》を修すべし。」

これなども恵心僧都《えしんそうず》は、前に書いたように、その「往生要集《おうじようようしゆう》」で法然に強い暗示を与えて念仏門への発足をうながした善知識《ぜんちしき》ではあるが、その念仏はまだ唱名《しようみよう》の一元になり切っていない。観仏《かんぶつ》と唱名《しようみよう》とが分れている。初心者には深奥な観行《かんぎよう》はむつかしすぎると洞察《どうさつ》したのは卓見であるが、色相観《しきそうかん》を修すべしというのではまだ見仏である。これはただの理論とか、観念とかいう抽象的のものから、具象的な、官覚《かんかく》的なものに移ろうとするところに、大衆への志向が見えるけれども、さてこの仏の色身相《しきしんそう》を見るという事になると、観経《かんぎょう》にいろいろと第十三観まで種類をあげて、荘厳《しょうごん》、燦爛《さんらん》、微妙《びみょう》の限りを極めて描写してあるけれども、これは、現実に、この世界において、この色身相《しきしんそう》を見ようと執する事になると、幻覚《げんかく》、心霊《しんれい》現象《げんしょう》、迷信《めいしん》の世界に頭を突っ込むことになり、弊害《へいがい》と混乱《こんらん》とが百出するばかりでなく、これを見るという事自体が決して誰にでも容易に出来るものでない。自分の心を仏教の具象的《ぐしょうてき》な、色、形、音、光等の官覚的雰囲気《ふんいき》でつつみ、その中に没入《ぼつにゅう》するという目的ならばいいけれども、往生《おうじょう》のためには仏の色身相《しきしんそう》を見ねばならぬという条件になると、これはまた別の難《なん》行《ぎょう》になってしまう。それでは形のないための難行を、形のあるための難行に置きかえるのに過ぎない。そこで浄土宗では、往生《おうじょう》の条件としての念仏はただ唱名《しょうみょう》、声の念仏のひとつにしてしまい、その往生する行くさきの極楽浄土は、阿弥陀経《あみだきょう》に描いてあるような、色、形、光、音をもって、官覚的に荘厳《しょうごん》された、この上もなく美しい浄土であり、そこにおいて見仏《けんぶつ》することの出来る仏は、観経《かんぎょう》の十三種の色身相観《しきしんそうかん》にあるような美しい相を具えた仏であり、しかも見仏のみならず、自らかかる仏となる、すなわち成仏《じょうぶつ》することも出来ると信じるのである。

そういう事情があるから、法然はこの「一枚起請文《いちまいきしょうもん》」で、「観念《くわんねん》の念《ねん》にもあらず。また学《がく》問《もん》をして念《ねん》の心をさとりて申《まう》す念仏にもあらず」と、観念の念仏、見仏《けんぶつ》の念仏、雑修《ぞうしゅ》の念仏を、ことごとく忌《い》み、斥《しりぞ》けて、自宗《じしゅう》の念仏の立前《たてまえ》をはっきりと宣言したのである。

六　三昧発得《さんまいほっとく》

しかしここに注意すべきことは法然はかように、往生の条件としての見仏、すなわち仏の色身相《しきしんそう》を見るとか、さまざまの奇瑞《きずい》、不思議《ふしぎ》をあらわすとかいうような事は忌《い》み、斥《しりぞ》けたけれども、往生極楽《おうじょうごくらく》のために一心不乱に唱名した自然の結果として、三昧《さんまい》が発得《ほっとく》すると、仏の色身《しきしん》を見たり、奇瑞《きずい》があらわれたりする事を否定してはいないという事である。現に法然の伝記にはこういう記事が随処にある。そして法然が自分で書いた「三昧発得記《さんまいほっとくき》」には、そういう不思議がたくさん記録してある。

建久九年正月、恒例の十七日の別時《べつじ》念仏《ねんぶつ》を営んだ折、初日に光明少し現《げん》じ、第二日に水想《すいそう》観《かん》が自然に成就《じょうじゅ》し、また瑠璃地相《るりじそう》が少しく現われた。第六日夜に到って、宮殿相《きゅうでんそう》があらわれて、それらの相がはっきりしていた。

それについて法然が自《みずか》ら思うのに、

か。」（三昧発得記）「願《おも》ふに、我平生念仏六万遍《われへいぜいねんぶつろくまんべん》を課《くわ》し、不退勤修《ふたいごんしう》す。これによつて、今これらの相 現《さうあら》はるる

といっている。

二月二十五日には目から赤嚢《せきのう》のごときもの、瑠璃《るり》の壺《つぼ》のごときものが出た。そして目を開いても、閉じてもはっきり見えた。その後右眼から白光《びやつこう》が現われ、光端は青色を帯びていた。また壺の形をした瑠璃光《るりこう》を出した。内に紅い華《はな》があって、宝瓶《ほうびよう》のようであった。また日没に四方を望むと赤、青の宝樹があって、あるいは四五丈、あるいは二、三十丈もあって、経に書いてある通りであった。

八月朔日《さくじつ》に日課の念仏六万遍《まんべん》を勤《つと》めたが、二日に自分の坐っている下が瑠璃地《るりじ》になった。正治二年の頃には、この地想《じそう》が、坐臥《ざが》意のままに現じるようになった。建仁《けんにん》元年二月八日夜半には、極楽衆鳥ならびに箏笛《れいてき》の音を聴いた。

翌二年の正月からは仏身を見るようになり、初めは勢至菩薩《せいしぼさつ》や阿弥陀仏《あみだぶつ》が、頭面《ずめん》だけ現われたり、丈六の真身が現われたりしていたが、ついに元久三年正月朔日《さくじつ》から、恒例七日の別《べつ》事念仏《じねんぶつ》を勤めた四日目に、念仏している間に、阿弥陀仏《あみだぶつ》、観音《かんのん》、勢至《せいし》の三尊が一緒に大身を現わした。

これらの異象の記事は法然が自分で書いたのであるから、そういう事実があったという事

は間違いない。またこういう事実があるということは、今日では心霊現象の科学《サイキカルリサーチ》で研究され、資料がおびただしく蒐集《しゅうしゅう》されて、有名な多くの科学者の間にも認《みと》められている。ただその事実の解釈如何については、学者の説がまちまちであって、あるいは幻覚《げんかく》であるとか、潜在意識《せんざいいしき》や、副意識の作用であるとかいう心理学派と、別にこの現象界以外の、別世界を立てて、その両世界の交渉としてでなくては説明出来ないと主張する心霊学派とがあって、いずれとも決しられない。しかし法然のような場合には、単に、精神異常者の幻覚としては、あまり時日、前後の関係等がはっきりとした意識的生活の中に現われているのと、平常の性格が実に理路整然とした、健全無比の、理性的な、平静な人であるだけに、心理学派の説明では、首尾相応しない観がある。法然自身の書いたものでなく、弟子たちや、信者たちの書いたものには、こういう不思議は到るところにある。

七　法然にともなう異象

「法然上人行状画図《ほうねんしょうにんぎょうじょうえず》」によれば、

ある夜更《ふ》けに、法然が高声に念仏しているので、正信房《しょうしんぼう》が老体を痛わしく思って、何か用事でもと思って、そっとやり戸を開けて見ると、法然の身体から赫奕《かくえき》として光が現われて、坐っている畳二畳に一ぱいさしている。その明らかなことは、夕暮《ゆうぐれ》の山を望んで夕陽を見るごとくであって、身の毛もよだつばかりであった。

元久二年四月五日法然が月《つき》ノ輪殿《わどの》に参って法談をして帰る時、見送った兼実《かねざね》が庭の上に崩れ、ひれ伏して法然の後姿《うしろ》を拝した。そして涙にむせびつつ、「上人がただ今虚空《こくう》に蓮華《れんげ》を踏《ふ》んで歩かれた。そしてうしろに頭光《ずこう》があらわれていた。お前たちは見なかったか」と言った。

右京入道と尋玄阿闍梨《じんげんあじゃり》が側にいたけれども見なかった。

ある人が法然から念珠《ねんじゅ》を貫って竹釘《ちくてい》にかけて置いた処、家の内が妙に明るいので、ただして見るとその念珠から出た光のためであった。

こういう類《たぐい》の異象《いしょう》、奇瑞《きずい》は枚挙にいとまないほどであるが、注意すべきことは法然自身がそれを否定せず、門弟たちが奇瑞《きずい》を見た話をすると、「そういう事もあろうか」とか、「皆そういう身にしてやりたいものだ」とか答えた事である。

これで見ると、法然は往生極楽《おうじようごくらく》のために仏の色身相《しきしんそう》を見るということは斥《しりぞ》けたけれども、念仏を称《とな》え称《とな》えて三昧《さんまい》となった暁に、自《おの》ずと色身相《しきしんそう》を見ることは忌《いと》わなかったばかりでなく、「そうありそうなこと」あるいは「そうありたいこと」ぐらいに考えていたらしい。観《かん》無量寿経《むりようじゆきよう》に、紅、紫、白、色とりどりの曼荼羅《まんだら》のごとく、絢爛《けんらん》と展開されている水想観《すいそうかん》、樹《じゆ》想観《そうかん》、地《ち》想観《そうかん》その他を、念仏の功《こう》のつもりつもった結果として見得るに到ることは奇特《きどく》なこととしていたようである。しかしこれらを見ることが出来なくては往生出来ぬとか、見得るために往生《おうじよう》出来るとかいう考えは、全然排斥するのである。そういう点法然は実に公平無私であり、理性的であって、好んで劣機《れつき》をあげて、勝機《しようき》をおとすのとは相違する。

それは前に伝記のところで述べた「大原問答《おおはらもんどう》」の時にも、

「ただこれ涯分《がいぶん》の自証《じしよう》を述ぶるばかりなり。またく上機《じやうき》の解行《げぎやう》を妨げんとには非ず。」

という謙遜な、無私な態度であった。

八　全文の眼目

唯往生《ただわうじやう》ごくらくのためには南無阿弥陀仏《なむあみだぶつ》と申《まう》してうたがひなく往生《わうじやう》するぞとおもひとりて申《まう》す外《ほか》には別《べつ》のしさい候《さふら》はず。

これは「一枚起請文《いちまいきしょうもん》」全文の眼目《がんもく》である。本当はただこれだけでいいのであるが、念のためにこれと紛《まぎ》れるものを避け、忌《い》み、不審の起りそうな所を註解《ちゅうかい》し、そして要所骨髄《こつずい》にエンファシスを置いて、鋭く、強く、念を押したのである。

ところでこの往生極楽《おうじょうごくらく》という意味であるが、これは単純に、いろいろと細工《さいく》をつけずに、「極めて楽しい国へ往《い》って生まれる」と解釈《かいしゃく》するのが法然のこころである。その楽しいという意味も、単純に、素直に、凡人らしく、この娑婆《しゃば》世界での日々の生活で心を悩まし、体を苦しめているわれわれが、心も体もらくになれる世界へ生まれるのだととるのが一番いい。その「心を悩ます」というひと言《こと》に、実に人間苦の限りない深い、複雑な問題がこもっているわけである。われわれが心を悩ますのはわれわれにやさしい良心が人間なみの程度においてあるためと、また生活の欲望が同じく人間なみの程度において与えられているために生じるのである。それがいわゆる「人間らしさ」とか人間味とかいうものをつくるのである。しかしわれわれの現実の生活においては、この良心を苦しめるような事ばかり起る。良心があれば、他人の無理な行為に対しては怒りが起る。怨《うら》みが結ばれる。その怒りや、怨みが容易《ようい》に晴らされれば、少しは簡単なのだが、種々の事情でそれが出来ずに、凝《じ》ッと忍耐しなくてはならぬ。そこでそれが内攻する。あたかも飲んだ酒が発しないような苦しみである。しかもその怒りと怨みとの対手がかえって、自分よりも繁栄し、世の喝采《かっさい》を博するような例は少なくない。その癖一方には自分にも生活の欲望があるから自分の運命は切りひらいて進みたいし、衣、食、住も体裁をたもちたいし、恋人も得たい。しかしこれは多かれ少かれ、周囲の人たちと摩擦《まさつ》を生ぜずには出来ぬ。一切の対人関係というものは、ホッブズの言ったように、「万人が万人に対して敵対」の状態でないにしても、少くとも「万人が万人に対して摩《ま》擦《さつ》」の状態である。冷酷残忍な者はともかくとして普通の人情を持った者は、なるべくお互いにこの摩擦を目立たないようにつくろって生きているけれども、事あるごとにその実相が暴露して来る。お互いに辛いけれども、生きんがためには止むを得ない。生活の欲望のためには親は子に、子は親に苦しみをかける。夫婦でも、兄弟でも友人でもその数にもれない。しかしかもその欲望をはなれては生きることの甲斐がない味気なさに苦しまねばならぬ。しかし人情のある凡人は他人に苦しみをかけることは苦しいのだ。かけられることはもとより苦しい。

事あるごとに、他人の心の汚なさとさもしさに浅ましくなるけれども、自分もまたいざその境遇になると同じ事をやるのには暗然とする。家賃を払わずに夜逃げをした店子《たなこ》を怒るのは家主としての人情であるが、自分も同じ事がやりたくなるのを経験するのは遠いことではない。誰が好んで魔窟《まくつ》に身を沈めよう。身を汚されて恥じないものがあろう。しかも境遇ではそうならずにいられない心理があるのである。他人が拷問《ごうもん》されて口を割れば卑怯だと思う。だが自分が拷問《ごうもん》されてみると、そうせずにはいられない心理と生理が体験出来るのだ。しかしそれは他人に対し、自分に対し恥辱に耐えないことだ。金を借りるのも、断わるのも共に苦しい。社会生活の中で人生の実相を知れば知るほどわれわれの心は「つらい」のである。病気の時、負傷の時、手術の時、飢渇の時、寒暑の時、拷問《ごうもん》の時、老衰の時、断末魔《だんまつま》の時、われわれの肉体の苦しいのは言うまでもない。

九　うつしみの実感

そういうつらい、苦しいという生活の実感を少しも粉飾《ふんしょく》せずに、そういう辛い、苦しい事のない世界に生まれたいと願う心、それが取りもなおさず往生極楽を願う心である。昔から日本語にあるうつしみとか、うつそみあるいはうつせみという心、われわれ人間の身分、境《きょう》涯《がい》をこのうつしみと感得して、そういう無常な、たのみない、汚濁《おじょく》な身でなく、光明無量《こうみょうむりょう》、寿命無量《じゅみょうむりょう》の仏身となりたいと願う心、これが欣求《ごんぐ》浄土《じょうど》の念願《ねんがん》である。何もむつかしくとる必要はない。それでは法然の意を得ない。

これは人間の智力の点についても同様である。法然のごときは直接な動機はこの人間の智力の限界をしみじみと悟ったところにあったのである。人からは智慧《ちえ》第一などといわれても自《みずか》ら反省してみれば、どれほどの事も解っていない。一切経《いっさいきょう》を五度もよみ返しても疑義はとけない。人生の深い謎は依然として謎として残るのみである。出離《しゅつり》の願いはいつ適《かな》うともはかられぬ。人間の智力には人間としての限り、その境涯というものがある。そこにぶつかったのが前にも書いたように「かの仏願《ぶつぐわん》に順《じゅん》ずるが故《ゆゑ》に」の観経《かんぎょう》の一句であったのだ。すなわち自分の智力でなく、仏の願に依って救われるという道である。これは法然にとっては実に回天動地の革命的な方向転換であってこれまでのやり方と全然あべこべのやり方なのである。ここで法然は自分の智力を捨ててしまった。これまで智力の限りを尽くしただけにもう未練はない。今までその智力を恃《たの》みとしていた心を今度は仏の願を恃《たの》みとする心に置きかえた。自分を救ってくれるのは自分の智力ではなくして仏の願力である。自分たちを助けてやろうと思って願を立てて恐ろしい永い間の修行《しゅぎょう》をしてその願を成就して仏となったところの阿弥陀仏《あみだぶつ》の力である。事の起りはそのわれわれを助けてくれようという阿弥陀仏の本願《ほんがん》にあるのである。この願力《がんりき》に乗じてわれわれの力を用いずに救われるのである。これは世間では他力本願といって茶化したり、皮肉な意味に用いる事が往々あるけれどもそれはいわゆる半《はん》可通《かつう》の少しばかり気の利いた事の解る程度の人間がしたり顔にいう事であって、本当の深い深い真理に目をつけている大智慧者の事ではない。他力本願《たりきほんがん》といえば何にもないように見えるが、それは実に一生懸命の充実緊張した精神力が息づまるように充ち充ちているのである。あたかも断崖から飛びこまんとして足の離れんとする刹那《せつな》のような息をこらした力の張り切った心境である。これを仏教では放下《ほうげ》というのだ。法然ほどの俊才が自分の智力をやすやすと捨てられるものではない。よくよくそれに絶望したからである。この人間業では行かぬという心、人間と違った境涯、身分を認め肯定せずにはいられない心、そこに他力が生ずるのである。二十幾年間求め求めて得られなかった救いの道がちゃんと観経《かんぎょう》に用意されてあった事を知った時にその救いの計画たるや人間の智力の考えつくようなものでない事を知った時に、法然は阿弥陀仏の実在を信じざるを得なかったのである。この法然にとって人間の頭の考えつくような計画でないと感じられる点がとりも直さずなかなかな物知りや聞いた風《ふう》の才人や常識的な人間にはばかばかしく思われる点であってここの点をわれわれは深く深く考えて見なければならないのである。法然よりも智力の劣った者がばかばかしい荒唐無稽《こうとうむけい》な事と思う事をその幾倍もの智力のある法然がどうして人生究極の真実と信じたであろうか。ここがすなわち宗教意識の不思議であって、その真信の打発する境涯《わうじやう》まで達していない者には説明出来ない心理である。「ただ南無阿弥陀仏《なむあみだぶつ》と申して疑《うたが》ひなく往生するぞと思ひとる」という事は、これはそう出来さえすればなるべく別《べつ》の仔細《しさい》はない事であるが、そう思いとることが普通の心境では出来ないわけである。つまり阿弥陀という仏が実在していると思えなければ、それを恃《たの》む気にはなれないからである。しかしその実在を証拠だてる事が出来るかと言えばその科学的方法はないと言わねばならぬ。単に西方の浄土という事だけでも地球が自転している以上その西方という方向さえも定められない。これは西方極楽浄土《さいほうごくらくじょうど》の天文学的存在や、弥陀仏《みだぶつ》の歴史的存在というようなものとは源《みなもと》を別にした信仰の世界での事実であってその世界においては西方の浄土と阿弥陀仏との責在は厳《げん》として疑う事は出来ないのである。詮《せん》ずるところこの西方の浄土や、阿弥陀仏が必要でないような心の状態では浄土門《じょうどもん》の信仰というものは起らないわけである。前にいったような苦しい辛い世界から境涯的に救われて、楽な浄い世界に生れたいと本当に願い求めるのでなければ阿弥陀仏も極楽も信じられるわけはなく、またその必要もないわけである。

十　浅ましき穢土《えど》

厭離穢土《えんりえど》、欣求浄土《ごんぐじょうど》というが、この世界が穢土《えど》であることを一度つくづくと痛感しなくては浄土《じょうど》を欣求《ごんぐ》する気は起らない。そしてこの世界を穢土《えど》と感ずるのは自分が浄《きよ》い願い、美しい情操を持っているからである。ここが浄土門《じょうどもん》の微妙なところで、結局は自分で正義を求め、善を追い、理想に憧れる心の強いものでなくては浄土門《じょうどもん》の信仰は起らない事になる。自分を汚ない、罪深いと感ずるのも、潔癖性《けっぺきしょう》で、良心の感受性が鋭いからである。

「ああ浅ましい事だ」

と感ずる心は実に人間らしい、殊勝《しゅしょう》なものである。そして人間としての品位、その霊的素《れいてきす》性《じょう》を証拠立てるものである。

この娑婆《しゃば》世界に生きて、この世界を穢土《えど》と感じないような心は、その性質の善、美、完全に対して鈍感《どんかん》であり、その心臓の石のごとく硬《かた》いことを示すものではなかろうか。すでに生物相喰《は》まねば生きられない一事だけでも正視するに堪えない残酷な要件であり、愛する者と死別し、われらもまた死ぬるという一事だけでも忍び切れない無情な約束ではないか。仏教にはこの娑婆《しゃば》世界をそのまま寂光土《じゃっこうど》と見る法門もあるけれども、それとても、一度この世界を穢土《えど》と痛感して後、その穢土《えど》をそのまま寂光土《じゃっこうど》と観じる血の涙のような苦闘をし、氷のような諦観《たいかん》をするのである。浄土門《じょうどもん》とても、信心決定《しんじんけつじょう》して、念仏の世界に往生が定まると、この娑婆《しゃば》をその矛盾《むじゅん》、不調和《ふちょうわ》のままに蓮華国《れんげこく》と感じ、自然法爾《じねんほうに》の赴くままに、任運《にんうん》して生きる事が出来るようになるのであるが、その初め発心の時は強く、深く、この娑婆《しゃば》を穢土《えど》と感じて、厭離《えんり》の情を起すこと絶望的、断念的でなければならぬ。いわゆる匙《さじ》を投げねばならぬ。大地に身を投げだして到底駄目だと慟哭《どうこく》し、悲涙《ひるい》も出ず、声も出ぬ恐しい位置は死刑を宣告された者のごとくでなければならぬ。この時初めて無条件の、他力の救済というものが劫初《ごうしょ》の昔から用意されてあり、われらをらくな、汚ない、恐ろしいことのない世界へ救いとってくれる阿弥陀仏《あみだぶつ》というみ仏のあるということが信じられ、たのまれて来るのである。こういう心理《サイコロジー》が「往生極楽《おうじようごくらく》」を願い、「阿弥陀仏」を信じるいきさつである。唯往生《ただわうじやう》ごくらくのためには南無阿弥陀仏《なむあみだぶつ》と申《まう》してうたがひなく往生《わうじやう》するぞとおもひとりて申《まう》す外《ほか》には別《べつ》のしさい候《さふら》はず。

こういうすべてのいざこざを捨てて、綺麗《きれい》さっぱりとした一枚の心になるためには今言った、放下《ほうげ》し、匙を投げる心が断念的でなくてはならぬ。この「思ひとりて」という微妙の心理はその断念から来るのである。「そうだ、此の外にはない。これに決めよう」という心、自殺者が決心をして岩から飛び下りる時の心、あの「十六夜清心《いざよいせいしん》」の「死のうと覚悟きわめたうえはちっとも早う」と西に向って手を合わす心、これを親鸞《しんらん》になるともっと突っ込んで「たとい法然《ほうねん》上人に欺《だま》されて地獄に堕《お》ちても悔いない。どうせ地獄に堕ちるより外ない身だから」と言っているのである。この断念と決心との心が「思ひとりて」という言葉の意味の中に含まれているのである。

十一　入信と境遇の背景

だから何人《なんぴと》の入信《にゅうしん》の際にも、何かそういう人生の境遇上の背景がないものはない。

あの有名な熊谷直実《くまがいなおざね》の入信《にゅうしん》の際にも、直実《なおざね》が法然上人の庵室へ訪ねて、

「どうしたら往生《おうじょう》出来ますか」

と訊《たず》ねると、法然が、

「ただ念仏さえ申せば往生さしていただける、別の仔細《しさい》はなにもない」

と答えると、直実《なおざね》がさめざめと泣き出した。

「なぜお泣きなさるのだ」

と法然がたずねると、

「お前のような罪深いものは、手足を断《き》り、生命を捨ててこそ往生出来ると言われるかと思ったのに、あまりにも易々《やすやす》と、念仏さえ申せば、往生出来ると言われたので、嬉しくて泣いてしまいました」

と答えた。直実《なおざね》はその時から念仏の信者になってしまった。まことに殊勝《しゅしょう》なものである。

思うに直実《なおざね》のような好漢は、荒い一方には人情と正義感が強く、一の谷の合戦で、悴小次郎《せがれこじろう》

頼朝《よりとも》が討死をし、同じ年ごろの貴公子敦盛《あつもり》を打ち取って無常《むじょう》を感じたところへ、力とたのむがたのみにならない仕打をするのに遇って、人生にも、人の心にもたのみない心を抱いて来ると、自分の半生の殺伐無残な戦場の光景が思い出されて、浅ましく、厭離《えんり》の情が強く湧いて来たのであろう。彼は無学であったが、もののまことに感じ易い、心の素直な所があったから、仏のみ名を唱えるという事が、戦争するよりどんなに高尚なことか、しかもその易々《いい》たることが後生の一大事を決定してくれると聴いては随喜せざるを得なかったのであろう。

十二　三心四修《さんじんししゅ》

ただし三心四修《さんじんししゅ》と申《まう》す事《こと》の候《さふらふ》はみな決定《けつぢやう》して南無阿弥陀仏《なむあみだぶつ》にて往生《わうじやう》してぞとおもふうちにこもり候《さふらふ》なり。

これは三心四修《さんじんししゅ》というものが、経《きょう》にもあり、浄土宗《じょうどしゅう》の僧侶や、信者たちの間に、誰でも沙汰《さた》されるぐらいにポピュラーになっていたので、ただ南無阿弥陀仏と申してさえすればいいと言ってしまうと、それでは三心四修《さんじんししゅ》はどうなるのだろう、これは間違った教えであろうかなどという疑問が生ずるに決っているから、法然がその註解《ちゅうかい》をして、三心《さんじん》とか四修《ししゅ》とか色々いうけれども、それは詮《せん》ずる所、別の事ではなくて、南無阿弥陀仏を唱えて必ず往生《おうじょう》さしていただくぞと思い定める心の中にこもっているのだといったのである。

これは何も「一枚起請文《いちまいきしょうもん》」で初めていったのではなく、これまで門弟への話にも、信者たちへの消息《しょうそく》にも常々言っていた事柄に過ぎない。

さてその三心《さんじん》、四修《ししゅ》というのはどんな事か。

三心《さんじん》とは一に至誠心《しじょうしん》、二に深心《じんしん》、三に回向発願心《えこうはつがんしん》をいうのである。

これは観《かん》（無量寿《むりょうじゅ》）経《ぎょう》に、

> もし衆生ありて、かの国に生《うま》れんと願《ねが》ふ者は三種の心を起して、すなはち往生《わうじやう》すべし。一には至誠心《しぜうしん》、二には深心《じんしん》、三に回向発願心《ゑかうほつぐわんしん》也。三心《さんじん》を具する者は必ず彼の国に生まる。

とあるのに基づくのである。

善導和尚《ぜんどうかしよう》はこの三心《さんじん》を註釈《ちゆうしやく》して、

> 初めの至誠心《しぜうしん》といふは、至《し》といふは真《しん》也。誠《ぜう》といふは実《じつ》也。一切衆生《いつさいしゆじやう》の身口《しんく》意業《いごふ》に修せんところの解行《げぎやう》必ず真実心《しんじつしん》の中になすべき事をあかさんと思ふ。外には賢善精進《けんぜんしやうじん》の相を現して内には虚仮《こけ》をいだく事を得ざれ。また内外明闇《ないげみやうあん》をきらはず、かならず真実をもちゐるが故《ゆゑ》に至誠心《しぜうしん》となづく。

と言っている。

一と口に言えば真実心である。

信仰の世界ではこの真実心というものほど大事なものはない。ことに浄土門では真実と虚仮《こけ》という事をやかましく言うのだ。悪事というものよりも虚仮《うそ》というものを余計に忌むのである。これは実に浄土門のいいところである。これは道心《どうしん》でも、芸術心でも、およそ心の修養にはなくてならぬ第一の用意である。悪事はまだ救われるが、虚仮《うそ》になっては手がつけられない。極楽往生を本当に願うのでなく、願うようなふりをするのでは仕方がない。人目には六万遍、七万遍念仏申すと披露《ひろう》して、他人の見ぬところでは唱えないというようなのは、本当に仏をたのむ気ではないのだから、「たのめ、救うぞ」という誓いに当てはまらないわけである。ま心から往生極楽を願い、仏の誓いをたのんで、み仏を唱える心が至誠心《しじょうしん》である。

十三　偽善と偽悪

だがこの至誠心《しじょうしん》というものについては、法然は近代人の心理にも通用するほどに鋭く、人間の心の偽善《ぎぜん》と偽悪《ぎあく》との両方面を機微《きび》にわたっていましめている。どちらも虚仮《こけ》だからである。

浄土宗《じょうどしゅう》略抄《りゃくしょう》には、

人の見るおりはたふとげにして、念仏申すよしをみえ、人も見ぬところにては念仏申さずなどするやうなる心ばへなり。さればとて、わろからん事をもほかにあらはさんがよかるべき事にてはなし。ただ詮《せん》ずるところは、まめやかに仏の御意《ぎょい》にかなはん事を思ひて、内にまことを起して、外相《げさう》を機嫌《きげん》にしたがふべきなり。機嫌にしたがふがよき事なればとて、やがて内心のまこともやぶるるまでにふるまはば、また至誠心《しぜうしん》かけたる心になりぬべし。ただうちの心をまことにて、外をばとてもかくてもあるべき也。

これなどは実に法然の円熟した、人間の心の実相に即した、痒《かゆ》いところに手の届くような教えである。こうした智慧では法然は実に自由な、順適な、無理というものの少しもない、無碍《むげ》の境《きょう》に達している。そして和文を駆使して、心の抑揚《よくよう》と陰影《いんえい》とをそのままに自由に表現する驚くべき、達意の名文家である。「ただ内の心をまことにて、外はとてもかくてもあるべきなり」の妙境と妙文とは知る人ぞ知るという外はない。

二に深心《じんしん》というのはどういう心か。

善導和尚《ぜんどうかしょう》はこれを註解《ちゅうかい》して、

深心《じんしん》とは深く信ずる心なり。これに二つあり。一には決定《けつぢやう》して、わが身はこれ煩悩《ぼんなう》を具足《ぐそく》せる罪悪生死《ざいあくしやうじ》の凡夫《ぼんぷ》なり。曠劫《くわうごふ》よりこのかたつねに三界《さんがい》に流転《るてん》して出離《しゆつり》の縁なしと深く信ずべし。二にはふかくかの阿弥陀仏《あみだぶつ》四十八願をもて衆生《しゆじやう》を摂取《せつしゆ》したまふ。すなはち名号《みやうがう》をとなふる事下十声《しもじつしやう》に至るまで、かの仏の願力に乗じてさだめて往生を得《う》と信じて、乃至《ないし》一念も疑ふ心なきゆゑに深心《じんしん》となづく。

と言っている。

すなわち自分の境涯に匙《さじ》を投げることと、仏の願力をたのむ心とが深く徹底している事をいうのである。これは後の「たのむ心」は前の「捨てる心」から生じるのであるから、結局一度身を捨てる心において、大死底《だいしてい》の人とならねばならぬ。そしてこそ初めてたのむ心に決定できるのだ。そしてその捨てる心が境涯的、分限的《ぶんげんてき》なもので、精神的にあさましいもの、足りないもの、また肉体においても、命数においてもはかない分際《ぶんざい》であると痛感するところから、われわれと分限《ぶんげん》、身分、境涯の品等を異にした者の実在が要請され、信じられるようになるのである。そしてそういう身分になれると聴いてはそれが偽わりとは思えなくなるのである。み仏のみ名を唱えるという心は、わが身分の到らぬことを自覚している所の、そしてそのゆえに人間としては最も身分の高い精神上の貴族の心なのである。法然や、親鸞ばかりでなく、良寛《りようかん》、西行《さいぎよう》、蓮月尼《れんげつに》等の心もそれであった。

草のいほに寝てもさめてもまをすこと
南無阿弥陀仏南無阿弥陀仏
良《りよう》　寛《かん》

世の中のうきをも知らず澄む月の
　かげはわが身のここちこそすれ
西《さい》行《ぎよう》

山がらすねぐらはなるる声すなり
　起きて仏にあかまつらまし
蓮月尼《れんげつに》

十四　誓いをたのむ心

法然《ほうねん》は善導《ぜんどう》がこの二つの深心《じんしん》を釈《しやく》してくれた事を感謝して、こう言っている。

この釈がないと、皆自分が罪深いから往生はかなわない。一念十念に往生するというのは煩悩《ぼんのう》を起さぬ、「めでたき人」の事であろう。われらがごときともがらではとても及ばないと、わが身を軽《かろ》しめてかえって、ほとけの本願をうたがったであろう。しかし初めにわが身の罪深い境涯であることを深く信じよと言ってあり、それからそのわれらを救うと誓った仏を深くたのめと教えてあるのだから、「心の善悪をもかえり見ず、つみの軽重をも沙汰《さた》せず、ただ口に南無阿弥陀仏と申せば、仏のちかいによってかならず往生するぞ」と決定《けつじよう》の信を起こすべきであると言っている。

三に廻向発願心《えこうほつがんしん》とはどんな心か。

善導《ぜんどう》これを釈《しやく》して、

過去および今生《こんじやう》の、身口《しんく》意《い》業《ごふ》に修《しゆ》するところの、世、出世の善根《ぜんこん》および、他の一切の凡聖の修するところの世、出世の善根《ぜんこん》を随喜《ずゐき》して、この自他《じた》所修《しよしゆ》の善根をもて、悉《ことごと》く真実深心《しん》の中に廻向《ゑかう》してかの国に生れんと願ふなり。

と言っている。

また、

廻向発願《ゑかうはつぐわん》してむまれんと願はん者は、かならず決定《けつぢやう》して、真実心の中に廻向《ゑかう》してむまるる事を得る想をなすなり。

と言っている。

これは、往生極楽のためには悪をいとわないと言った後を承《う》けて、それだからと言って善を貶《けな》するのではない。善は願うところだが力が及ばぬのに過ぎない。ゆえに、過去および現在の僧俗のつくった善根《ぜんこん》および自分のつくった拙《つた》なき、僅かな、善根《ぜんこん》をも、これを尊み、随喜しなければならぬ。そしてそれを一切合切《いっさいがっさい》あつめて、極楽に廻向《えこう》して往生しようと願うほどに善をほめ、善に励む心でなくてはならぬ。ただし浄土門《じょうどもん》の信者においては、そうした一切《いっさい》の善根《ぜんこん》は真実信心の中にこめられねばならぬ。すなわち浄土門の信者にとっては、善とは真実信心の意味である。そういう善をほめ、善に励む心のすべてを「真実信心《しんじつしんじん》の中に」打ち込んでしまって、往生極楽を願わねばならぬ。本願を信じ、名号を称えることが正常《しょうじょう》の業《ごう》である。寝ても、さめてもみ名を唱うることが、すなわち、善をほめ善に励むことに相当するのである。み名を唱うる事は、それほど敬虔《けいけん》な、厳粛な事である。念仏は善をなみし、善と無関係なのではない。それどころかそれはその中に万善を廻向《えこう》したものである。親鸞はこれを「念仏にまさる善なければなり」と言ったのである。

かように三つに分けると煩わしくなるけれども、これは本当の念仏者の心理状態を分析《ぶんせき》したまでであって、その心の有様そのものは全一な具体相《ぐたいそう》である。つまりわが身を投げ出し、仏の誓《ちか》いを信じ、敬虔《けいけん》な心で、み名を唱えるという事に外ならない。

三心《さんじん》についてはこれぐらいにして置いて、次に四修《ししゅ》とはどんな事であるか。

四修とは長時修《ちょうじしゅ》、恭敬修《くぎょうしゅ》、無間修《むけんしゅ》、無余修《むよしゅ》をいうのである。

長時修《ちょうじしゅ》とは初発心《しょぼっしん》よりこのかた菩提《ぼだい》に到るまで常に、退転《たいてん》なく唱名《しょうみょう》するのをいうのである。

善導《ぜんどう》は命の終るのを期として誓って中止するなと言った。法然《ほうねん》のごときは最もよくこの長《ちょう》時修《じしゅ》の範を垂れたものである。彼は初めて決定してから臨終《りんじゅう》に至るまで唱名を断たず、年老いるに随ってますますその遍数を加え、後には諸家へ請ぜらるる事をも一切謝絶して念仏を唱え、臨終《りんじゅう》の頃は一日六万遍、七万遍に及び、脈の止まった後にも口だけはなおしばらく動いていた。

これは十声《じっしょう》も、一声《いっしょう》も、仏の願力をたのんで唱名《しょうみょう》したものは摂取《せっしゅ》するとあるから、そんなに唱名を繰り返して唱える必要はない。それはかえって仏の願力を疑うものだという邪説に対して、本当の念仏者の行持《ぎょうじ》を示すものである。

十五　ほれぼれと唱える

多く唱えるのは多く唱えねば救われぬと思うからではない。唱えて救われることの嬉しさにほれぼれと唱えずにおられないはずの自然の心理なのである。それのみを便りとして生きている者、それ以上の一大事がないと信じる者が唱名《しょうみょう》に余念がないのは、例はどうかと思うが、守銭奴《しゅせんど》が金を出しては数え直してたのしむのと同じ心理である。一度申して救われるのだから二度申す必要がないというのは単に理窟であって、人間の内なる心理作用とちがっている。救われた事が嬉しくも、悲しくもないのなら、そういう事もあろうが、思うごとにしみじみと有り難いのなら、そのたびに念仏申さるるはずである。良寛《りょうかん》の、

草の庵《いほり》に寝てもさめても申すこと
南無阿弥陀仏南無阿弥陀仏

これは幾度誦しても飽きない感銘がある。

二に恭敬修《くぎょうしゅ》というのは仏法僧《ぶっぽうそう》の三宝《ぽう》をつねに憶念《おくねん》して、尊重する事をいうのである。有縁《うえん》の聖人《しょうにん》、善知識《ぜんちしき》、仏像仏画、同縁《どうえん》の伴《とも》、すべて仏法の名につながるものを、自宗異宗《じしゅうい》の別《しゅう》なく、おしなべて恭〻《うやうや》しき態度をもって待つ態度である。

法然は聖道門《しょうどうもん》の僧侶たちに対しても、この恭敬《くぎょう》の態度を持して、侮《あなど》るような心はなかった。それで自然に対手からも愛敬《あいけい》せられた。大原問答《おおはらもんどう》の時など他宗の碩学《せきがく》たちの間に、自然に一座の導師《どうし》のような徳望があつまったのもそのためであった。しかし門弟や信者たちの間にも、他宗を誹謗《ひぼう》したり、その僧侶や、信徒たちを侮ったりするものが少なくなかったので、他宗の乗ずる機会を与えたのであった。

法然《ほうねん》にあっては、唐《もろこし》わが朝《ちょう》の智者《ちしゃ》たちの沙汰《さた》し申さるる云々《うんぬん》の文調にも、何の皮肉も侮りも含まってはいないのである。

破戒の僧をも恭敬《くぎょう》せよとおしえてある。末法《まっぽう》の時代には破戒、持戒をただしてはおられぬ。僧形《そうぎょう》によって恭敬《くぎょう》するまでである。

出来るなら仏像もつくり、絵にも描け。阿弥陀経《あみだきょう》の五色《ごしき》の袋《ふくろ》に入れて読め、人にもよませよ。仏と経とを室に安置して、香花《こうげ》を供えよ。

というのである。

聖徳太子《しょうとくたいし》の篤敬二三宝一（篤《あつ》く三宝《さんぽう》を敬《うやま》へ）というのもこの恭敬修《くぎょうしゅ》の心である。野狐禅《やこぜん》の禅僧《ぜんそう》が、仏とは何ぞや。乾屎橛《かんしけつ》（乾いた糞片《ふんぺん》）とあるからといって、仏像を焚《た》いて暖《だん》を取るというようなのとは、およそ相違するのである。

三に無間修《むけんしゅ》とは間断なく唱名《しょうみょう》する事である。あたかも過《あやま》って他郷《たきょう》に流浪《るろう》して落ちぶれている子が故郷の家の父母を慕うけれども、まだ帰郷《ききょう》の望みが叶わない時に、寝てもさめても家郷を思うように、絶えず極楽に往生《おうじょう》する日の事を思うて唱名《しょうみょう》する事をいうのである。思い出したように、念仏を唱えてまた忘れているというようなのと反対である。

四に無余修《むよしゅ》とは余念なく、雑行《ぞうぎょう》を混えずに専一に念仏申すことをいうのである。十方に浄土はある中に西方《さいほう》を選んだ以上は、ひとえに西方を願うて他方の浄土に二心を抱いてはならぬ。善導《ぜんどう》は「専修《せんじゅ》のものは百はすなはち百ながら生まれ、雑修《ざっしゅ》のものは百か中に僅か一二なり。」と言った。

まず四修《ししゅ》というのはこういう意味のものである。

こういう風に、三心《さんじん》だの、四修《ししゅ》だのというと、煩《わずら》わしく、心が幾つにも分れて、水を湛《たた》えたような法悦《ほうえつ》が分散して乾《ひ》からびてくるような気がするが、これは詮《せん》ずるところは、前にも言ったように、南無阿弥陀仏にて決定《けつじょう》して往生《おうじょう》するぞと思う心にこもっている事であって、三心四修《さんじんししゅ》を持ち寄って、初めて南無阿弥陀仏となるのではなく、一つの無《む》縫全一《ほうぜんいち》な南無阿弥陀仏の心を分析すると、そういう色々な方面を具えているというのに過ぎない。したがって三心《さんじん》とは何、四修《ししゅ》とは何とその名目《みょうもく》さえも知らなくても、事実上、南無阿弥陀仏の心境になっていさえすれば、往生極楽のためには少しも差し支えないわけである。

十六　愚かものの一念

そこで次ぎの、

このほかにおくふかき事《こと》を存《ぞん》ぜば二尊《にそん》のあはれみにはづれ本願《ほんぐわん》にもれ候《さふらふ》べし。

が強く効《き》いてくるのである。

これは実に思い切った表現であって、こういう声が出るのはよくよく内面が充実、緊張していなくては出るものでない。恐ろしいほどの表現である。これは見方によっては誇張にもとれるが、法然《ほうねん》自身が仏に面々対する時、まったく南無阿弥陀仏を唱えて往生《おうじょう》さして頂くという以外になんらの知識をもたのみにしていないのである。それは捨て去って、全く知らぬも同然である。また実際に知らぬのだといってもいい。なぜなら、法然にとって疑うべからざる確実なる真理は、念仏して救われるという一事のみであって、その他の学問《がくもん》は結局半信半疑であり、到底懐疑《かいぎ》を免れる事が出来ず、その究極《きゅうきょく》本質《ほんしつ》においては何一つ解っていることは無いと言ってよかったろうからである。これは恐らく今日においても謙遜な、敬虔《けいけん》な学者たちのひとしく抱く感想であって、何一つとして実在の本質的秘義《ひぎ》の把捉《はそく》出来ているものはないのである。この世界を投げ出す時にはもちろん知識も投げ出している。何一つこれが本当だと理智で言い切れるものはない。ただ念仏申して極楽に往生するということのみが信仰によって真実なのである。

この外《ほか》に奥深《おくふか》き事《こと》を存《ぞん》ぜば、二尊《にそん》のあはれみにはづれ、本願《ほんぐわん》にもれ候《さふらふ》べし。

というのは、よく考えて見れば、誇張ではない。それは理智の点において、無一物《むいちもつ》となっていないからである。弥陀《みだ》の本願《ほんがん》はすべてを放下《ほうげ》した無一物《むいちもつ》の凡夫《ぼんぷ》を救うことを目的としたものだからである。二尊《にそん》（釈迦《しゃか》と弥陀《みだ》）は自《みずか》ら理智をたのむ者をあわれむことは出来ない。自《みずか》らたのむものは仏をたのむ必要がないからである。

法然がいかに自分の智慧をたよりにしていないで、唱名《しょうみょう》の一念になり切っているかという事は、有名な阿波介《あわのすけ》の逸話《いつわ》で一番よく解る。

法然の帰依者《きえしゃ》に阿波介《あわのすけ》という陰陽師《おんようし》があった。性愚鈍《せいぐどん》の者であったが、「念仏申せば救われる」という一事だけは、ばかの一つ覚えのように、しっかりと決定して、ひたすら唱名《しょうみょう》に怠りなかった。

法然はある時弟子の聖光房《しょうこうぼう》に、

「あの阿波介《あわのすけ》の申す念仏と、わしの申す念仏とどちらが勝っているか」

と問うた。

聖光房《しょうこうぼう》が答えて、

「それは申すまでもなく、お師匠様の念仏がまさっております」

と言うと、法然はひどく気色《けしき》をかえて、

「お前は日頃浄土宗《じょうどしゅう》の教門を何と聴いているのだ。阿波介《あわのすけ》も『仏助け給え《ほとけたすけたまえ》』と思って、念仏し、わしもそう思って念仏する。さらに差別はないはずだ」

と言ったので、聖光房《しょうこうぼう》は恐れ入ったという。

因《ちな》みにその愚鈍の阿波介《あわのすけ》は常に念珠《ねんじゅ》を二つ持っているので、人がその訳《わけ》をたずねたところ、「唱名《しょうみょう》を数えるのに、絶え間《たま》なく珠《たま》を上下すると、緒《お》がいたむものだ。一つの念珠《ねんじゅ》で唱名《しょうみょう》の数をかぞえ、も一つの念珠で積《つも》った数をとれば、緒がやすまっていたまない」

と答えた。その話を法然がきいて、感心して、

「何事でも自分の心をこめた事には才覚《さいかく》がつくものだ。阿波介《あわのすけ》は愚鈍《ぐどん》の生れでも、往生《おうじょう》の一大事が心に染《なじ》んでいるから、こういう工夫《くふう》を案じ出すのだ。これはうまい工夫だ」

と言ってほめたという。

念仏《ねんぶつ》を信《しん》ぜん人《ひと》はたとひ一代《いちだい》の法《ほふ》をよくよく学《がく》すとも一文不知《いちもんふち》の愚鈍《ぐどん》の身《み》になして尼入道《あまにふだう》の無智《むち》のともがらに同《おなじう》して智者《ちしゃ》のふるまひをせずしてただ一向《いっかう》に念仏《ねんぶつ》すべし。

これは法然《ほうねん》の身柄《みがら》と最も当てはまった訓戒《くんかい》である。さながら自分の事を言っているようである。

一度理智《りち》を捨てて弥陀《みだ》の本願《ほんがん》に帰した以上は、たとい釈尊《しゃくそん》一代、八万四千の法蔵《ほうぞう》を究《きわ》めつくしていようとも、出離《しゅつり》の方法については一文をも知らぬ愚鈍《ぐどん》の身となんら選ぶところはない無知なのであるから、そういう愚鈍《ぐどん》の身に自分を落してしまって、尼入道《あまにゅうどう》の何も知らぬ人たちと同じ仲間になり、道づれとなって、智者らしく立ち振舞《ふるま》う事をせずに、ただひたすら仏のみ名を唱えよというのである。

これは法然は前にも言ったように、無理と不自然とを忌《きら》うのであるから、本来の無学者はともかくとして、念仏に帰依する時までにもう相当学問してしまっている人に、その学問を頭から叩《たた》き出してしまえと言っても出来ない相談である事をよく知っているし、しかのみならず、念仏に帰したからと言ってわざと学問を避けて、修学も教養もしないのがいいという事を主張するつもりでもない。ただ往生極楽《おうじょうごくらく》の道は唱名《しょうみょう》のみであって、そういう修学、教養が往生《おうじょう》の条件ではないという事を主張するのみである。修学、教養の機会を恵まれたものはもちろんその機会を享受するがいい。学者は学者の境遇で、漁師は漁師の境遇で念仏申せばいいのである。しかし学者も漁師も往生の一大事においては平等である。学問《がくもん》の効で往生するのではなく、仏の願力で往生するのだからである。ゆえにいかに博学なる学者でも、念仏の事になれば、一文不知《いちもんふち》の愚鈍《ぐどん》の身となり、尼入道《あまにゅうどう》の無知の人々たちと同行《どうぎょう》になって念仏申さねばならぬ。

十七　聖《ひじり》とは何か

この尼入道《あまにゆうどう》の無知《むち》の人たちと同行《どうぎょう》になるという心は、宗教生活の最後の心境として、限りなく、博く、貧しいものであって、「聖《ハイリッヒ》」という言葉にふさわしいものである。ここまでこなくては、本当の人間共存の心境ではない。同胞と共に喜び、共に悲しむ生活ではない。凡俗の間にまじり、伍《ご》して、しかも自分の非凡、超俗を忘れてしまった人こそ本当の聖《ひじり》というものである。いわゆる「小隠《しやういん》は山《やま》に隠《かく》れ、大隠《たいいん》は市《まち》に隠《かく》る」という、その大隠《たいいん》ではない。凡俗大衆の中にまじり込んでしまって、跡をくらましてしまうぐらいでなくてはならぬ。この事は法然《ほうねん》の後継者で親鸞《しんらん》になるともっと徹底的に実践されるのであるが、法然にその志向が発しているのを親鸞が完成さしたのである。

トルストイの晩年の小説「神父セルジュウス」なども、初め貴族で近衛士官であった正義感と誇りの燃ゆるがごとくであった主人公が、それが傷つけられたのが動機で、出家《しゆつけ》して、初めはやはり精神的プライドだけはなかなか無くならなかったが、ある事でつまずいてすっかり謙虚《けんきよ》になり、晩年には順礼《じゆんれい》になって方々の聖地《せいち》をめぐり、路行く人がからかい半分に投げあたえる喜捨を、そのまま感謝して受けるようになっている心境を書いてある。誰も神父だった人と知るものはなく、頭の禿《は》げたただのおじいさんだと思っている。本人もそれを何とも思わない。

法然の弟子の禅勝房《ぜんしようぼう》という人は、遠江《とおとうみ》の人であったが、法然の膝元《ひざもと》で、しっかりと念仏の信心を決定してから、国にかえって、ただのたたき大工《だいく》になり切って家計を立てていたが、同じく法然の弟子の隆寛律師《りゆうかんりつし》が、法然の歿後《ぼつご》、山門から訴えられて、配所へうつる時に、国府《こくふ》というところに泊っていると、近隣の地頭《じとう》たちが法話をきくためにあつまって来たので、隆寛律師《りゆうかんりつし》が、

「この土地には禅勝房《ぜんしようぼう》という聖《ひじり》がいられるはずだが」

と言うと、

「そんな人はおられません」

と誰も知らない。中に大工の禅勝《ぜんしよう》というものがいる、と言う者があるので、あやしいと思いながらともかくもと使をやってみると、果して禅勝房《ぜんしようぼう》で、なつかしがって飛んで来た。隆《りゆう》寛《かん》は手をとって、座敷に引き上げ、久々の再会を涙ながらによろこんだ。

土地の人たちは、ただの大工とのみ思っていたので、びっくりしたという。

これなどは民衆の中に融《と》けこんで、聖凡《せいぼん》を忘れてしまっていたのだと言っていいであろう。

「衆水海《しゆうすいうみ》に入って味一つなるごとし」と親鸞は正信偈《しようしんげ》に書いた。凡聖賢愚《ぼんしようけんぐ》ひとしく廻入《えにゆう》すれば、弥陀《みだ》の願船《がんせん》の中の乗合客《のりあいきやく》である。四方山《よもやま》の話をし、唱名《しようみよう》しつつ、この苦海を渡るのである。富める者も、貴きものもひとしく生死を離れ得ない凡夫であって、「幸福」というものを本当には知らないうつそみに過ぎない。金なき者は金さえあれば幸福だと思い、病む者は健康でさえあれば仕あわせと思うが、金持や、健康者はそれだけで幸福にはなれないのだ。あんまり、羨《うらや》んだり、嫉《ねた》んだりするものではない。人間の共存同志の社会はわれも人も、身をうつそみと観《かん》じて、み仏《ほとけ》の名を唱《とな》える心となる時はじめて成立するのである。本当の意味で、仏国土《ぶつこくど》とならなくては理想的社会は完成するものでない。

願はくばこの功徳《くどく》をもつて平等《びやうどう》に施《ほどこ》し、一切同じく菩提心《ぼだいしん》を発して、安楽国《あんらくこく》に往生《わうじやう》せんことを。

というのは実に、深い深い、限りなく、広大な、人間の願望でなければならぬ。

十八　とどめを刺す

浄土宗《じゃうどしう》の安心起行《あんじんきぎゃう》この一紙《いっし》に至極《しごく》せり。源空《げんくう》が所存《しょぞん》このほかに全《まった》く別義《べつぎ》を存《ぞん》せず。滅後《めつご》の邪義《じゃぎ》をふせがんがために所存《しょぞん》を記《しる》し畢《をは》んぬ。

これは一文のとどめである。しっかりと釘を打ったのである。これではいかなる理論家も、詭弁家《きべんか》も全く異説を立てる余地はない。実際にこの一文は永く後代《こうだい》に念仏門の信心《しんじん》をハッキリと指標《しひょう》して、白日《はくじつ》のごとく炳《あき》らかに、紛《まぎ》れる余地なからしめた広大なる役目を果している。恐らくこれがなかったら、念仏にも色々種類があるとか、助業《じょごう》として観仏《かんぶつ》があってもいいとか、あるいは念仏は声の念仏と決定《けつじょう》するまでも、三心四《さんじんし》修《しゅ》のあたりからきっと異説《いせつ》、邪義《じゃぎ》が生じて、せっかくの法然の単純化の苦心を台なしにしてしまい、信者をして帰趨《きすう》に迷わしめ、無益《むえき》の諍論《そうろん》を生じて、教団をかき乱したであろう。

由来《ゆらい》仏教経典の欠点は、それが広大無尽蔵《むじんぞう》であって探《さぐ》るに際涯《さいがい》なく、複雑多岐《たき》であって亡《ぼう》羊《よう》の嘆《たん》があり、部分部分が互いに矛盾して、いずれを探《と》るべきか判断に苦しむところにある。それは絢爛《けんらん》眼を眩《くらま》せしめるが、一義に帰宗《きしゅう》せしめ難い。

法然がこの広汎なる聖教《しょうきょう》を渉猟《しょうりょう》して、よくその中より、生死の一大事に関する肝要《かんよう》を摑《つか》みとって、曳《ひ》き出し、しかも一々聖教《しょうきょう》と先師《せんし》に典《てん》を置きつつ、一宗を創設して、深奥《しんおう》なる大乗《だいじょう》の玄旨《げんし》を、単純きわまる六字の名号《みょうごう》に圧搾《あっさく》して、これを凡俗大衆の所有に帰《き》せしめたことは、讃嘆《さんたん》してあまりある事である。まことに広大無辺《むへん》な法施《ほうせ》といわねばならぬ。釈迦を除いては比肩《ひけん》するものなき大導師《だいどうし》である。後代は永く彼に感謝をささげるべきである。

臨終《りんじゅう》の旦夕《たんせき》に迫《せま》った、老僧法然が大慈悲《じひ》心にうながされ、病苦の中に、筆をとって、この言々一大事にわたる決然たる所存の程《ほど》を書き止《と》め、両手を墨《すみ》に染《そ》めてべったりと朱印《しゅいん》を押した時の光景を想い見よ。自分は「所存《しょぞん》を記《しる》し畢《をは》んぬ」の「畢《おわんぬ》」の字をまじまじと見ていると、永い、尊い一生は畢《おわ》った。めでたし、めでたしと打ち仰がれる気がするのである。寂滅《じゃくめつ》涅槃《ねはん》の光がこの「畢《おわんぬ》」の一字からさしているような気がするのである。

十九　念仏と世の渡り様《ざま》

一枚起請文《いちまいきしょうもん》は法然が「念仏申す心持《こころもち》」あるいは「念仏申す意味、目的」もしくは「念仏申す態度」を定め、範を示したものであるが、これに附随して「念仏の唱え方」「世の渡りざま」について、法然の二つの著しい特色を挙げて置く事は大事なことであると思う。これは一つには法然の「人となり」およびその人間通としての智慧《ちえ》すなわち、人間心理の機微《きび》に通じていることを示すのに役に立つのと、また一つには後に親鸞《しんらん》と法然《ほうねん》との人間としての相違、ひいては浄土宗と（浄土）真宗との分れるところをはっきりさせるために必要だからである。

親鸞は後に詳しく書くが、自ら法然の後継者をもって任じ、また甘んじ、「よき人（法然上人）の仰せを承わって信ずる外には別の仔細《しさい》はない」と告白したほどであって、念仏申す意味、目的、ないし態度については法然と何の変りもない。ただ主として「念仏の唱え方」ないし「世の渡りざま」について、法然と相違するのである。否《いな》法然と親鸞との性格機根《せいかくきこん》の相違から、法然が生前自分では自分の機《き》にしたがって持戒《じかい》、僧形《そうぎょう》、念仏三昧《ねんぶつさんまい》であったが、他人には他人の機《き》にしたがって許して置いたところの、破戒《はかい》、俗形《ぞくぎょう》、「申さるるほど申す念仏」を、親鸞は大胆、正直に自分の機《き》にしたがって実践したばかりであった。

それでは法然の念仏の申し方はどうであったか。彼自身は「法然は念仏《ねんぶつ》長日六万遍《まんべん》の行者《ぎょうじゃ》である」と言ったほどで、常に怠らず念仏を唱え、晩年には余事を捨てて、念仏のみ申し、七万遍となった。訪客ある時にもただその声が低くなるのみであった。

一念なほ生まれる。況《いは》んや多念《たねん》をや。

とか、

「一念もなほ生まると信じて無間《むげん》に修《しゆう》すべし」

とかいう態度であって、唱名を一つの勤行《ごんぎよう》と見ており、平常の外にも「別時念仏《べつじねんぶつ》」といって、特に一七日とか、三七日とかいうように日限を設けて、念仏を励んだのであり、その三《さん》昧発得《まいほつとく》して、仏の色身相《しきしんそう》を見たのは多くこの別時念仏《べつじねんぶつ》を勤《つと》めた時であった。

法然はいわゆる一念義《いちねんぎ》の説には反対で、「一念義停止《いちねんぎていし》の起請文《きしようもん》」というものも公にしたほどで、

「懈怠無残《けたいむざん》の業《ごふ》をすすめて、捨戒還俗《しやかいげんぞく》の義を示す」

と非難し、「いづれの法か、行《ぎやう》なくして証《しよう》をうるや」

と責めている。

そして臨終正念《りんじゆうしようねん》という事に深く関心し、諸仏の来迎《らいごう》を心に期していることも特色である。そして身は一生独身で、持戒《じかい》であり、常に恭敬《くぎよう》であった。法然自身をつつむ空気、人となりは貴族主義、理想主義、道徳主義であった。

罪は十悪をもきらはじと知つて少罪をも犯さじと願ふべし。

とか、

「悪人なほ生《う》まる、いはんや善人をや」

とかいう健全な、用心深い態度であった。

しかし法然の念仏の申し方には今一つの特色のあることを見落してはならない。

それは機にしたがって念仏申す事である。

法然は無理と不自然とを何より嫌った。心の静かさを破り、わが身を鞭打ち掻きむしって無理に念仏申すような事は好まなかった。

それはかえって至誠心《しじょうしん》に反すると思った。

「ただ内の心をまことにて、外をばとてもかくてもあるべきなり」

という態度であった。

二十　申さるるほど申せ

自分のような下根者《げこんしゃ》は、どうも懈怠《けたい》の心が起きて思うように念仏が申されないと訴える者に対しては、

申さるるほど申させ候べし。

という答えであった。

念仏を唱えている間に起ってくる妄念妄想《もうねんもうそう》等に対しても、もちろん三昧《さんまい》となって、おのずとそれが起らぬのに越した事はないが、強いてそれを抑え、消そうとして心を労《ろう》することは好まなかった。高野《こうや》の明遍僧都《みょうへんそうず》のごときはただそれのみがひどく安心《あんじん》の障《さわ》りになっていたらしく、

法然の所を訪ねて、時候の挨拶《あいさつ》も何もなくいきなり、

「どうして生死《せいし》を離れたものでしょう」

「念仏申して往生《おうじょう》するのに越したことはありますまい」

「私もそう思いますが、念仏を唱える時、心が散乱し、妄念《もうねん》が起って仕方がありませんが」

「どうして妄念《もうねん》を止める事が出来ましょう。凡夫のわれらの及ぶ事ではありませぬ。たとい妄念《もうねん》は群《むら》がり起るとも、それはそのままにして、ただ名号《みょうごう》を唱えれば、仏の願力《がんりき》で往生出来ると信じて、唱えるまでであります」

明遍僧都《みょうへんそうず》はそれで安心決定《あんじんけつじょう》した。

兼好法師《けんこうほうし》は徒然草《つれづれぐさ》の中に、

ある人法然上人に「念仏の時睡《ねむ》りに犯《をか》されて行《ぎやう》を怠《おこた》り侍《はべ》ること、いかがしてこの障《さは》りをやめ侍《はべ》らん」と申しければ、「目のさめたらんほど念仏したまへ」と答へられたりける。いとたふとかりけり。

と書いている。

これは一口に言えば、各自の機《き》にしたがって、無理せず、心の静かさを毀《こわ》さずに、自《おの》ずと申さるるようにして念仏申せということである。誰でも自分のように、六万遍《まんべん》、七万遍《まんべん》申せとは言わなかった。それは回数の多少によって、救われたり、救われなかったりするのではない事を知っているからである。したがって、「信じて申せば一念でも救われる」ので、一念義というものが成立しないわけではないが、それを唱えた人たちが、多念を排して、内から機にしたがって多念も、一念もあり得る消息《しょうそく》を知らず、外面的に理窟によって、実は懈怠《けたい》の動機《どうき》を蔵していたから排斥したのである。だから法然は志の有る者には「数を決めて唱えよ、でないと怠り勝ちになるから」と言った。

すべて概念的でなく、内からものを見て、機《き》にしたがって、活殺自在である。

二十一　生活の虎《とら》の巻《まき》

さらに「この世の渡りざま」についての法然の教えは実に尊い暗示を含んでいる。自分ごときはこの暗示によって、生活の根本態度を定めているのである。これは自分にとっては、実に生活の虎の巻ともいうべき尊いものなのである。

「現世を過ぐべき様《さま》は、念仏の申されん様《さま》にすぐべし。念仏のさまたげになりぬべくは、なになりともよろづをいとひ捨てて、これを止《とど》むべし。いはくひじりにて申されずば妻《め》をまうけて申すべし。妻をまうけて申されずば、ひじりにて申すべし。住所《すまゐ》にて申されずば流行《るぎやう》して申すべし。流行して申されずば家に居て申すべし。自力《じりき》の衣食にて申されずば他人にたすけられ申すべし。他人にたすけられて申されずば自力の衣食にて申すべし云々《うんぬん》」

これは実に金剛《こんごう》の信《しん》より出でたる智慧《ちえ》の言葉である。法然にとって究竟《きゆうきよう》の真理とは念仏であり、至上《しじよう》の善とは唱名《しようみよう》であるゆえに、一切の行為《こうい》の選択《せんたく》の標準を念仏によって定めるのは当然の事である。これが自分のいわゆる「念仏者のイデオロギー」であって、マルキシストが「共産党のため」というイデオロギーによって、生活の善悪や、文学の優劣さえも決定せんとするのは、彼らがマルキシズムを究竟《きゆうきよう》の真理、その社会革命のためにささげる事を至上の善と信ずるからである。マルキシストとしてはそれは当然な態度である。われわれは何が善であるかを探し求めて、哲学に、芸術に、生活に、探究に探究を重ねた結果、暗黒なる懐疑《かいぎ》と、絶望的な虚無《きよむ》とをくぐり抜けて、ついに念仏に到達したのである。いかなる倫理的思想を持ってきても、念仏というものは毀《こわ》れるものではないのはそのためである。もともと何が善いのか、正しいのか、行為の最後の標準になるものは何かという事を探し求めた結果なのだから、念仏より善い、正しい、究竟《きゆうきよう》のものが他にあろうはずがない。そんなものがもしあるなら、疾《と》くの昔に気がついでいる。何ものが攻撃して来ても念仏者がびくともしないのはそのためだ。探して探して探し求めた結果だからだ。「親鸞は善も欲しからず、念仏にまさる善なければなり」というのはこの心である。私などは物心《ものごころ》がついて以来、四十歳ぐらいまでも、何をしてきたかと言えば、「何が善か」という事を探し求めてきたのだ。他には何もしなかったと言っていい。人生五十というが、生きるために「善」を探すのに、四十までもかかるのでは実につまらない話だが、どうも止むを得ない。その「善」が解らなくてはどうしていいか解らないからだ。例えば祖国のために戦争に行って敵を屠《ほふ》り、自分も討死《うちじに》せよという。それが善であり、真理であるなら敵を殺しもしよう、肉弾となって死にもしよう。しかし果してそれは善い事か。正しい事か。人殺しは罪悪であるのに、戦争の場合にはどうして正しくなるのか。その戦争というものは、そもそもどういう原因から起るのか。もしマルクス主義者がいうように、金持ちや、政党の私欲のために起るものだとしたら、そのために人を殺し、身を殺すのは愚《ぐ》の骨頂《こっちょう》である。もし祖国のために生命を捨てるのが真理であるならばそれはどういう根拠によるのであるか。

また例えば、学を修め、身を立てよという。しかしその学資はどこから来るか。父兄が貧しいものから、利息や、地代や、家賃や、その他の労力やを搾取《さくしゅ》してつくるのである。現《げん》に、「学校を止めて、われわれ労働者を助けてくれ」とクロポトキンは青年に訴えているではないか。それでは学校を止め、左翼運動に加わって、刑務所に行くのが善いのか。

そうのようでもあり、そうでないようでもある。しかしどちらかに決めねばならぬ。決めなければ現在の一定の態度（善か、悪かのどちらか）を執《と》っていることになる。また生活の元気は物事のハッキリ決った時に初めて出るのであって、内に自信がなくては生き生きと活動出来ない。それが実に歯がゆくもあり、なさけない。しかも「悪ければ地獄に堕《お》ちる」、「罪の価は死なり」というほどの厳粛感になれば（それが宗教的反省であるが）、現在のこの瞬間が凝《じ》ッとしておられなくなる。かような事情と心理とによって、「善とは何か」と探し求めずにはいられなくなるのだ。

子供を活動につれて行くと、何かあれば、

「お父さん、どちらがいいの？」

とか、

「あれは悪いの？」

とか訊《き》くものだ。大人はちょっと答えに窮するような事があるが、その子供のような眼と心とを、いつまでも失わずに、真理を追究せねばならないのだ。

二十二　生きる欲望の強さ

それとも一つは生きる欲望の強さである。この世に生を享《う》けた以上は、生きる欲望は生きることの内容、その意味、その原動力であるから、その欲望は強く、旺《さか》んでなくてはならぬ。およそこの世界を見廻して、自分の心を牽《ひ》きつけるものは何によらず手に入れたいと大《だい》執著《しゆうちやく》心《しん》を起さねばならぬ。善いもの、美しいもの、尊いものはその究竟《きゆうきよう》まで追い求めたいという遠大な理想主義を抱かねばならぬ。あきらめるとか、絶望するとか、放下《ほうげ》するとかいうのはその上の事であって、初めから生の欲望の小さく、消極的なのでは仕方がない。その点ではあの遠藤盛遠《えんどうもりとお》のように、人妻を恋しては夫を殺しても思いを遂げたいぐらいの執《しゆう》著《ちやく》心《しん》があるほうが仏縁に近いのであって、いわゆる沈香《じんこう》も焚《た》かねば何とやらというようなのは仏縁に遠い。それは畢竟生《ひつきようせい》を愛さぬのだ。生きる事に熱心でないのだ。「悪人正機《あくにんしようき》」というのはこの辺に実に微妙な呼吸があるのであって、この世界における悪の味、悪の意味、悪の役目というものを大乗的見地《だいじようてきけんち》から達観《たつかん》出来るようにならねばならぬのだ。ゲーテが「おもしろき盗賊をくだしき正直者にかえることは神の心ではない」と言ったのも、ニイチエが「青白いキリスト教道徳」に反抗したのもそういう生命の機構《きこう》の秘義からくるのであるが、ともかくも生の欲望は強く、大きく、旺《さか》んでなくてはならぬ。

この二つの素質、善を追究する心と、生の欲望と、これが二つとも強く、深く、さかんなのが、浄土門の宗教的生活者の特色である。「青白い道徳《モーラル》」や、「くだくだしき正直者」ではつまらないが、天地を貫く道徳と、子供のような正直であるならば、ニイチェもゲーテもあったものでない。この正善を求める心と、童心のような正直とが、燃ゆるがごとき、また執拗なる生の欲望と拮抗《きっこう》し矛盾するところに人間の宗教心は生れるのだ。正善でなかろうが、虚偽であろうが、欲望は追究して平気であるというのなら宗教心は起らない。またいわゆる道学先生のように因襲的道徳に立て籠り、パリサイのように乾《ひか》らびた戒律を守るばかりで、生の欲望が潑溂《はつらつ》とした衝動性《しょうどうせい》を帯びていないのでは浄土門の信仰は生れない。

欲望がこの二つが揃っていずれもインテンシティが強いと、正善のために欲望が抑えられ、欲望のために正善が妨《さまた》げられ、ここに烈しい生活の葛藤《かっとう》、分裂が生じて、どうにもこうにもならない煩悶《はんもん》におちいるのだ。前に挙げた遠藤盛遠《えんどうもりとお》（後の文覚上人《もんがくしょうにん》）は袈裟御前《けさごぜん》を得るために夫渡辺《わたなべ》を殺そうとするが、過《あやま》って袈裟《けさ》を殺すと渡辺の前で切腹しようとするほど罪悪を感ずるのである。いわゆる「善にも強く、悪にも強い」素質が浄土門の信仰の正機《しょうき》である。それでは実際生活において、その善悪の葛藤《かっとう》をどうして解決するのか。それは「念仏申さるるように」解決するのだ。普通の倫理では「悪を抑えて、善を行なえ」というが、それが実に簡単な、表面的な考え方で、人間の内面の機根《きこん》や、性格《せいかく》、業《ごう》というものの不随意性《ふずいいせい》や、善、悪というものそれ自体の不可知性を知らないからで、誠に浅い、苦労のない考え方である。そんな事で、悪を抑えて、善が行なえるものなら、世の中に悪をつくるものは一人もない。浄土門の信仰は、その際、善いか、悪いかで決めずに、念仏申さるるか、申されないかで決めるのだ。妻帯した方がいいかわるいかは、「ひじりで念仏申さるるか」あるいは「女《め》をもうけて念仏申さるるか」によって決めるのだ。いわゆる「善悪を論ぜず、善悪を行《ぎよう》ぜず」というのはこれである。これは親鸞は「善悪の二字総じてもて存知《ぞんち》せざるなり」とか、「善悪の字知《し》り顔《がお》は大虚言《おおそらごと》のかたちなり」とか言った。中国の禅宗六祖慧能《えのう》は「不思善《ふしぜん》、不思悪《ふしあく》、正当什麼《せいとういんも》の時、那箇《なこ》かこれ上座本来《じようざほんらい》の面目《めんもく》」と言った。

二十三　念仏申さるるように決めるわけ

そうしなくてはならぬ一番主なる理由は、第一に何が善であるかが解らないこと、第二にたとい解っても、合理的意志の力だけで行なえるものではないこと、第三に善悪の思量分別《しりようふんべつ》が心の静謐《せいひつ》をやぶる事等にあるのである。これらは皆深い深い智慧から来ているのであって、われわれが敬虔《けいけん》な心でよくよく考えなければならぬ事である。

前に言ったように、何が善であるか解ったら、その通りを意志の力で実行しようという実にもっともな態度（これを小乗的態度《しょうじょうてきたいど》という）で、われわれは出発するのだが、その善の正体が見出されない。初めは倫理学に行く。解らない。そこで聖人賢者の言行録《げんこうろく》に行く。ところが聖人《せいじん》、賢者といわれるほどのものは、小乗的態度《しょうじょうてきたいど》を超《こ》えて、大乗的境地《だいじょうてききょうち》に出ている。すなわち善悪の彼岸《ひがん》に出ているから、その一つ一つの行為は両面を不二《ふに》に統一しているので、外部から見れば必ず矛盾《むじゅん》がある。慈悲《じひ》の面があれば、冷酷《れいこく》な面がある。柔和《にゅうわ》かと思えば闘争的である。節約かと思えば豪宕《ごうとう》である。それが、合理的な一面観、小乗主義から見ると矛盾、不徹底に見えてついて行けない。思ったほどでもないという失望を与える。またそれに倣《なら》って行為の標準を立てようと思っても、どの場合にどちらを取っていいか解らない。例えばキリストで言えば、「刃《やいば》を出さんがために来た」という方面と、「兄弟と私といで後にささげものをせよ」という方面とがあり、「卓からこぼれたパン屑《くず》」も粗末にしない方面と、「高価な香膏《こうこう》を足に注《そそ》いでも惜《お》しまない」方面と、「偽《いつ》わるなかれ」という方面と、パリサイや祭司の長との談判にかけ引きする方面とある。この両方面は外部から合理主義で見れば明らかに矛盾分裂であるが、もともと不二の統一が真理なのであって、キリストの内面生活では一如《いちにょ》になっているのだ。すなわち「聖霊《せいれい》にみちびかれて」彼は行動する。一つ一つの行動の善悪にはたよらない。「聖霊《せいれい》が刃《やいば》を出せ」と命じれば刃を出すも、和《やわ》らげと言えば和《やわ》らぐ。

これは儒教《じゅきょう》でも、陽明学《ようめいがく》なども同じであって、これは「心の主翁《しゅおう》」の命《めい》のままに行動して、一つ一つの行為の善、悪を見ない。「念仏申さるるように」行動するのもそれである。しかし初めはそういう深いことは解らないから、聖人、賢者の言行録《げんこうろく》では行為の標準は得られないのに失望する。そこで懐疑《かいぎ》の苦しみに陥るのだ。また行為には生きた行為と死んだ行為があって、善だと思ってもどうも充実しない、空虚《くうきょ》な感のする行為がある。無理に己れを鞭打ってやっても心に悦《よろこ》びがなく、またそういう行為に限って結果があがらない。カントは誰でも知るごとく、義務の観念から自己を鞭打っても努力せよと言ったが、シルレルはそれに反対して心の自然の催《もよお》しを重んじ、いわゆる「美しき魂」から行為はなされねばならぬと主張した。彼のトルストイのような人は、晩年カント主義をとったが絶えず、「美しき魂」の要求に反逆されて、苦しみ抜き、両者の板ばさみのままで世を終った。トルストイのごときは日本の法然や、親鸞の宗教を知ったら、誰よりも先に随喜《ずいき》する人ではなかったかと思うのだ。

この「何々したいように」行為するという態度と、「何々すべきであるように」行為するという態度とを、一如《いちによ》に止揚《しよう》したものが、「念仏申さるるように」行為するという第三の態度である。第一のを主観的制約《しゅかんてきせいやく》、第二のを客観的制約《きゃっかんてきせいやく》と名付けるならば、第三のは絶対的制約《ぜったいてきせいやく》とでも名づくべき準則である。この準則は単にしたいように振舞《ふるま》うのでなく、といってすべきように強いるのでもなく、といって両方を塩梅《あんばい》するのでもなく、法（天理《てんり》あるいは生命の道と言ってもいい）がおのずから促すのに随順《ずいじゅん》して行動するのである。ここでわれわれは西洋風の分析的、合理主義的用語例の尽きるのを感じる。これは面白いことである。生活上の真理は具体的如実相《にょじつそう》であるから、含蓄《がんちく》的な、暗示《あんじ》的な言葉をもって髣髴《ほうふつ》さすほかはなく、東洋的、日本風の表現の方がかえって真諦《しんたい》を指ざすのであって、西洋風の、学術的、分析《ぶんせき》的の概念は真相から遠ざかってくる。「念仏申さるるように」という表現は明瞭でないように見えるけれども、一つの行為の決定に先立つ諸契機《しょけいき》の全体を統合して、その機微《きび》のままに、具体的に把捉《はそく》して豊富、充実を極めているのである。われわれはその深い意味が解るようにならなければならない。

これをいろいろと現代的な用語で説明すると、だんだんその真相から遠ざかって行く。強いて説明すれば、人生の実相がもっとも生き生きと感じられるように行動するとでも言うべきか。

二十四　人生の実相

それでは人生の実相とはどんなものか。

これも説明する言葉がない。人生のあるがままの姿、動きのとれない事実とでもいおうか。

床屋の主人がうぐいすを籠に入れて飼う。籠を掃除したり、摺餌《すりえ》をこしらえたりして可愛がる。鳥もなれる。しかしいくら可愛がっても、遁《にが》してはやらない。

動物虐待《ぎやくたい》だ。残酷《ざんこく》な床屋だ。すぐ逃《にが》してやれというのも慈悲の要求かも知れない。事実良寛や、蓮月尼《れんげつに》のような人なら、飼うより山のうぐいすが聞きたかろう。しかし床屋だ。その教養がちがう。その床屋がそれだけの教養がないというのにも因縁《いんねん》がある。境遇《きようぐう》がある。それに街中に住んでいては山にも行けない。鶯《うぐいす》を飼ってるのはむしろ床屋の風流《ふうりゆう》のあらわれで、無慈悲のあらわれではない。しかしやはり強者と弱者、鳥と人間との関係には相違ない。この可愛がっても逃してはやらないという床屋の心はひとつの実相《じつそう》である。非難してもかえって空虚《くうきよ》である。そのままのものである。これが南無阿弥陀仏《なむあみだぶつ》である。

松倉米吉という貧しい歌人の青年があった。父は年とった石工《いしく》で手に唾《つば》をひりひり重い槌《つち》をふるって労働せねばならぬ。自分は肺を患《わずら》って立てない。

彼に恋人の娘があった。やはり貧しい。やっと旅費をつくって逢いに来た。別れてはまた逢う事も容易でない。

如何にせんともに死なめと云ひて寄る

妹《いも》にかそかに白粉《おしろい》にほふ

これはその時の松倉君の歌だ。

註釈するだけ野暮《やぼ》だ。この際恋人は食うに困ってるのに白粉などつけるなどと非難する者がいたら、人間ではない。これは泣くに泣かれぬ生《せい》の実相《じっそう》である。これが南無阿弥陀仏である。

熱海《あたみ》の海岸の釣堀《つりぼり》にいわしが泳いでいる。数百の群をなして威勢よく楽しそうに見える。がそれは釣堀の鯛《たい》の餌にするためなのだ。病後の弱々しげな人間が糸を垂れている。釣堀のおじいさんは茶漬を掻き込みながら客と不景気の話をしている。

これをどう動かすのだ。これが生の実相である。南無阿弥陀仏である。

姉は嶋原いもとは他国
　さくら花かやちりぢりに

これが南無阿弥陀仏である。

そんな可哀相な事態をなくしたいと奮激して、社会運動や、国民運動に奔走《ほんそう》する。それがるならそれでいい。自分などはかようにして、国民運動をやってる一人だ。しかしただの人「念仏申さるる」結果ならそれでいい。そうする事によって、一番生き生きと念仏が申され道主義の発奮では浅い。鯛《たい》にいわしを食うなと言えない以上、人間に餓死せよといえない限り、もっと深い、宇宙の機構《きこう》、生命の源統《げんとう》にまでさかのぼらねば駄目だ。この宇宙の生物界で人類ぐらい独占的な、広汎な搾取《さくしゅ》をして、文化を享受《きょうじゅ》しているものは無いのだ。宇宙における人類の位置というものを一度徹底的に考えて見なくては人類社会内部のことも洞察出来ないのである。

およそ生命にはその存在ならびに成長の法則がある。そしてそれは弁証法的《べんしょうほうてき》に出来ている。すなわち生命はその存在を保つためにも成長をとげるためにも必ず他の生命を犠牲にしなければならない。しかしある程度まで成長をとげると意識が目ざめて、今度はその犠牲をつくることを忌《きら》うようになる。しかしそれでは犠牲をつくることを止める事が出来るかと言えばそれは出来ない。あたかも泥《どろ》の中から蓮《はす》が咲くようなもので、泥がなくては蓮は枯れてしまう。しかし蓮《はす》の心は泥から脱け出でてやろうとするところにある。自由を求めるところにある。その全体の過程に生命の姿があるのである。この泥に目をつぶって体裁のいい事を言ったり、この養分を吸う根を培う大事な泥を取り去ってしまえと言ったり、それかと言って、泥から脱けようとする蓮の心を無視するのは共に、生命の法則の洞察の足りないものである。その弁証法的《べんしょうほうてき》な過程の全体を把捉しなければならぬ。

二十五　人生の鍵は正義か犠牲か

この人生の実相はただ正義だけでは解釈出来ぬ。必ず犠牲という鍵を用いねばならぬ。この犠牲に二種ある。一つは自《みずか》らを公《おおやけ》な生命のために犠《ぎ》牲《せい》にささげること、も一つは他人を公な生命のために犠牲に供することである。この二つの犠牲はともに苦痛なくして耐え得る事ではない。しかもこれなくしては生命も、文化も成立する事はできぬ。犠《ぎ》牲《せい》は実に正義以上、人類を地に嗣《つ》ぐ土《ど》台《だい》である。この犠牲というものがなかったら宗教というものは要らない。われわれが生きるため、成長するためには必ず犠牲をつくらねばならぬところから、宗教心というものは起るのである。世間にはわれわれを僧侶臭いという者があるが、なるほどわれわれの思想、感情にはある悲《ひ》寂《せき》の著色《ちゃくしょく》がある。しかし考えて見るがいい。ここに人殺しをして来た者があれば、その人の顔色はちがってるだろう。鶏《にわとり》の首を締《し》めて来た者でも顔色はよくあるまい。また自分の子を国のために死なせ、自分の恋人を義理のために失ったものがただ朗《ほが》らかにしておられるか。われわれは生命の根本機構《こんぽんきこう》、人生の基礎条件が犠牲の上に立ってる事を知ってるゆえに、その人生観にはある悲哀《ひあい》と寂寞《せきばく》の色がつくのは止むを得ない。それは人生そのものの性質なのだ。しかも仏教はその悲哀《ひあい》と寂寞《せきばく》とを禅宗のように朗《ほが》らかな微笑《びしょう》（ただの不感性《ふかんしょう》の朗《ほが》らかさではない）にするか、天台《てんだい》、真言《しんごん》のように叡智《えいち》の諦観《たいかん》にするか、あるいは浄土門のように静かな忍受《にんじゅ》にするか、いずれにしても、じっと噛みしめて、決してめそめそとすすり泣くのではない。これをもしも僧侶臭いと言うなら、僧侶臭くないのは鈍感《どんかん》、軽薄《けいはく》というものではなかろうか。

念仏申さるるように生きるというのは、他人を犠牲にし、自分を犠牲にする事を余儀なくされ、善悪にかかわらず、それをあえてしなければならない時に、思わず発する声の生活である。正しいからするというような事では追っ付かない。

また初心の小乗主義の間は正しいと知りさえすれば何でも実行できると考える。そう思うのは無理はないが、甘い、浅い、経験の足りない考えである。正しいことの知識と、その実行可能との間には恐るべき障壁が横たわっている。われわれの潜在意識《せんざいいしき》の作用、仏教でいう「業《ごう》」というのはそれである。その最も典型的の場合は「強迫観念《きょうはくかんねん》」というものであって、私はこれにかかって苦しみ抜いたのであるが、程度こそ異なれ、その作用は人間の認識と実践との全領域《ぜんりょういき》にわたっている事実である。気の弱い性格《せいかく》の者が、気が強くなれないのも、色《しき》情《じょう》が抑え難いのも、インテリゲンチャがプロレタリヤになれないのも、人間が容易に死を願うようになれないのも、皆これである。肉体的苦痛のようなものは最も甚だしく、意志の力では打ち克《か》ち難い。拷問《ごうもん》の恐るべきはそのためで、正義と同志の信のために口を割るまいと思っても、そうさせない業力《ごうりき》が肉体に潜在しているために、頑張り了《おお》せるものは稀《ま》れである。それは不世出の英雄的素質であるか、もしくは苦痛を苦痛のままに、そのまま本当に忍《にん》受《じゅ》する宗教的信仰なくしてはできるものでない。

およそわれわれの苦しみには三つの型がある。

一つは「解《わか》ればするのに」である。

二つは「出来ればするのに」である。

三つは「やってもつまらない」である。

第一のものは、懐疑《かいぎ》の苦しみであって、何が善か解りさえすれば実行するのに、それが解らない。

第二のものは、善は解っているが、どうしても出来ない。やろうとする気がないのではなく、努力もするが、どうしても出来ない。

第三のものは、善も解り、実行出来もしようが、人間の世界の事というものはやり甲斐がない。何もこれこそと生命がけになるような価値のあるものがない。相対的な、いい加減なものばかりである。愛もたのみ難く、誓いもくずれ、善も正義も仮現的《かげんてき》なものに過ぎない。科学的真理もその方法論に限界があり、範囲が知れている。そしてその真理性も絶対でもなければ、まして本質的ではない。記述し、説明し、置き換え、整理するだけである。世界形象をつくったところでそれも仮説的《かせつてき》であって本質的ではない。われわれはどうせ死に、人類の子孫もまた絶滅する。一切の生物は死に絶え、地球は亡び、宇宙もまた冷え切ってしまう。——つまらない。ニヒルだ。

そしてこの「解らない」、「出来ない」、「つまらない」という三つの難点はいずれももっとも千万であって、これを言いとく術《すべ》はない。ごまかさない限り、それを肯定《こうてい》するよりない。

二十六　虚無《きょむ》の足下からひらける世界

南無阿弥陀仏《なむあみだぶつ》の世界はこの後に初まるのである。この絶望的な、何もない、「無」の足下《あしもと》からひらけるのである。虚無主義《きょむしゅぎ》と念仏の世界とは実に紙一重である。否《いな》、虚無主義《きょむしゅぎ》の心境を経験せずして、念仏の世界へ入ることは出来ないと言ってもいい。虚無主義《きょむしゅぎ》は念仏の世界に通ずる門である。ただその虚無主義《きょむしゅぎ》が見せかけのものや、衒《てら》ったものではなんにもならない。本当に虚無《きょむ》の世界に立ったものが念仏に帰するのは枯草《かれくさ》に火のうつるようなものである。失うべきものを皆失って、何一つたのむもののなくなった時に、仏がたのまれるのである。禅でも、念仏でも愚者が智者よりも入り易いというのも、智者は智を失わねばならぬが愚者は智に関する限り、初めから失うべきものを持っていないからである。

念仏の世界は何もなくして、この生をそのまま受け容れるのである。この生とは未来と過去とを通じる現在のいのちの自覚である。あるいはこの世界を否定し尽してそれを墓場の向うに移すのであるが、かくしたる心境においては、墓場の向うも、墓場のこちらも同じひとつづきの生となる。西方《さいほう》の浄土《じょうど》の光がこの空しき世界を返照《へんしょう》して、この土は穢土《えど》のままにて寂光土《じゃっこうど》のごとくになる。光雲無礙如虚空《こううんむげにょこくう》と和讃《わさん》にあるように、雲はありながらにさながら虚《こ》空《くう》のごとくになる。すべてのものは弥陀《みだ》の救いを指し示す縁となる。

そして不思議にも、一度甲斐なきものとして捨てたるこの世界の事々物々が、おのがじし、自分のさながらの価値をもってよみがえって来る。もとよりそれに生をつなぐのではないが、生の内容として復活して来る。それがなくては生きられないとか、それあるがゆえに生きる価があるとかいうものは「法《のり》」の外にはないが、愛も、正義も、学芸も皆それぞれにその相対的価値をもって、復活して来るのである。五十年の寿命は短くとも、久劫《くごう》の昔より、弥陀のはからいにはかられて、一定の原因によって、すなわち業報《ごうほう》によって、人間と生まれて来て、一定の歴史をつなぐものとして、特殊の期間を生きるのである。その意味で宇宙の運行《うんこう》に関わっている。愛はうつりやすく、正義は末通《すえどお》らなくても、浄土の荘厳《しょうごん》を地上に映すものはその外にはない。学芸の確かさ、美しさは絶対でなくても、人間の認識をひろげて行く限り、美の深みを探って行く限り、浄土の厳飾《ごんしょく》に肉迫《にくはく》して行くものである。生きるも、死ぬるも弥陀《みだ》のはからいに任《まか》せて、現前刻下《げんぜんこっか》の生を恭敬《くぎょう》に、至誠《しせい》に、そして「念仏申さるるように」、素直に、無理なく生きようとするようになるのである。

二十七　今一息《ひといき》の不徹底（親鸞出世の必然性）

以上のような法然の信仰は一枚起請文《いちまいきしょうもん》が証《しょう》しているように、その信仰の本質においては、徹底し、完成して、全く加減の余地のないものであるが、その行持《ぎょうじ》において、その心ばえにおいて、その社会生活の形式において、なお自力主義と、貴族主義と、出家持戒《じかい》主義と理想主義とがあって、大衆への同化と韜晦《とうかい》とが充分徹底していない憾《うら》みがある。それをさらに法然の志した方向に徹底さしたものが親鸞であった。しかしそれは法然がその理論と志向《しこう》においては充分に主張もし、努力もしたことばかりである。しかし個人の力には限りがあり、時代と環境との制約《せいやく》をも受ける。内面からは生れつきの人となり、性格の束縛《そくばく》もある。法然は、自分に先立つ永き時代の宗教界に、劃期《かっき》的な革命を起し、大衆的宗教の草分けをし、礎《そ》石《せき》を置いた先駆者《せんくしゃ》であった。

上は天皇、公卿《くぎょう》より、下は強盗《ごうとう》、遊女に到るまで、その教化《きょうか》の広く、行き渡っていたことは類例がない。そしてこの大衆的宗教の先駆者が、自分では極めて調和した健全な理性を持ち、品性至純素高《しじゅんそこう》であり、博学強記《はくがくきょうき》にして、かつ水も漏らさぬ世間的な智慧をも備え、勇猛《ゆうもう》精進《しょうじん》であって持戒が完全であったという事は、浄土門《じょうどもん》の弘《ひろ》めのためにも意味のある事であった。こういう法然の次ぎに親鸞のような人が出て、法然の信仰の当然行くべきであった方向に徹底させたので、教旨も実践もハッキリとしてははなはだ好都合であったのであるが、もし法然がいきなり親鸞のような性格であったとしたら、必ず、世間の誤解を招き、障《さわ》りを生じ、余程の公明な、寛裕《かんゆう》な人であっても、今日においてすら、なお浄土門の信仰を受け容れる事を躊躇《ちゅうちょ》したに相違ない。まして常識的な、道徳的な教えを喜ぶ善男子、善女人は浄土門《じょうどもん》の信仰について行けない。大衆というものは案外道徳的な教義になびくものだからである。

しかしもし法然の後に親鸞が出て、その信仰の本質を忌憚《きたん》なく徹底せしめなかったら、法然の信仰は、恐らく法然の不徹底であった方向に発展して、自力《じりき》、精進《しょうじん》、持戒《じかい》、奇蹟《きせき》というようなものが重んじられ、その信仰の本質はかえって雲に隠され、大衆性《たいしゅうせい》を失って、貴族主義、理想主義に後退したであろう。外に賢善を装《よそお》う偽善《ぎぜん》ほど教壇の人を誘惑するものはないからである。その親鸞が徹頭徹尾《てっとうてつび》法然に対しては敬虔《けいけん》であって、「善き人の仰せを承わって信ずる外に別の仔細《しさい》はない」飽くまで忠実なる後継者をもって任じた事は、また浄土門《じょうどもん》の弘《ひろ》めのためにははなはだよかった。親鸞はかく師に対しては敬虔《けいけん》でありつつも、信仰においては、法然の不徹底を斥《しりぞ》けて、法然の信仰の当然発展すべきであった方向に発展せしめた。彼はそれゆえに最も正しき意味で法然の後継者であったと言うべきである。親鸞によって、初めて浄土門の信仰および実践は完成したのであった。そこで、われわれはこれから、親鸞の生涯と、その信仰の真髄とを研究すべき時に達したのだ。

下篇

——歎異鈔を中心として——

第一章　内容一般

一　求心的な本の典型

歎異鈔《たんにしよう》は、私の知っている限り、世界のあらゆる文書の中で、一番内面的な、求心的《きゆうしんてき》な、そして本質的なものである。文学や、宗教の領域の中、宗教の中でも最も内面的な仏教、その中でも最も求心的な浄土真宗の一番本質的な精髄《せいずい》ばかりを取り扱ったものである。コーランや、聖書もこれに比べれば外面的である。日蓮や、道元の文章も、この歎異鈔《たんにしよう》の文章に比べれば、なお外面世界の、騒がしいひびきがするのである。およそ「道」というものには求心的な方向と、遠心的な方向とがある。もとより遠心的な方向も決して軽んずべきではない。むしろこの両方向に最も深く、広く、穿《うが》ち、ひろがってゆくのが道の理想である。自分一個の安心立命《あんしんりつめい》の問題については、どこまでも厳しい、鋭い反省をして、宇宙の根本生命と自分のうけた一個の生命とがひとつに融合し切るまで掘り下げてゆかなくてはならないが、かくて安心立命《あんしんりつめい》を得たる暁《あかつき》には、いわゆる下化衆生《げけしゆじよう》の方向に遠心的に反転して、周囲をととのえ、在家《ざいけ》を成就《じようじゆ》し、国家社会のためにはたらかなければならないのである。しかしこの下化衆生《げけしゆじよう》の方向は、安心立命《あんしんりつめい》の決定《けつじよう》しない中途半端の位置から発足される時には、ややもすれば浅薄《せんぱく》、軽躁《けいそう》となって道の真諦《しんたい》から離れ、その結果もミイラ採りがミイラになるような愚かな惨《みじ》めなものに終ることが多いものである。

しかしこの中途半端の位置とか、徹底とかいうことも、なかなか独り合点《がてん》で、甘《あま》く考えて決められるものでなく、絶えず内面的な、鋭い反省をしないと、とかく外面的、苟合的《こうごうてき》になりがちで、自分の騒がしさ、蕪雑《ぶざつ》さが、外部の騒音、乱雑にまぎれて気がつかなくなってしまうものである。

日蓮《にちれん》の文章なども品位もあり、威力もあって、名文ではあるけれども、歎異鈔《たんにしよう》の文章に比べると、なお幾分外面的で、騒がしい感じがするのはなぜであろうか。それはその志向が外《がい》界成就《かいじようじゆ》にあるため、主として遠心的であって、求心的でないからである。歎異鈔《たんにしよう》という著作はこれに反して、その志向が内界完成《ないかいかんせい》にあるので、徹頭徹尾《てつとうてつび》求心的なものである。その方面での、典型的なものとして、世界第一の文書である。信仰の本質問題から決して遊離せず、人間の心理の実相《じつそう》を凝視《ぎようし》し、痕《あと》づけて、寸毫《すんごう》も虚偽《きよぎ》をゆるさず、生死の一大事と驀直《まつしぐら》に取り組んで、ひたすら救済《きゆうさい》の心証へと究《きわ》め迫《せま》っている。道草を喰わず、顧みて他を言わず、目ざす目的に向って、誠実に、ひとすじに、全生命を打ち込んで、傍目《わきめ》もふれない。

飾りもなく、けれんもなく、コケ威《おど》しもなく、功徳《くどく》をならべ立てもせず、仏教の教典の欠点ともいうべき荘厳《しょうごん》の過剰《かじょう》もなく、あくまで敬虔《けいけん》な、素純《そじゅん》な、しかも人心を掘り穿《うが》つ侵徹《しんてつ》力を備えた文章である。

日本にこういう文書の存在することは世界に誇るべき事であり、意を強くするに足る。そして日本語と文章との表現力のいかにすぐれたものであるかを立証しているものである。威厳と礼儀と抑揚《よくよう》と粘《ねば》りとをかね具《そな》え、人間の心理のモメントの機微《きび》、情緒《じょうしょ》の曲折にそのままぴたりと一つになって変転し得ること、さながらヴァイオリンの表現力のごとくである。実に歎異鈔《たんにしょう》はこの点散文よりも韻文《いんぶん》に近いといっていい。

歎異鈔《たんにしょう》からわれわれは宗教の外面的、遠心的な方面を期待してはならぬ。そのためにはそれに適した文書がある。日蓮《にちれん》のごときもその一人であろう。歎異鈔《たんにしょう》からはわれわれはどこまでも至純な、内心の声を聴かねばならぬ。じくじくと山陰《やまかげ》の苔《こけ》から沁《し》み出で来る泉のように、心をうるおすものをすすらねばならぬ。柔かな触手《しょくしゅ》がわれわれの心にふれ、力強い腕がわれわれのたましいを攫《つか》むであろう。

よほど精神的に生きていると思ってるような人でも、この書を読めば、まだまだ自分が蕪《ぶ》雑《ざつ》にして、苟合的《こうごうてき》なことを感じるであろう。この意味でこの書は心の鏡《かがみ》として向ってみるのがいい。

歎異鈔《たんにしよう》より本質的に、内面的な書物を世界に求めてもありはしない。これは敬虔《けいけん》な態度で、襟《えり》を正して読むべき書であり、また燈下に親しむべき心の友である。

二　現代的な心理解剖《かいぼう》

しかもこの書の驚くべきことは、日本の鎌倉時代の初期において、その内面凝視《ぎようし》の態度、心理解剖の方法が実に近代的であることである。これはどうしても十九世紀以後の近代思想家、文学者の採る方法である。文飾《ぶんしよく》を事とし、典拠《てんこ》を重んじ、他所行《よそゆ》きの文章を書く当時の風習は、親鸞《しんらん》その人の最古の伝記である「親鸞伝絵《しんらんでんえ》」さえが、あのような文飾的なものである時代に、歎異鈔《たんにしよう》のように、リアリズムの現実凝視《ぎようし》の下《もと》に、正直な、飾らぬ文章を書き得たということは一つの驚異であって、われわれは著者唯円《ゆいえん》の真実性を称嘆《しようたん》するとともに、かかる感化を唯円《ゆいえん》に及ぼしていた、師の親鸞《しんらん》の人となりに敬服せざるを得ないものである。

さて歎異鈔《たんにしよう》は前にも書いたごとく、親鸞《しんらん》の存命中の平生《へいぜい》の、信仰告白、述懐《じゆつかい》、折にふれての随感等を、書き止めて置いたのを、親鸞《しんらん》の歿後《ぼつご》、直弟唯円《じきていゆいえん》が集め、また思い出をたどり、それを基として、唯円《ゆいえん》自身の信仰を吐露《とろ》し、後半は、当時に行われていた異義を批判《ひはん》して、親鸞《しんらん》の信仰、浄土真宗の安心《あんじん》の中心眼目《がんもく》を、徹底的に明らかにしたものである。歎異鈔《たんにしよう》の歎異と言うのは「異義《いぎ》を歎く」という意味である。唯円《ゆいえん》が書いたものではあるが、親鸞《しんらん》の語録《ごろく》であり、親鸞《しんらん》と唯円《ゆいえん》との信仰の気息がぴたりと合っていたものか、親鸞の心の有様がありありと指呼出来るほどよくあらわれているのである。

後半は主として唯円《ゆいえん》の「歎異」であるが、異というのは、唯円《ゆいえん》にとっては、「聖人《しようにん》のおおせにあらざる異義《いぎ》」であって、私説を基としたものではない。

「大切の証文《しようもん》ども少々ぬき出でまゐらせさふらふて目やすにして云々」

親鸞《しんらん》と唯円《ゆいえん》とはかなり年齢にひらきがあって、親鸞《しんらん》在世の頃は未だ若い門弟であったが、心の底から親鸞《しんらん》に私淑《ししゆく》し、給仕《きゆうじ》し、その融契《ゆうけい》、理会《りえ》の程度は理想的なものであったらしい。それでなくては歎異鈔《たんにしよう》の前半の親鸞《しんらん》の語録《ごろく》と、後半の唯円《ゆいえん》の歎異《たんに》とがかくまで合調し、融会《ゆうえ》する筈はないからである。

唯円《ゆいえん》は常陸国茨城郡《ひたちのくにいばらきぐん》河田村の人、俗名は平次郎と言い、親鸞《しんらん》の滅後如信上人《によしんしようにん》の頃まで給仕したということであるが、伝記はつたわっていない。唯円《ゆいえん》ばかりでなく、親鸞聖人《しんらんしようにん》の伝記も精確なものは一つもつたわっていないので、歴史上の親鸞《しんらん》というものを知る資料は実に乏しいのである。

しかし幸いにして唯円《ゆいえん》には歎異鈔《たんにしょう》があり、親鸞《しんらん》には「教行信証《きょうぎょうしんしょう》」、「三帖和讃《さんじょうわさん》」、「愚禿《ぐとく》鈔《しょう》」その他多くの著作がある。信仰上の唯円《ゆいえん》や、親鸞《しんらん》はそれによって、今日もわれわれと交渉することが出来、しかもそれは人間としての一番の本質的部分である。

親鸞《しんらん》は稲田在住の頃、聖覚法印《せいかくほういん》の「唯信鈔《ゆいしんしょう》」を読んで深く動かされ、自信教人信《じしんきょうにんしん》という事が救われた者の報恩の義務であって、従来のように自分だけが安心立命《あんしんりつめい》していればいいというものではないと考え、その教人信《きょうにんしん》の方法は著述に若《し》くものはないと考えて、老軀に鞭《むち》打って著述に励んだという事であるが、それは後世のために甚だ有り難い事であった。もしそうでなかったら、著述もなく、伝記もなく、われわれは人間としての親鸞《しんらん》にふれる道はなかったであろう。

親鸞《しんらん》の著述は五十二歳以後のものばかりで、老年期の円熟したものであるが、その主著は有名な「教行信証《きょうぎょうしんしょう》」である。しかし「教行信証《きょうぎょうしんしょう》」といえども、その全体を貫く信仰は歎《たん》異鈔《にしょう》以外に出ないのであって、その総序《そうじょ》の文《もん》と、歎異鈔《たんにしょう》の第一章とを対照すれば、いかにその帰宗するところがひとつであるかが解るであろう。

三　偏依《へんえ》歎異鈔《たんにしょう》

所詮《しょせん》この「歎異鈔《たんにしょう》」ひとつがぴったりと心にはまり、その言うところが、その文章の調子までも、共鳴し、契合《けいごう》するようになれば、浄土真宗の信心《しんじん》はその奥所において決定《けつじょう》しているのである。「一枚起請文《いちまいきしょうもん》」で法然《ほうねん》が言っているごとく、「この外に奥深きことを存せば二尊《にそん》のあはれみにはづれ、本願《ほんぐわん》に漏れさふらふべし」である。「教行信証《きょうぎょうしんしょう》」のようなものは、すでに信心決定《しんじんけつじょう》してしまった者が、法楽《ほうらく》としてその信仰が聖教《しょうきょう》の上にどういう典拠《てんこ》を持ち、どういう展開をなしているかということを調べて見るとか、その理論的根拠を訪《たず》ねて見るとか、あるいはそれだけの知識と余裕とを持つ者か、もしくは教学をもって身を立てんとする者が研究すればいいのであって、いずれにせよ、「教行信証《きょうぎょうしんしょう》」から信仰を引き出そうとすべきものではない。そういう企てはきっと成功しない。それどころか肝腎《かんじん》の信仰に懐疑を生ぜしめる恐れさえある。和讃《わさん》の類は韻文的であるだけに信仰の感情を乾《ひか》らびさせる危険は少なく、信心決定《しんじんけつじょう》したる後において、これを読誦《どくじゅ》して弥陀《みだ》の誓いの忝《かたじ》けなさを味わいかえして喜び、信仰の感情を温め、強めるのはいいが、これとても理知的に読むと懐疑を生ぜしめる危険がある。諸天の加護とか、現世利益《げんぜりやく》のような迷信的な要素を含んでいるからである。所詮は「南無阿弥陀仏《なむあみだぶつ》と申して疑ひなく往生《わうじやう》するぞと思ひとりて念仏申《ねんぶつまう》す」のが決定《けつじょう》の道である。そして歎異鈔《たんにしょう》は結局この外の事を何も言ってはいない。理知的にわれわれの心を分岐せしめるようなことは少しも言わず、分散し外向する心を集注させ、求心させることのみ説いているのである。

まことに信心《しんじん》の心もちの世界において、これほど純一無雑な文書は他に例がないのである。

阿弥陀仏《あみだぶつ》といふよりほかは津の国の
なにはのこともあしかりぬべし

草のいほに寝てもさめてもまをすこと
南無阿弥陀仏《なむあみだぶつ》なみあみだぶつ

が、歎異鈔《たんにしょう》を理解するには、やはり親鸞《しんらん》の伝記の概略を知って置かなければならない。

第二章　親鸞聖人《しんらんしょうにん》の生涯《しょうがい》

一　親鸞《しんらん》の歴史的存在

親鸞《しんらん》の伝記については、確実な資料の今日まで残っているものは実に少ない。一時は親鸞《しんらん》という人は全然いなかったという親鸞《しんらん》抹殺論まで唱えられた。しかしその後の史家、辻博士等の研究によって、親鸞《しんらん》の筆跡《ひっせき》、真像《しんぞう》等の存在することが確実となり、親鸞《しんらん》の歴史的存在については疑う余地はなくなった。しかしその事跡についてはは甚だ明らかでない。親鸞《しんらん》の伝記で一番古いものは、覚如上人《かくにょしょうにん》の「親鸞伝絵《しんらんでんえ》」で、これは親鸞《しんらん》滅後三十三年に書かれたものだが、これは史家は伝説的物語として書かれたものとしてそのままには受け容《い》れない。そしてその後に出た多くの伝記はほとんど皆この「親鸞伝絵《しんらんでんえ》」を基として書かれたものである。

しかしどんな史家、考証家でも、結局この「親鸞伝絵《しんらんでんえ》」（普通御伝抄《ごでんしょう》という）を土台にして、その一部を訂正するとか、抹殺するとか、新しく発見された資料によって肯定するとかして、次第に確実なものにして行くより外ないのであって、親鸞《しんらん》の生涯は大体この伝絵《でんえ》に拠るよりない。

しかのみならず、考え方では史的考証が必ずしも親鸞《しんらん》の真相を伝えるものではないので、親鸞《しんらん》の信仰、その人間の本質はかえって伝説に一層よく現われることもある。あたかも日本民族の「神話」がかえって、日本民族の特色と、歴史的使命とを最もよく現わしているようなものである。

私は史的考証を決して軽んずるのではないが、史的考証は一つ間違えば、人生の宝玉にも比すべき事実をむざむざと抹殺してしまう恐れがある。現に「親鸞《しんらん》は実在の人物でない」というような説が、史家に立てられかけていたとすれば、日本は、すんでの事に、その産み出した最深の宗教家を失いかけていたわけである。

それゆえ今私は「親鸞《しんらん》の生涯」を略述する態度としては、私の理解している親鸞の信仰と人となりとの全体から見て、最もふさわしいと思われる説に従うことにする。もとより創作ではないから勝手にこしらえはしない。しかし既存の文書に典拠《てんこ》がある以上は、その伝説であるか、史実であるかにはあまり仔細に拘泥はしない。たとえば六角堂における聖徳太子《しょうとくたいし》の夢告《ゆめのつげ》のごとき事実は、今日の心霊現象の科学では決して否定出来ないのであって、簡単に唯物派の、史家の説にしたがうのは甚だ危ない。

二　誕生と氏姓

親鸞《しんらん》は普通高倉《たかくら》天皇の承安《しょうあん》三年（西暦一一七三年）四月一日、山城《やましろ》国宇治《うじ》郡醍醐《だいご》村日野に生まれたことになっている。幼名を松若丸《まつわかまる》と言った。父は日野有範《ひのありのり》、母は源氏の出で吉光女《きっこうじょ》と言ったという。俗姓は藤原氏。しかしこれについては疑っている学者もある。それは「親鸞伝絵《しんらんでんえ》」の著者、覚如上人《かくにょしょうにん》が名門の出であるようにこしらえたものであるというのである。その説では親鸞《しんらん》の俗姓は不明であり、誰の子であるかもわからない。キリストのように私生児《しせいじ》であるかもわからないことになる。その私生児が寺に小僧にあずけられたということになれば、伝記としてはかえって数奇《すうき》になるが、それは憶測《おくそく》にすぎない。しかしたとい親鸞《しんらん》が日野家の出でなく、一平民の子であったにしても、そのため親鸞《しんらん》の価値が毫末《ごうまつ》も減じるものでないのはいうまでもない。

「伝絵《でんえ》」によれば、この父有範《ありのり》は皇太后宮大進《こうたいごうぐうのたいしん》であった。晩年薙髪《ちはつ》して宇治三室戸《うじみむろど》に隠居し、三室戸入道《みむろどにゅうどう》と号していたが、治承四年、あの源三位頼政《げんざんみよりまさ》が平氏討滅《とうめつ》を企てた時、それに加わって、その年の五月に戦死した、また、母もその数日前に亡くなったということになっている。

親鸞《しんらん》の兄弟は二人という説と五人という説とある。五人というのは、親鸞《しんらん》をかしらに、尋《じん》有《う》、兼有《けんう》、有意《ゆうい》、行兼《ぎょうけん》で、みな出家した事になっている。両親が非業《ひごう》の最後を遂《と》げ、兄弟がことごとく出家したという家庭は、無常なものであるといわねばならぬ。

親鸞《しんらん》の生れた頃は、保元、平治の乱後十数年しか経っていないので、法然《ほうねん》の伝記のところで詳しく書いたような、乱れ、すさんだ時代であった。親鸞《しんらん》は法然《ほうねん》と年齢は四十歳ちがうが、同時代に生きたのであるから、大体において同じ時代の空気と世相の中で生活したのである。だからその空気と世相との叙述《じょじゅつ》は再び繰り返さないが、人倫《じんりん》は乱れ、栄枯《えいこ》は転変《てんぺん》し、天災、地変はしきりに起り、日本歴史始まって以来の物恐しい世相《せそう》であった。政界も、思想界も動揺に動揺を重ねて帰趨《きすう》する所を知らず、新勢力が旧勢力に取って替ろうとする形勢にあった。物凄い源平の権勢争奪戦《けんせいそうだつせん》、もし親鸞《しんらん》が藤原氏の出であったとすれば、当時藤原氏は源平の間にはさまれて没落の一路を辿《たど》りつつあったから、子供心にも、傾く家運の中に、衰《おとろ》えてゆく一族の姿を見つつ生い立って行ったであろう。

三　出　家

養和元年三月十五日、九歳の童子、松若丸《まつわかまる》は伯父の範綱《のりつな》につれられて、知恩院《ちおんいん》の北つづき、粟田口青蓮院《あわたぐちしょうれんいん》に詣《まい》り、僧正道快《どうかい》によって、得度《とくど》剃髪《ていはつ》した。そして法名《ほうみょう》を範宴《はんえん》と授かった。

多くの伝記には、松若丸《まつわかまる》が自ら発心《ほっしん》して出家《しゅつけ》したように書いてあるけれども、九歳の童子が自発的に菩提心《ぼだいしん》を起すとは思われない。これは両親死し、家運も衰え、生計も思うに任せず、伯父の範綱《のりつな》が処置に窮して、出家《しゅつけ》せしめたものではあるまいか。

かくて聖人《しょうにん》は一個の僧侶として、山門に学ぶことになったが、比叡山でどんな生活を送ったかということも史料がなくて分らない。ただ後の親鸞《しんらん》の学殖とまた人となりから推して、熱心に聖教《しょうきょう》を読み、研学したに相違ないと思われる。天台《てんだい》の教義に関する親鸞《しんらん》の造詣は甚だ深いからである。

「伝絵《でんえ》」には、

「南岳天台《なんがくてんだい》の玄風《げんぷう》を訪《とぶら》て、ひろく三観仏乗《さんぐわんぶつじよう》の理を達し、とこしなへに、楞厳横川《りやうごんよかは》の余流を湛《たた》へて、ふかく四教円融《しけうゑんゆう》の義にあきらかなり」

と書いている。

後代の伝記には、親鸞《しんらん》が叡山《えいざん》で聖光院門跡《しょうこういんもんぜき》であったとか、一山に名声が聞えていたとか書いてあるけれども、実際には叡山《えいざん》における親鸞《しんらん》の地位は、平凡な、一堂僧に過ぎなかったらしい。それは、聖人《しょうにん》の越後時代からの室恵信尼《しつえしんに》が、その女《むすめ》覚信尼《かくしんに》（弥女《いやによ》）に送った弘長

三年の手紙に、
ひへの山に、堂僧つとめておはしましけるが、山を出でて、六角堂に百日こもらせ給ひて、云々《うんぬん》
とあるのによって、聖人《しょうにん》が下山近くの頃まで、堂僧に過ぎなかったことが解るのである。親鸞《しんらん》は法然《ほうねん》と異なり、その生涯には華やかな、派手な、光栄あるようなところは少しもないのである。親鸞《しんらん》の伝記を華やかに書き直すことはかえって冒瀆《ぼうとく》である。その幼少の時から生を終るまで嘗《な》めつづけた痛苦は、現実的な、深刻なものであって、社会生活の底で、黙って忍受していたことを思えば、それを、派手な、浮いたものにしてはならぬのである。親鸞《しんらん》は比叡《ひえい》山で、堂僧などをつとめつつ、人からは目もつけられず、乏しい物質生活に甘んじて、研学し、修道して二十年間を過したのである。

そして当時の山門の状態がどんな乱れたものであったかは、法然《ほうねん》の伝記のところで書いた通りである。位階《いかい》をよろこび、権門《けんもん》に出入する名利《みょうり》の学生《がくしょう》、軟弱な歌法師《うたほっし》、兵杖《ひょうじょう》を帯びて乱暴をする僧か、兵か、ごろつきか解らないようなものが充ちていた。如法《にょほう》な僧侶も煩瑣《はんさ》な経釈《きょうしゃく》の末に泥《なず》み、現世福利のために祈禱するものでなければ、徒《いたず》らに行儀《ぎょうぎ》の末に拘《かか》わって、生死の一大事を忘れると云った具合であった。

当時は山上は一つの「世間」であった。教団は一つの「俗界」であった。だから山を下り

て、静かに道を求めようとするものを当時「隠遁《いんとん》」とか、「遁世《とんせ》」とか呼んだくらいであった。

四　現実苦の親鸞《しんらん》

親鸞《しんらん》はそういう世も乱れ、法も乱れた世相を凝《じ》ッと見つめながら、自分の一族一家の没落を思い、父母の死、弟たちの薄命《はくめい》の業報《ごうほう》、また自分の孤独の生い立ちや、行く末のたのみないこと等を、若い身ひとつに一杯に背負って、堂僧などを勤めつつ、ひたすら出離《しゅつり》の道を求めた。

彼は初め東塔《とうとう》、無《む》動寺《どうじ》谷《だに》の大乗院《だいじょういん》に入った。それから二十年間に、静厳《じゃうごん》、明禅《みょうぜん》、智《ち》海《かい》、慶《きょう》尊《そん》、光俊《こうしゅん》、文乗《もんじょう》らについて学び、また顕密《けんみつ》の修練、観念を凝らし、あるいは奈良に行き、河《かわ》内《ち》に行き、大和《やまと》に行き、またある時は難波に行き、方々に名師、学匠を訪ねて、求道《ぐどう》、研学したのであった。

何事にも徹底せずにはおさまらないその性格から推して、彼の研学と修練とは真剣な、全部生命を打ちこんだものであったろうと思われる。

法然《ほうねん》にしても、親鸞《しんらん》にしても、また日蓮《にちれん》にしても十数年、二十数年という青年時代を比叡山や、清澄山《きよずみやま》の上で、過していることをわれわれは忘れてはならない。現代の青年はあまり少年時代から刺激を受け過ぎ、心身が末梢《まつしよう》的に機敏《きびん》になって、大自然の気を受けて腹《はら》を練ることが足りない。比叡《ひえい》山は堕落《だらく》せりといえども、伝教大師《でんぎようだいし》以来の伝統ある大道場であって、心ある小数者は真剣に研究し、観念し、修練《しゆうれん》しているものもあったろう。またとい人間は堕落《だらく》しても、自然は堕落しない。欝蒼《うつそう》たる老杉《ろうさん》や、四明《しめい》の嶺《みね》を埋める白雲や、岩間を流れる渓川の音、木の間かくれに啼く幽鳥《ゆうちよう》の声、そういう自然の気息にふれ、出づるも、入るも、山道を登り下りして、十数年、二十数年を経《ふ》れば知らず知らずの間に、心身は鍛えられる。腹が据わらずに、頭が利巧になる現代の、知識階級の青年は深くこの点を考えなければなるまいと思うのである。何によらず、物事を正面から押して、本格的に、堂々と進んで行くのには、沈着な、鈍重な、どこかに愚直《ぐちよく》なところが要るのであって、それはただ頭の力では出来るものでない。馬鹿な目を見ることのいやな人は大人物ではない。法然《ほうねん》でも、親《しん》鸞《らん》でも、この「愚」というものの尊さをよく知っている人であった。実際この目まぐるしい、日進月歩の時代に、「愚か」にならずに念仏《ねんぶつ》申さるるものでない。かつてマルクス主義全盛時代に、仏教徒がわれもわれもと難解な弁証法をふり廻して、念仏《ねんぶつ》のねの字も言わないような状態だったから、私は慨嘆して、「念仏《ねんぶつ》申さるる」ように生きる生活態度が、マルクス主義よりも深い。自分は「念仏《ねんぶつ》申さるるやうに」生きるほかないと言ったところが、「馬鹿の一つ覚えのような事をいう」とか、「耄碌《もうろく》して物が見えなくなったことを知らない」とか嘲笑《ちょうしょう》された。しかし「馬鹿の一つ覚え」のようにして、念仏《ねんぶつ》申すことこそ法然《ほうねん》や、親鸞《しんらん》の教えた、理想的な浄土信徒の態度ではないか。それを嘲笑するぐらいなら、もう浄土信徒ではないはずである。

五　信仰は思想ではない

一体信仰を何かの「思想」と考えることからがもう間違っている。信仰はもう思想ではない。一切の思想を捨ててしまったところに知的の世界での南無阿弥陀仏《なむあみだぶつ》があるのである。これは「禅」と対照するとよく解る。

公案《こうあん》は趙州《じょうしゅう》無字。　求道者《くだうしゃ》はある頃の私自身。

老師問うて曰はく、　「無」とは何ですか。

求道者答へて曰はく、　「そのまま」です。

老師曰はく、　それは言葉だ。

求道者身もだへして曰く、　わしがさうだ。わしが今そのままだ。

老師曰く、　それもまだ言葉だ。

求道者言葉が出ない。

「無」は言葉ではない。

すでに言葉がない。いかにして思想があろう。安心立命《あんしんりつめい》には一切の思想は役に立たず、したがって必要でない。念仏は思想ではないのである。……

さてかようにして親鸞《しんらん》は二十年間山上で研学、修行したが、それによって生死の一大事は透過出来なかった。それは法然《ほうねん》の場合と全く同じ事情であった。正直で、宗教的反省の鋭いものがそうなるのは当然な道筋である。

二六時中頭燃《ずねん》を払《はら》うがごとくにしても妄想《もうそう》、雑念は休息しない。凝《こ》らせば凝《こ》らす下から観念はやぶれる。抑《おさ》えても抑えても煩悩《ぼんのう》は執拗《しつよう》に頭を擡《もた》げる。世間には偽《いつわ》りの証《あかし》を立てる人は常にあるので、そういう内心の実相を見ぬふりをして、あるいは見ることを欲せずに、心は明鏡止水《めいきょうしすい》のように澄み切れるなどという者がある。また生来のんきな、大まかな、無頓着な性格のものもいて、そういう人たちは浄土宗的反省をうるさがってやらない。大体のことで満足してしまう。また厚顔無智な者は自ら知りつつ、虚偽の表示をして、賢善精進《けんぜんしょうじん》の様子を装う。

しかし誠実で、心が深く、濃《こま》かい、理想家は自分の内心を隈《くま》なく反省せずにはいられぬから、そんなのんきな事を言う気にはなれないし、まして虚偽の装いは出来ない。それかと言って、うまく自分自身をくらまして偽わりの証《あかし》を立てる事も出来ない。いわんや、そういう対他的態度でなく、「そうしなければ救われぬ」、「生死《しょうじ》が離れられぬ」、「地獄《ぢごく》へ堕ちる」という宗教的目的、念願との取り組みである以上は、虚偽《きよぎ》の役立つ余地はない。

法然《ほうねん》や、親鸞《しんらん》の心の焦燥《しょうそう》はそこから来るのである。それは病人と同じように、病気を治したいという目的を持っているのだから、病気をかくしても何にもならない。治るか、治らぬかが問題である。治らなければ死ぬる。そこで、いろいろと名医を求め、薬を試みたがどうも治らない。そして医者も薬ももう心あたりが尽きて来た。病気はだんだん悪くなる。そういう時の病人の不安と焦燥にひとしいのである。見えではなく、事実の問題なのだ。

存覚上人《ぞんかくしょうにん》は、

「定水《ぢやうすゐ》こらすといへども識浪《しきらう》しきりに動き、心月《しんげつ》を観《くわん》ずといへども妄雲《まううん》なほ蔽《おほ》ふ。」

と云っている。また覚如上人《かくにょしょうにん》は、

「色塵《しきぢん》、声塵《しやうぢん》、猿猴《ゑんこう》の心なほいそがはしく、愛論《あいろん》、見論《けんろん》、黐膠《ちかう》のおもひいよいよかたし。」

と書いている。

親鸞《しんらん》はさらに端的に、猛烈に、自己内心を告白して、

「悪性《あくしやう》さらにやめ難し。心は蛇蝎《だかつ》のごとくなり。」

と云っている。

六　業《ごう》の所成

しかし法然《ほうねん》や、親鸞《しんらん》の血の出るような反省のお蔭で、蒙《もう》を啓《ひら》かれてすでに久しい今日のわれわれから見れば、これは実に当然なことであって、随分無理な、わが身知らずな、虫のいい註文であると言いたくなる。

われわれ人間の「生」そのものがすでに恐ろしい業《ごう》の所成《しよじよう》ではないか。どんなに肉体を極《ご》微《み》に砕き、心を刹那《せつな》に分けてみても、過去幾万億世代の間の、無数の他の生命の殺害《さつがい》、掠奪《りやくだつ》によって維持《いじ》されて来ている生命である。人間の歴史も文化もそれなくしては維持することも、成長することも出来ぬ。生存の根本必須条件がすでに「罪悪」であるのに、その上でどう捏《こ》ね廻してみたところで知れたものである。この肉体、この血の一滴も、他の「生命」の犠牲《ぎせい》でないものはない。この戦慄《せんりつ》すべき根本事実を人はどうしてもっと深く思わないのであろうか。この事実をまず素直に、人間が認めてかからなければ、人間の口にする正義、人道などは児戯《じぎ》に類する。人間はややもすれば、「どうして幸福になれないんだろう」、「人類にはなにゆえ平和が来ないんだろう」と不平をいう。しかし、もし公平ということが正義《ジヤスチス》の基であるならば、人間が先ずこの恐るべき業報《ごうほう》を認《みと》めないで置いて、しかも人間だけは幸福に、人類だけは平和になれるとしたら、それは公平でも、正義でもない。天地間の大片手落ちと云わねばならぬ。人間を幸福に、人類を平和にするためには、先ず人間がこの恐るべき業報《ごうほう》を認めて、それを慚愧《ざんき》し、その事実に涕泣《ていきゅう》し、その犠牲に拝跪《はいき》し、その謙遜《けんそん》な心をもってあまねく同胞を眺め、また人間のみならず、おしなべて、生物同士の間のその恐るべき姿をあわれみ、共存同悲の心をもって、ひとしなみに念仏《ねんぶつ》申すようにならねばならぬ。

しかしながら、われわれが今日、かように業報《ごうほう》の深さとその必然性とを反省することが出来るのは、法然《ほうねん》や親鸞《しんらん》によって、浄土真宗的の反省が目ざめしめられて普及したからであって、それ以前には、宗教と云えば、心を澄まし、理を観ずる聖道《しょうどう》の教行《きょうぎょう》であって、念仏《ねんぶつ》の思想は聖徳太子《しょうとくたいし》の昔よりあったとはいえ、それが生きた信仰として、大衆のものとならないのはもちろん、一般の僧侶の注意を惹くことさえ少なかったのである。

さてかようにして親鸞《しんらん》は自分の宿願《しゅくがん》である出離《しゅつり》の道が、山上にいても到底満たされないことを知って、心痛のあまり、頂法寺の六角堂に百日の日参をして、夜な夜な如意輪観世音《にょいりんかんぜおん》に祈願《きがん》をこめては、暁方《あけがた》になって三里半もある比叡《ひえい》山まで帰って来た。一日七里の山道を歩いて、夜は通夜《つや》したわけである。願いのすじは、「出離《しゅつり》の捷径《しょうけい》を示し給え。善知識《ぜんちしき》に逢わしめたまえ」と言うにあった。

しかるに九十五日目の夜親鸞《しんらん》が疲れて、うとうとしていると、夢ともなく、現《うつつ》ともなく、

「末代出離《まつだいしゆつり》の要路《ようろ》はただ念仏《ねんぶつ》にしくことなし」

という声を聞いたように思った。

ハッと思って目をさまし香炉《こうろ》に一炷《ちう》を加えた。

親鸞《しんらん》はじっと観世音《かんぜおん》像を見た。と忽然《こつぜん》として心の奥から、光明がさして来るように覚えた。

その翌暁、親鸞《しんらん》は山に帰ろうとして、四条河原《しじようがわら》を歩いていると、はからず、安居院《あぐいん》の聖覚《せいかく》法印《ほういん》に出逢った。

そしてこの聖覚法印《せいかくほういん》から、吉水《よしみず》に法然上人《ほうねんしようにん》という善知識《ぜんちしき》が、念仏《ねんぶつ》を弘《ひろ》めていることを聴いて、親鸞《しんらん》は不思議の思いをなし、いそいで山を下って法然《ほうねん》の吉水《よしみず》の禅房《ぜんぼう》を訪《おとず》れたのであった。

「伝絵《でんえ》」には、

「聖人《しやうにん》二十九歳、隠遁《いんとん》の志にひかれて、法然上人《ほふねんしやうにん》の吉水《よしみづ》の禅房《ぜんばう》にたづねまゐりたまひき」

と書いてある。

七　肯《うなず》き合う心

建仁元年三月十四日、東山《ひがしやま》の麓《ふもと》、清水《きよみず》の北、粟田口《あわたぐち》の南にある法然《ほうねん》の吉水《よしみず》の庵《いおり》に、親鸞《しんらん》は深い悩みと、不安とを抱いて、もう六十九歳になっている老僧法然《ほうねん》の前に跪《ひざまず》いていた。

円満な、春の海のような人柄に、内面の鋭さをつつんだ法然《ほうねん》は、四十も若い親鸞《しんらん》の心を包《ほう》容《よう》したに相違ない。念仏《ねんぶつ》に帰して、心の誇りと角《かど》がとれて、本当の意味で柔和《にゅうわ》になっている法然《ほうねん》の態度は、山上の碩学《せきがく》たちの誇りと我慢のとれない態度と比べて、心の砕け、傷ついている親鸞《しんらん》には親しいものに感じられたであろう。

親鸞《しんらん》の悩みと疑いとはいちいち法然《ほうねん》が肯《うなず》くところであった。それは自分がかつて通って来た道だからだ。親鸞《しんらん》は何よりそれが嬉しかったであろう。その理解と同情とがいかにも内面的に、自然に見えたからだ。自分の疑いと悩みそのものを肯定してくれるという事がすでに有り難いことだ。機縁《きえん》の合う善知識《ぜんちしき》とはまさにそれをいうのであって、山上では決してそういう人を得ることは出来なかった。

法然《ほうねん》はまず親鸞《しんらん》の悩みと疑いとを肯定して、それの解決の方法を述べた。今度はそれを親《しん》鸞《らん》がうなずきうなずき聞いた。それは種子が畑土に落ちるように自然に、いかにも所を得て、親鸞《しんらん》の病所にぴったりとはまったからだ。そして法然《ほうねん》の方でもその自然さと内面的、必然性とがチャンと手《て》応《ごた》えがあった。一生を通じ、死後までもの善き師と善き弟子との契合《けいごう》はかくしてたちどころに出来てしまった。まことに恐ろしいものである。両者の機縁がすでに熟してしまっていたからだ。まことに逢い難き人に逢えたと親鸞《しんらん》は思ったに相違ない。彼が観音《かんのん》の御引導《ごいんどう》、聖徳太子《しょうとくたいし》の御加護と思ったのは無理がない。

親鸞《しんらん》はそれから三十幾年も後になって、今度は自分が愚禿《ぐとく》の老翁になってしまってからも、関東からはるばると道を求めて来た人々に、「よき師の仰せを承わって信ずる外に別の仔細《しさい》はない」と言っているのである。

禅の方ではよく、初めて訪ねて来て、いきなり問答して、「師すなわち印す」とか、「すなわち契《ちか》う」とかいうのがあるが、法然《ほうねん》と親鸞《しんらん》との対話の趣きはきっとそうであったろうと想像される。浄土宗の信仰の内容そのものが、「半ば信ずる」とか、「かなり同感だ」とかいうような、面倒なものではないからである。凡夫《ぼんぶ》直入《じきにゅう》の信心《しんじん》、無条件、無一物《むいちぶつ》の救済《きゅうさい》、絶対他《た》力《りき》の往生《おうじょう》を、親鸞《しんらん》はその勇猛徹底した機根をもって、たちどころに決定《けつじょう》したに相違ない。

禅には修証《しゅうしょう》不《ふ》二《に》という語がある。修《しゅう》し初めた時がすなわち証《さとり》の初めである。親鸞《しんらん》が疑いを発して道を求め初めた時が決定《けつじょう》の初めである。安心決定《あんじんけつじょう》は一刹那《せつな》に出来たのではない。それを浄土宗の信仰の目より見れば、道を求め初めたのがすでに弥陀《みだ》の御催《おんもよお》しである。それから二十年のさまよいも弥陀《みだ》のはからいである。決定《けつじょう》の信《しん》も弥陀《みだ》のたまものである。摂取不捨《せっしゅふしゃ》の手はその初めからすでに加わっていたのである。

煩悩障レ眼雖レ不レ見　大悲無レ倦常照レ我
（煩悩《ぼんのう》に眼障《まなこさ》へられて見《み》ずといへども　大悲《だいひ》倦《ものうき》ことなくて常《つね》に我《われ》を照《てら》したまふ）

と正信念仏偈《しょうしんねんぶつげ》に親鸞《しんらん》は書いている。

八　受身に感ずるこころ

およそ信仰の心は物事を受身《うけみ》に感ずる心である。われわれのこの「生」をも何ものかから受けたものとして意識する。文字通りに「生れた」のである。生れんと欲して生れたのではない。われわれの血液の運行《うんこう》も、心臓の鼓動《こどう》も、胃腸の消化《しょうか》もわれわれの意志によって行われるのではない。

そこでひとたび救済《きゅうさい》の自覚を持つと、われわれの気づかなかった過去の生活行程《こうてい》がわれわれの救いのための過程《かてい》であったと感じられて来るのだ。

父母の死、家運の没落、同胞の薄倖《はっこう》、出家得度《しゅっけとくど》、長い修行《しゅぎょう》と懐疑《かいぎ》、苦悩の果ての日参《にっさん》、法《ほう》然《ねん》との遭逢《そうほう》、——それらが皆自分のたましいの救いのために何者かから計画されていたのだと感ずる、「弥陀《みだ》のはからひにはからはれて」そうなったのだという気がする。それは自分の足下から、生れる因縁《いんねん》から、根こそぎ、徹底的に計画されていて、それから逃げ出そうにも逃げられない事は、ちょうどあの孫悟空《そんごくう》が走りに走った揚句《あげく》、見て来た標柱《ひょうちゅう》が実は仏陀《ぶつだ》の掌《てのひら》の指であったと言うように、われわれは弥陀《みだ》の善巧方便《ぜんぎょうほうべん》の中で動いているので、結局弘誓《くぜい》の船《ふね》の中での出来事に過ぎない。転《ころ》んでも、起きてもみ舟の中である。それが五劫《ごこう》の思惟《しゆい》によって立てられた善巧方便《ぜんぎょうほうべん》であって、人智の分別の達し得る際でない。釈尊《しゃくそん》の出世も、諸賢聖《しょけんしょう》の説法も、経論《きょうろん》も、この世の善悪得失《とくしつ》も皆自分を無始以来の罪業《ざいごう》に目ざめさして、光明の大海に救い出さんための、大慈大悲《だいじだいひ》のはからいである。そしてそのはからいは「救ってやりたい」との本願《ほんがん》から出たものに外ならない。

ああ。われは救われた。「弥陀《みだ》の五劫思惟《ごこふしゆゐ》の願《ぐわん》をよくよく案ずれば、ひとへに親鸞一人《しんらんいちにん》がためなりけり。さればそこばくの業《ごふ》を持ちける身にてありけるを、たすけんと覚し召したちける本願《ほんぐわん》のかたじけなさよ」と親鸞《しんらん》は述懐している。

これらは実に恩寵の感謝と救われの自覚とが、韻文のごとくに、一字一句の調子にまで充実してあらわれている。ある人々は証拠がなくてはナンセンスだと言うであろうが、この計画の人間業でない広大さ、人間の理性の考え及ばない深みの中に、その生ける証《あかし》を信者《しんじゃ》は自覚するのである。

「たすけんと覚《おぼ》し召し立ちけるかたじけなさよ」

誰が人間がそんな事を思い立とう。絶対の他力で、無条件で、始末におえない業報《ごうほう》を背負うて、手のつけられない悪人、痴漢そして、極めて忘恩のものであるわれわれを救いたいという願《がん》を発《はっ》そう。その願成就《がんじょうじゅ》のために恐ろしい、永い難行苦行《なんぎょうくぎょう》をしたり、五劫《ごこう》の間工夫《くふう》を凝らしてくれよう。

考えも及ばない。愛も及ばない。

それを腹の底から知って、絶望していた法然《ほうねん》や、親鸞《しんらん》には、五劫《ごこう》の思惟《しゆい》、絶対他力の慈悲ということを聞いただけで、これは人間の計画ではないと解るのだ。「弥陀《みだ》の誓願不思議《せいがんふしぎ》」とはこれである。よくぞ思い立って下されたと思えば、感謝の涙が出て来るのである。

「われに来れ。わが名を一度でも唱えよ、それを縁にわれは救うぞ」

名を唱えよというのは条件にするのではない。縁なき衆生《しゅじょう》は仏もどうにも出来ない。ただ縁を結ぶために名を唱えよというのだ。

この助けたいという願、それをたのむ信、これこそ人倫《じんりん》の根本の雛型《ひながた》ではないか。仏国土《ぶっこくど》成就《じょうじゅ》、理想的社会の建設の礎石《そせき》ではあるまいか。

法然《ほうねん》は親鸞《しんらん》の入信のいかにも直入《じきにゅう》であって、いさぎよく自力を振り捨てた姿を尊く思い、

「げにも」と感銘した。たのもしくも思った。浄土門の法義がそれほど人間の心を根本的に転向せしめる力のあるのを見ていまさらながら、弥陀《みだ》の願力《がんりき》の強さを思った。

そしてその直入《じきにゅう》にして、いさぎよい様《さま》が、中国の道綽禅師《どうしゃくぜんじ》に似ているというところから、源空《げんくう》の「空《くう》」を「綽《しゃく》」に添えて、綽空《しゃくくう》という法号を親鸞に授けたと伝えられている。

この綽空《しゃくくう》という名は後に善信《ぜんしん》とかえられた。

九　親鸞《しんらん》の肉食妻帯《にくじきさいたい》

親鸞《しんらん》は入信後、承元《しょうげん》元年三月越後に配流《はいる》となるまでの約六ヵ年間を、吉水《よしみず》の法然上人《ほうねんしょうにん》門下《もんか》として都に過した。

この間には日常尊敬する法然上人《ほうねんしょうにん》の教えを承けつつ、同門下の法友たちと往来して、法談を交え、信仰の喜びの中に浸《ひた》って、朝夕を送ったので、親鸞《しんらん》としては一生涯中での一番明るい時代であった。

この間に親鸞《しんらん》は結婚して、二人の子をもうけたようである。その妻というのは普通の伝説では、九条兼実《かねざね》の息女玉日《そくじょたまひ》と結婚して、範意《はんい》という子をあげたということになっているが、史家はみなそれを否定しているのでどうもこれは怪しいらしい。また親鸞の妻が高貴の公卿《くぎょう》の女《むすめ》であったとしなければ、親鸞の生涯が傷つくわけでもない。前にも言ったごとく現実苦の底に生きた親鸞を華やかに、派手に想像してはならぬ。

それではどういう身分の、どういう女であったかということは史実では明らかでない。しかし配流《はいる》以前に妻があって二人の子があり、しかも親鸞《しんらん》が晩年六十余歳で帰洛《きらく》した時にも、まだ母子とも生きていたということは確かに分っているのである。晩年親鸞《しんらん》子供は今御前《いまごぜ》と即生房《そくしょうぼう》とであり、妻はただ「今御前《いまごぜ》の母」として知られている。親鸞《しんらん》はその身が帰洛した頃には、母子ともに窮迫しておられ、ことに母は病身であって、親鸞《しんらん》が越後に配流《はいる》となる上を、常陸《ひたち》の門徒たちに世話してくれるように頼んでいる。これは親鸞《しんらん》が越後に配流《はいる》となる時、その罪科が妻帯にあったのだから、掟《おきて》によって、止むなく別離して、越後に立ったのである。

しかしそれは妻帯後の運命の嵐と歳月の流転《るてん》であって、妻帯する時は、親鸞はまだ若く、三十一、二歳頃であり、妻帯については理想も、抱負もあったのである。

それについては人間の運命の推移という事を見るためにも少しく書いて置かねばならない。

それは有名な六角堂の夢告《ゆめのつげ》である。

建仁三年四月五日の夜寅《とら》の刻に、若い親鸞《しんらん》は六角堂でひとつの霊夢《れいむ》を感得した。

それは本尊の観音《かんのん》が白衣《びやくえ》をまとうて、白い蓮華《れんげ》の上に端坐《たんざ》して、親鸞《しんらん》に告《つ》げて、

行者宿報設㆓女犯㆒　我成㆓玉女㆒身被㆑犯
一生之間能荘厳　臨終引導生㆓極楽㆒
（行者宿報《ぎやうじやしゆくほう》女犯《にょぼん》設《もう》けば　我玉女《われぎよくによ》となりて身《み》犯《をか》されん
一生《いつしやう》の間《あひだ》よく荘厳《しやうごん》して　臨終《りんじゆう》に引導《いんだう》し極楽《ごくらく》に生《しやう》ぜしめん）

と言ったというのだ。

つまり「貴僧がもし業報《ごうほう》によって女人と交わらるる事になるならば、私は美しい女になってあなたの妻になりましょう。そして一生の間理想的な家庭をつくって、死ぬ時には、極楽へお導き致しましょう」

という意味だ。

それからまた観音《かんのん》は、

「これはこれわが誓願《せいぐわん》なり。この誓願《せいぐわん》の旨趣《ししゆ》を宣説して、一切群生《ぐんじやう》に聞かしむべし」

と告げた。その時親鸞は、

御堂《みどう》を正面《しやうめん》にして、東方に峨々《がが》たる山岳《さんがく》がそびえて無数の有情《うじやう》がその間に雲集《うんしゆう》しているのを見た、そして前掲《ぜんけい》の偈《げ》の心持をかれらに説ききかせたと思って夢から醒《さ》めたというのである。

こういう話は荒唐無稽《こうとうむけい》のようであるけれども、聖書《せいしょ》の中の「ヨハネ黙示録《もくじろく》」や、聖フランシスの啓示《けいじ》などの例のごとく、宗教的神秘体験としては幾らでも例のある事であり、またそうでないとしても単なる夢としても、親鸞《しんらん》の心の内に描いていた一つの夢想、憧憬《しょうけい》の反映として見ても意義のある事である。

性の問題は、肉食《にくじき》の問題とともに、一般人間性の欲望として、若い親鸞《しんらん》にとっては大問題であったであろう。ことに浄土宗に入信して後には、理論上にも肉食妻帯《にくじきさいたい》を禁止せねばならぬという根拠はないのである。凡夫《ぼんぶ》の救いであり、凡夫《ぼんぶ》と共に悲喜して、その生活の全面にあらわるる如来《にょらい》の慈悲を味わうつもりならば、むしろ中途半端な、首尾一貫せぬ持戒《じかい》を止めてしまって、百尺竿頭《ひゃくしゃくかんとう》一歩を進めて、妻帯し、肉食して、凡夫《ぼんぶ》と同じ生活の様態《ようたい》となる方がいさぎよい。まして当時は、法然《ほうねん》のような人は別として、女犯《にょぼん》、肉食《にくじき》は僧侶の間に秘密に行われ、むしろ公然の秘密であって、そのために偽善となり、男色《なんしょく》さえ行われた。

かくのごときは飲食、男女の人間自然の性に迷うからであって、その無理から生ずる虚偽の臭気よりは、むしろその自由にして、自然なる解放の朗らかなのに若《し》かない。またもし宗教というものが、そういう人間自然の性向を抑止しなければ救われることが出来ないのであるならば、宗教は人類の最小部分の賢者、徳者の、道徳的貴族のみの宝となって、雲集する最大多数の善男子《ぜんなんし》、善女人《ぜんにょにん》は何の利益《りやく》にも与《あずか》れない。聖道門《しょうどうもん》の教えはそれでいいとしても、いやしくも煩悩具足《ぼんのうぐそく》の凡夫《ぼんぶ》大衆の救済を目安とする浄土門《じょうどもん》がいつまでも持戒《じかい》に執《しゅう》しているのは首尾不相応と言わねばならぬ。

十　念仏申さるるように

「この世の過ぎやうは念仏《ねんぶつ》の申さるるやうに過ごせ。独りにて念仏《ねんぶつ》の申されないものは妻《め》を持つて申せ。妻《め》を持つて申されないものは独り居《ゐ》て申せ。僧形《そうぎやう》で申されないものは俗態で申せ。俗態《ぞくたい》で申されないものは僧形《そうぎやう》で申せ。」

これは前にも書いた、法然《ほうねん》の処世法である。法然上人《ほうねんしょうにん》のような性格の人は持戒《じかい》していた方が宜しいのであろう。しかし大多数の者は肉食妻帯《にくじきさいたい》でなくては申し難い。それは自然の性に反する懊悩《おうのう》のために、心も身も落ちつかないからである。親鸞《しんらん》はそこに自分と法然《ほうねん》との性格の相異、業報《ごうほう》の深浅を感得したであろう。そこにはまた法然《ほうねん》より、四十年も若い時代の差異もある。

法然上人《ほうねんしょうにん》は、持戒《じかい》しなくては救われないとは決して言われない。しかし凡夫《ぼんぶ》から見れば、法然上人《ほうねんしょうにん》のような方でなくては駄目なのではないかと思わないものでもない。それに法然《ほうねん》の行持《ぎょうじ》に倣《なら》おうとすることは、凡夫《ぼんぶ》生活の全体の様態から云って、その業報《ごうほう》の全面に如来《にょらい》の慈《じ》悲《ひ》を味わおうとする心とは釣り合わない。それはいいように見えて、実は浄土宗の信心《しんじん》の心持ちと違っている。それに凡夫《ぼんぷ》には、法然上人《ほうねんしょうにん》のようでは仰ぐべき人であって、われわれの侶《とも》、われわれの仲間という気はしないであろう。それは群生《ぐんじょう》の中に韜晦《とうかい》し、愚痴のともがらに同じた生活態度でなく、自分だけは仲間とちがった、一種の貴族的生活法ではあるまいか――

親鸞《しんらん》はそういう風に考えたに相違ないと思う。

そして六角堂の観音《かんのん》の夢告のごとく、

　行者宿報設二女犯一（行者宿《ぎやうじやしゆく》報《ほう》女犯《によぼん》設《まう》けば）

自分は妻帯すべき業報《ごうほう》のものであると感じたのであろう。自分は師の法然上人《ほうねんしょうにん》よりもそれだけ業《ごう》が深い。煩悩《ぼんのう》の強い生れだと自覚したであろう。女がなくては懊悩して、念仏《ねんぶつ》が申し難いような性格である。それだけ清涼でなくて、アクがあるのだ。

しかし親鸞《しんらん》はここで自分の業報《ごうほう》に哭《な》くとともに、その業報《ごうほう》の上にあらわれる弥陀《みだ》の誓願《せいがん》の不思議を思っては感謝した。それが浄土宗の救いの自覚そのものだ。

彼はまた夢告《ゆめのつげ》にあった、無数の群生《ぐんじょう》の雲集している峨々《がが》たる山岳《さんがく》を思い出した。自分の使命はそこにある。自分は大衆の中に進んでゆくのだ。大衆と同じ生活の様相になり、その生活を共にし、その悲喜を同感し、その中にとけ込んでしまうのだ。肉食妻帯《にくじきさいたい》して、一介《いっかい》の凡《ぼん》夫《ぶ》となり、道徳的貴族の誇りを捨ててしまって、身も心も凡夫《ぼんぶ》愚衆《ぐしゅう》とひとつとなり、その塵《じん》労《ろう》の生活の中に、弥陀《みだ》の大悲をよろこぶのだ。自分の行くべき道、自分の業報《ごうほう》の指し示す方角はそこにあるのだ。

かくして親鸞《しんらん》は決心して肉食妻帯《にくじきさいたい》の生活に入って行った。

しかし、彼の法難前の結婚生活がどんなものであったかは少しも史料が無い。

十一　信行《しんぎょう》両座《りょうざ》と信心《しんじん》諍論《じょうろん》

親鸞《しんらん》が、吉水《よしみず》禅房を中心として生きていた時代の、主たる出来事として伝わっていることが二つある。

一つは「信行《しんぎょう》両座《りょうざ》」で、他の一つは「信心《しんじん》諍論《じょうろん》」である。

この二つとも史家には否定する者もいるけれども、浄土宗の信仰をハッキリとさせるのに役立つ、いい話であるから自分は採用する。信行《しんぎょう》両座《りょうざ》のような事実があったとしても決して不自然ではなく、「信心《しんじん》諍論《じょうろん》」のごときは、「歎異鈔《たんにしょう》」の作者さえ語っているのである。

「信行《しんぎょう》両座《りょうざ》」は吉水《よしみず》の風雲がすでに急になって、念仏門誹謗《ひぼう》の声が南都《なんと》、北嶺《ほくれい》に強く興り、「七ヵ条誓文《せいもん》」等によって、辛《かろ》うじてそれを抑えて居るものの、いつ爆発するかも知れない、という頃になってからの出来事である。この南都、北嶺の訴訟騒ぎについては、法然《ほうねん》の伝記の所で詳《くわ》しく書いたから、親鸞《しんらん》伝の方では繰り返さない事にする。

法然《ほうねん》の吉水《よしみず》の禅房には門弟が数多く集まり、念仏《ねんぶつ》の声は房の内外に満ちていた。これらの門弟の中には元は禁裏《きんり》や、北面《ほくめん》の武士であったものが出家したものや、比叡《ひえい》山や、奈良の天《てん》台《だい》や、真言《しんごん》から転向《てんこう》して、念仏門《ねんぶつもん》に帰依《きえ》したものや、いろいろあって、その数は内部の門弟たちだけでも数百人もあった。

しかしこれらの門弟たちが安心決定《あんじんけつじょう》の点において、果してどれほど師の法然《ほうねん》の心を体《たい》して、金剛不退《こんごうふたい》の信を得ているかどうかは別問題である。これはいつの時代でも、師をめぐる弟子たち、道場に集まる帰依者たちにつきものの問題であって、外面の賑わしい割合には、本当の理解ある弟子というものはまことに少ないものである。

そこで、吉水《よしみず》の禅房もいつ解散の悲運に逢うやも計り難いような状態なので、浄土宗の安《あん》心《じん》をハッキリと門弟たちに印象して置くために、また門弟たちがどれだけしっかりと念仏《ねんぶつ》の真意を領解《りょうげ》しているかを見るために、親鸞《しんらん》の発起《ほっき》で、信行《しんぎょう》 両座《りょうざ》を分けて見ることにしたのである。

元久二年九月二十一日、吉水《よしみず》の禅房には二百余人の門弟たちが集まった。

堂内は左、右、中央の三座に分けられ、中央の正面には師の法然上人《ほうねんしょうにん》が着座し、その側には親鸞《しんらん》が執筆《しゅひつ》の役《やく》についていた。

門人たちは何事であろうかと、互いに顔を見合わせながら、誰一人着座するものは無かった。

そこで親鸞《しんらん》が口を開いた。

「各〻方《おのおのがた》不審に思わるるであろうが、今日は『信不退《しんふたい》、行不退《ぎょうふたい》』の両座《りょうざ》を分けられるのであります。われらが往生《おうじょう》は信《しん》によって定まるのであるか、行《ぎょう》によって定まるのであるか。面々の御領会《りょうえ》にまかせていずれへなりと御着坐なされたい」

一座はしいんとした。しばらくは誰一人としてあえて着座するものはなかった。

ややあって、聖覚法印《せいかくほういん》、法蓮房信空《ほうれんぼうしんくう》の二人は、一座に目礼して、「信不退《しんふたい》」の座についた。

執筆《しゅひつ》の親鸞《しんらん》は直《ただ》ちに姓名《せいめい》を記しとどめた。

その時熊谷蓮生房《れんしょうぼう》は遅刻《ちこく》して、はいって来たが、一座の様子を見て大声に呼ばわった。

「善信房《ぜんしんぼう》（親鸞）の御執筆《ごしゅひつ》何事でござりますか」

「今日は信不退《しんふたい》、行不退《ぎょうふたい》の両座《りょうざ》をわけられるのであります。われらが往生《おうじょう》は信《しん》によって不退《ふたい》であるか。行《ぎょう》によって不退《ふたい》でありますか」

蓮生房《れんしょうぼう》はうなずいた。そして何の躊躇《ちゅうちょ》するさまもなく、信不退《しんふたい》の座についた。

執筆《しゆひつ》は直ちに名を記しとどめた。そして続く人々を待ったが、皆目と目を見合わすばかりで、躊躇逡巡《ちゆうちよしゆんじゆん》、法することが出来なかった。

そこで親鸞《しんらん》は筆をおいて、信不退《しんふたい》の座についた。

最後に法然上人《ほうねんしようにん》は静かに信不退《しんふたい》の座についたというのである。

これは決定《けつじよう》の信《しん》というものが、摑《つか》めている者が意外に少ない事を示すものである。多くの門弟たちが信不退《しんふたい》の座につくことを躊躇したのは、法然上人《ほうねんしようにん》の行持《ぎようじ》が堅固《けんご》であって、人格が清高であり、その唱名に精進《しようじん》さるる趣きには「行相《ぎようそう》」があらわれていたからであった。

そこで法然上人《ほうねんしようにん》が「信不退《しんふたい》」の座につかれるのを見ると、門人たちはあるいは羞恥《しゆうち》の気をあらわし、あるいは不服そうな色を示したというのである。

これは今日でこそ、「一枚起請文《いちまいきしようもん》」というものがあり、「消息《しようそく》」があつめられ、選択集《せんたくしゆう》も公開せられ、「歎異鈔《たんにしよう》」なども読んでしまっているわれわれには、あまりに法然《ほうねん》の門弟たちが不明《ふめい》であるように見えるけれども、これらの一つも見ていない当時において、師の法然《ほうねん》の持《じ》戒《かい》の相《そう》と、日常の行儀とを見、また法然《ほうねん》の念仏《ねんぶつ》数万遍《べん》の精進《しようじん》とを見れば、念仏往生《ねんぶつおうじよう》の根本義は師からよく聴かされていながらも、突嗟《とつさ》に試みられると迷うのも無理がないところがある。

親鸞《しんらん》や、聖覚《せいかく》、信空《しんくう》、熊谷蓮生房《れんしようぼう》らが迷わなかったのは、その入信の動機が、すべての行の及ばぬことを痛感したところにあったからである。法然《ほうねん》ももとよりそうであったことは申すまでもなく、伝に書いた通りである。

しかし多くの弟子たちは救いの法義よりも、法然《ほうねん》その人を見、その人格、行義に眩惑《げんわく》されたのであった。それに法然上人《ほうねんしょうにん》自身にも、その信仰は決定して揺《ゆる》がないが、行持《ぎょうじ》には自力《じりき》精進《しょうじん》を思わせる所があって、理論上、不徹底の部分があることも見逃せない。その部分を後継者の親鸞《しんらん》は訂正し、徹底さしたのである。そして親鸞《しんらん》には別の立宗《りっしゅう》の意図はなかったが、後世にはそれが自《おの》ずから、浄土真宗という別の立宗《りっしゅう》のような趣きを備えて来て、浄土宗の方は行としての念仏《ねんぶつ》の方へ、発展して来たのである。別時念仏《べつじねんぶつ》、六時礼讃《ろくじらいさん》、臨終《りんじゅう》正念《しょうねん》など法《ほう》然自《ねんみずか》らとった唱名《しょうみょう》の行相《ぎょうそう》、そして理論上にも行としての唱名を主張したとしかとれない個所があって、確かに、行不退《ぎょうふたい》、信不退《しんふたい》に分れる素地は法然《ほうねん》その人にあると言わねばならぬ。「行不退《ぎょうふたい》」の座の方が今日の浄土宗に維持せられ、「信不退《しんふたい》」の座の方面が浄土真宗に発展して来たと見ていい。白隠和尚《はくいんおしょう》その他の禅僧がよく、「念仏《ねんぶつ》でも見性成仏《けんしょうじょうぶつ》出来る。唱え唱えて止まなければ、坐禅の功が積むのと同じく、ついに三昧発得《さんまいほっとく》して、本来の面目が現われる」と言うが、これは言うまでもなく、行としての念仏《ねんぶつ》であり、唱名そのものの功徳であって、その唱名が弥陀《みだ》の誓願《せいがん》をたのむかどうかは問題でないので、その証拠には白隠《はくいん》が念仏《ねんぶつ》でも、題目でも唱えさえすればいいと言っているのでも解る。

もとより法然《ほうねん》はその「信行《しんぎょう》の不二《ふに》」を説かれ、親鸞《しんらん》もそのままその説を受けついでいるのだが、法然《ほうねん》の方には、助けられると信じて唱える念仏《ねんぶつ》が、ややもすれば三昧発得《さんまいほっとく》を求め、臨《りん》終正念《じゅうしょうねん》、諸仏来迎《しょぶつらいごう》を求める念仏《ねんぶつ》となって、唱名の功が積もってその力に期待するような所があるのである。これはどうも法然《ほうねん》の不徹底、もしくは少くとも信後の法楽《ほうらく》の耽溺《たんでき》といわねばならぬ。三昧発得《さんまいほっとく》して奇瑞《きずい》があらわれ、臨終正念《りんじゅうしょうねん》にして殊勝の相を保ち、諸仏《しょぶつ》の来迎《らいごう》を見るというようなことは、願わしい事には相違ないが、念仏往生《ねんぶつおうじょう》の本旨とは関係がない。それがなくては往生《おうじょう》出来ないというのではない。畢竟《ひっきょう》法然上人《ほうねんしょうにん》という特殊の性格者、器量人の法楽《ほうらく》であって、附け足りである。それによって法然《ほうねん》の人格、器量《きりょう》は輝くけれども、往生《おうじょう》人《にん》としての価値は増減しない。いわゆる正定聚《しょうじょうじゅ》の位《くらい》は微動だもしないのであって、如来《にょらい》よりたまわるその位の荘厳《しょうごん》に比すれば、法然《ほうねん》の器量、行相の如きはありのすさびに過ぎない。もとより法然《ほうねん》はその差別のことをよく弁《わきま》えていた。そして救済《きゅうさい》の原動力は誓願《せいがん》の願力《がんりき》にあることを知っている彼は、「誓いをたのんで申すこと」の外は、強いて申すことを好まず、「念《ねん》仏《ぶつ》は申さるるほど申せ」と人に訓《おし》えていた。しかし一方では、彼自身の性格と、法楽《ほうらく》とのために、念仏三昧《ねんぶつさんまい》を勤めていた。大体念仏《ねんぶつ》を勤めるなどという事が浄土門としてあり得べきはずはないのに、法然自《ほうねんみずか》らかかる言葉を使っている。彼は「法然《ほうねん》は念仏《ねんぶつ》長日六万遍の行者《ぎょうじゃ》である」と言ったが、という念仏《ねんぶつ》の行者というような言葉も人をつまずかせる。

これが門弟たちに迷いを生ぜしめた、本質的な原因であった。親鸞《しんらん》は恐らくこの「信行両座《しんぎようりようざ》」の結果と、その原因とを考えて見て、ますます念仏往生《ねんぶつおうじよう》の衆生教化《しゆじようきようげ》のためには、行相《ぎようそう》を捨てて、大衆に融《と》け込むことは出来ないからだ。肉食妻帯《にくじきさいたい》せずして、凡俗の生活様式になってしまわねばならぬと思ったであろう。

「信心諍論《しんじんじようろん》」というのは、

翌建永元年八月十六日、親鸞《しんらん》が吉水《よしみず》の禅房に行くと、正信房湛空《しようしんぼうたんくう》、勢観房源智《せいかんぼうげんち》、念仏房念阿《ねんぶつぼうねんあ》などが来ていた。

すると四方山の話のついでに、念仏房《ねんぶつぼう》が、

「法然上人《ほうねんしようにん》の信仰の美しくて、猛烈なことはどうだろう。とても常人には及びもつかない」

というと、正信房《しようしんぼう》もこれに和して、

「そうだ。われわれの凡夫《ぼんぷ》の心には疑いもきざし、虚仮《こけ》も交《まじ》るから、到底上人《しようにん》のような堅固《けんご》な信心《しんじん》とひとつになることは出来ない。残念なことだ」

すると親鸞は首を振って、

「いや、私の信心《しんじん》は上人《しようにん》の信心《しんじん》とひとつだ。さらにかわりはないはずだ」

と言い放った。すると勢観房《せいかんぼう》はそれを不遜であるととって、少しく気を損じて、

「貴房《きぼう》の信心《しんじん》がいかほど堅固《けんご》なかは知らぬが、上人の信心《しんじん》にはよも及びますまい」

となじった。親鸞《しんらん》はまじめに、

「いや、上人《しょうにん》の智慧《ちえ》や、行儀《ぎょうぎ》にひとしいと言うのではございませぬ。しかし信心《しんじん》の点においては、如来《にょらい》からたまわったもので、もともと私のこしらえたものではないから、上人《しょうにん》の御信《ごしん》心《じん》とかわりはないはずです。慢心して申すのではございませぬ。御法義の要《かなめ》であります」

が念仏房《ねんぶつぼう》らはなおこれに満足せずにいろいろと弁駁《べんばく》するので、親鸞《しんらん》も大事な問題と思ってあくまで自説を主張した。

が諍論《じょうろん》は果つべくもないので、法然上人《ほうねんしょうにん》の裁断を乞うことになった。すると法然《ほうねん》は厳然《げんぜん》として、

「わしの信心《しんじん》も善信《ぜんしん》（親鸞）が信心《しんじん》もひとつじゃ」

と言った。

念仏房《ねんぶつぼう》その他は頭を垂れた。

「およそ信心《しんじん》が異なるというのは、自力解了《じりきげりょう》の信《しん》にとってのことであって、この場合には、各人の知慧が異なるから信もまた異なるのじゃ。が他力《たりき》の信心《しんじん》はこれとはちがうぞ。それは仏から廻向《えこう》された信であって、われらが造作《ぞうさ》ではない。われらが知慧《ちえ》や、戒行《かいぎょう》の力で生み出したものではない。ひとしく如来《にょらい》よりたまわった信であるからには皆ひとつであって、さらに差別はない」

一同はしんとして、厳《おごそ》かな感につつまれた。

法然《ほうねん》もしばらく黙然としていたが、やがて声をはげまして、

「これは信心《しんじん》の一大事じゃ。よくよく心得てお置きなされい。もし法然《ほうねん》が信心《しんじん》とちがった信心を持っていられる人は、わしが参る浄土へはよもやご一緒には参られますまい」

この話は、その内容においては、法然《ほうねん》伝の処で書いた「阿波之介《あわのすけ》」の話と同一である。これは「勅修御伝《ちよくしゆごでん》」にあり、「信心諍論《しんじんじようろん》」は「御伝鈔《ごでんしよう》」に出ているのであるが、法然《ほうねん》はこんな法義の肝要だから、別の時に別の人たちに話したものと見ていい。また誰にも起り易い疑問でもある。

十二　法　難

この「信行両座《しんぎようりようざ》」や、「信心諍論《しんじんじようろん》」のあった頃には、外部にはもう法難の嵐が吹きまくろうとしていた。そして次ぎの年についに前に法然《ほうねん》伝の所で詳しく書いたような、安楽《あんらく》、住《じゆう》蓮《れん》の問題が起きて、宮女出家の件にからんで、南都《なんと》、北嶺《ほくれい》の卑怯極《ひきようきわ》まる讒訴《ざんそ》運動が功を奏し、ついに累《るい》を師の法然上人《ほうねんしようにん》や、主立《おもだ》ちたる門弟たちに及ぼし、月輪兼実《つきのわかねざね》らの調停も力なく、ついに念仏《ねんぶつ》は禁止となり、安楽房《あんらくぼう》、住蓮房《じゆうれんぼう》は斬《ざん》に処せられ、高弟たちはあるいは斬ら

れ、あるいは流される中に、法然《ほうねん》は土佐に、親鸞《しんらん》は越後《えちご》に配流《はいる》ということになってしまった。

親鸞《しんらん》は何が罪科に相当したのであろうかということについては、その大胆な他力《たりき》の信仰告白と、女犯《にょぼん》（妻帯）とが忌諱《きい》にふれ、吉水門下の脱線派の頭目《とうもく》と見られたのであろうと言われている。そこで親鸞は妻子と別離することを強いられたのであろう。もとより辺際《へんさい》の越後《えちご》に配流《はいる》となれば、いつ帰洛《きらく》がかなうやも計《はか》り難《がた》く、また妻子を伴うて配所へ赴《おもむ》くことは許されもしない。

法然上人《ほうねんしょうにん》はすでに七十五歳という老齢であって、今南と北とに別れては、もう生きては逢えないと覚悟する外はない。

伝説によれば、親鸞《しんらん》は法然《ほうねん》が都を出発する前々夜、三月十四日の夜、岡崎の草庵を忍び出て、法然が蟄居《ちっきょ》していた小松谷《こまつだに》の庵室に、暇乞《いとまご》いに行ったということである。それは親鸞《しんらん》は掟《おきて》によって、法然《ほうねん》の都を立つ日の暁方、越後に向けて出発せねばならず、そうでなくても謹《きん》慎《しん》の身で、見送りなども出来ないからであった。

親鸞《しんらん》が庵の扃《とぼそ》をたたいた時には、法然《ほうねん》の側《そば》には善慧《ぜんえ》房《ぼう》が一人淋しそうに侍《じ》していた。そして法然はいつものように念仏《ねんぶつ》を唱えていた。

善慧《ぜんえ》房《ぼう》は恐る恐る、

「今少し低音《しのびね》にお唱え下さいませ。すでに善綽房《ぜんしゃくぼう》、性願房《しょうがんぼう》は、高声に念仏《ねんぶつ》したという咎《とが》で誅《ちゅう》せられたばかりでございます」

「いや、称名《しょうみょう》は止《や》められぬ。たとい源空《げんくう》が舌は八つ裂《ざ》きにされても、み名《な》を申さずにはおかぬぞ」

法然《ほうねん》は毅然《きぜん》として答えた。

善慧房《ぜんえぼう》は返す言葉もなかった。ただ師の身に危難あらせじとはらはらするばかりであった。

親鸞《しんらん》が暇乞いに来たのを見て、法然《ほうねん》はいたく喜んだ。

二人とももう今生《こんじょう》の別れであることを知っているのだ。

親鸞は言葉も出なかった。畳の上に涙が落ちた。

「わしは南海の群類《ぐんるい》を度《ど》そう。おん身は北越《ほくえつ》の有情《うじょう》に法《のり》を弘《ひろ》めよ」

これが法然《ほうねん》の言葉だった。

「私は師によって生死《しょうじ》の一大事を救われました。六年の間親しく御教誨《ごきょうけ》を受けた御恩は一生忘れませぬ。……はからずも悲しいお別れに相なりました。ずいぶん御老体おいとい遊ばされまするよう……」

「弥陀《みだ》の誓いを信じるものはこういう時に仕合わせじゃ。これは仮のお別れじゃ。美しい仏になってまた逢おう」

やがて法然《ほうねん》のみ名《な》を唱《とな》える声がきこえた。

親鸞《しんらん》は腸《はらわた》もちぎれるばかりであったが、ゆっくりしている暇はなかった。百年難遭遇《なんそうぐう》の善き師と善き弟子《でし》とはかようにして、別れを惜しむひまもなく、山桜《やまざくら》の散りしきる小松谷《こまつだに》の庵《いおり》に、哀別離苦《あいべつりく》のさながらに、愴惶《そうこう》として立ち別れたのであった。

十三　落ち行く親鸞《しんらん》

承元二年三月十六日、法然《ほうねん》は藤井元彦《ふじいもとひこ》という俗名を与えられて、配所へと都を落ちて行った。その次第《しだい》は法然《ほうねん》伝の所で、詳しく書いたから、ここにはくり返さない。親鸞《しんらん》は藤井善実《ふじいのよしざね》と名をつけられて、同じ日の、三時《とき》前、卯《う》の刻《こく》に越後に向って落ちて行った。朽葉《くちは》色《いろ》に黒二条を引いた直垂《ひたたれ》に、梨子地《なしじ》折烏帽子《おりえぼし》をいただき、罪人の乗る輿《こし》に乗せられて、大津の打出《うちで》の浜《はま》まで来て、輿《こし》をかえし、ここから湖水を舟で渡るのであった。海津《かいず》の浦《うら》に著《つ》いて、ここから小波峠《こなみとうげ》の険路《けんろ》にかかるので、雲水行脚《うんすいあんぎゃ》の姿となった。

それから越前の疋田《ひきだ》に出で、山元《やまもと》を過ぎ、やがて加賀《かが》の国に入った。その道々も伝え聞いて教えを求めに来る道俗に法《のり》を説きつつ、親不知子不知《おやしらずこしらず》の険《けん》を越えて、越後の国に入り、小《お》野《の》の浦《うら》から海を渡って居多《こた》の浜《はま》につき、一百二十里の道程を十三日かかって、三月二十八日に頸城《くびき》郡国府《ぐんこくぶ》の配所《はいしょ》に到着した。

郡司《ぐんじ》萩原年景《はぎはらとしかげ》は配所に親鸞《しんらん》をうつした。配所は竹内《たけのうち》というところに建てられ、本室の二間四面に、厨《くりや》、厠《かわや》が附属しているだけであった。

郡司は倨傲《きょごう》であって、流人《るにん》の親鸞につらかった。

親鸞《しんらん》は何事も業報《ごうほう》を忍受して、念仏《ねんぶつ》を唱えつつ、住みなれない、風土の荒い越路《こしじ》の配所で、別れて来た妻子のことや、今は南海にさすろうている法然《ほうねん》の身の上など思いながら、憂《う》き月日を過していた。

郡司《ぐんじ》は神妙な親鸞《しんらん》に次第に化せられて、平岡というところに屋舎《おくしゃ》をつくって、親鸞《しんらん》をうつらせ、尊信するようになったと伝えられている。

しかし伝説はともかくも、越後時代の親鸞の史実というものはまことに少なくて甚だ不明である。

ただそれが精神的にも、物質的にも淋しい、荒涼《こうりょう》としたものであり、越後の田舎の人々の、荒い自然と、乏しい生活の現実苦の中に、親鸞《しんらん》が入《はい》り込んで、同化し、韜晦《とうかい》していった事だけは確かである。

越後時代の親鸞《しんらん》は教化《きょうげ》の方面にはあまり心が向かなかったらしい。親鸞《しんらん》が教化の仕事に献身的になったのは、後に稲田在住時代に、聖覚《せいかく》の「唯信鈔《ゆいしんしょう》」を読んで深く打たれ、自信教人《じしんきょうにん》信《しん》の重要な、報恩《ほうおん》の義務であることを自覚してからであって、越後時代には、教化に乗り出すよりもまず自分の生活や、心の持ち方が、辺際《へんさい》の田夫野婦《でんぷやふ》の生活よりも、浮いていることを感じて、自分を彼らの生活苦に同化することを急務と感じたのではあるまいか。また彼の生活は事実上、この越後時代に、名実共にその貴族主義の残滓《のこりかす》を洗い落してしまって、全くの凡俗大衆の現実苦の中に同化してしまったのであった。

親鸞《しんらん》は、この越後時代から、綽空《しゃくくう》とか、善信《ぜんしん》とか云わないで、自分を愚禿親鸞《ぐとくしんらん》と名乗ったらしい。その愚禿《ぐとく》という語も彼の凡俗の中への同化、ニイチェのいわゆる没落を指標していると見ていいであろう。

親鸞《しんらん》はこの越後時代に二度目の妻を娶《めと》って、その間に慈《じ》心房善鸞《しんぼうぜんらん》が生れたが、母は早く世を去った。この善鸞の母がどんな素性《すじょう》の、どんな人であったかは記録が伝わっていない。そして第三の妻を迎えたのが、一生涯親鸞の室《しつ》として一番長く連《つ》れ添《そ》った恵信尼《えしんに》であって、これは記録や、消息類《しょうそくるい》が多く遺《のこ》っており、史実として確実である。伝説には、都に残して来た月輪兼実《つきのわかねざね》の女《むすめ》玉日《たまひ》が、表面死去という事にふれて、忍んで越後の配所《はいしょ》に来て、三善為教《みよしためのり》の女《むすめ》朝姫《あさひめ》と名乗って、親鸞《しんらん》に侍《じ》したというけれども、玉日《たまひ》も朝姫もこしらえ事らしい。

恵信尼《えしんに》は後に親鸞《しんらん》が六十余歳になって稲田から京へ帰るまで、ずっと親鸞に連れ添い、継《まま》子慈心房《こじしんぼう》を養育し、越後時代に小黒《おぐろ》の女房、信蓮房《しんれんぼう》、益方《ますかた》として消息《しょうそく》に見える三人の子を産み、また稲田時代に、親鸞五十二歳の時に覚信尼《かくしんに》（弥女《いやによ》）を産んだ婦人で、配所の国府《こくぶ》附近の人らしく、晩年に親鸞帰洛《しんらんきらく》の後には国府在《こくふざい》で暮らして世を終った。これが事実上親鸞《しんらん》の室《しつ》であって、他の二人は夫婦としての縁が薄かった。一人は京で法難《ほうなん》の時掟《おきて》によって止むなく離別し、一人は越後で乳呑児《ちのみご》を残して早世《そうせい》してしまった。

つまり親鸞には一生を通じて三人の妻があり、七人以上の子があったわけであるが、父子の縁もまた薄く、流罪《るざい》前の妻の子今御前《いまごぜ》、即生房《そくしょうぼう》とは流罪後はほとんど一緒に暮らした事はなく、帰洛の後に逢って見れば生活にも困っている始末、末娘の弥女《いやによ》とも幼少の時別れ、これは他人の妾《めかけ》となったり、女中奉公をしたりして、晩年帰洛後まで親鸞《しんらん》を悩ましつづけ、慈《じ》心房《しんぼう》も恵信《えしん》尼の継子《ままこ》である事も因《いん》をなして父に背《そむ》き、ついに勘当《かんどう》となるといった有様、益《ます》方《かた》、小黒《おぐろ》の女房らは恵信《えしん》尼がいるのと、国府《こくぶ》あたりに親戚《しんせき》、身寄《みよ》りもあって、どうにか生活して行ったが、これとても安らかに暮らしていたという訳《わけ》でもない。妻とは離別、死別、そして別居、子供とはちりぢりに別れ、義絶《ぎぜつ》などして、その家庭生活というものは、薄倖《はっこう》な、むしろ悲惨《ひさん》なものであり、一生悩みの種であった。

ここになって親鸞《しんらん》は遺教経《ゆいきょうぎょう》の、沙門《しゃもん》たるものは安らかに生きんと欲せば、妻帯するなかれという教えを幾度も思い起したであろう。妻子を持つという事は多かれ、少なかれ、煩《わずら》いと、悩み、と繋縛《けばく》との種にならずには置かないからである。

一生之間能荘厳（一生《いっしゃう》の間《あひだ》よく荘厳《しゃうごん》）

という六角堂の夢告《ゆめのつげ》も、思えば青春時代の甘《あま》い理想であった。この現実の醜《みにく》い惨憺《さんたん》としたすがたはどうであるか。

十四　業報《ごうほう》に哭《な》く

しかしその煩《わずら》わしい悩みの種となる妻帯をせずにはおられないのが人間性である。凡夫《ぼんぶ》の止《や》み難い欲求である。それがなくしては生命は地の上から消えてしまう。母は陣痛を忍び、生命の危険を冒して子を産むではないか。生命の種子の地上から絶えぬのも業報《ごうほう》のすがたであり、弥陀《みだ》のはからいである。妻を娶《めと》らずして安らかに生きるよりは、恋愛し、妻帯し、子をもうけて、たとい悩みと煩《わず》らいとはあろうとも、地上の生の業報《ごうほう》を沁々《しみじみ》と味わった方がいい。

悲しきかな、愚禿親鸞《ぐとくしんらん》、愛欲の広海に沈没《ちんもつ》す云々《うんぬん》。

という悲痛と歎息とがそこに生じるのである。

親鸞《しんらん》の伝記をただ美しく、理想的にしようとして、玉日《たまひ》をこしらえ、朝姫をつくり、一生一人の妻であったように装《よそお》い、その上門閥的粉飾《もんばつふんしょく》を加え、慈心房《じしんぼう》や、覚信尼《かくしんに》の事などはなるべく隠蔽《いんぺい》して、道徳円満な祖師《そし》をこしらえ上げようとすることは、親鸞《しんらん》の嘗《な》めた現実苦を冒瀆《ぼうとく》するものであり、浄土真宗の本旨《ほんし》と合わないものである。

われわれはむしろ親鸞《しんらん》の現実苦の前にこそ跪拝《きはい》し、その業報《ごうほう》の中での救済《きゅうさい》の自覚にこそ、浄土真宗の最も本質的な部分を感得すべきではないか。

親鸞《しんらん》の生涯が法然《ほうねん》の生涯と比較して、異なった意義を持つのはそのためであって、しかもその親鸞《しんらん》が法然《ほうねん》の忠実なる後継者をもって任じていたのは実におもしろい事である。これは「何事も宿縁《しゅくえん》まかせ」であり、浄土真宗の信仰はいずれの宿縁によらず、そのあるがままの相《そう》における救済であることのよき雛型《ひながた》ではないか。往生極楽《おうじょうごくらく》のためには、わざと現実苦に汚れる必要もなく、また強いて、理想善を装う必要もない。宿縁《しゅくえん》にまかせるそのあるがままの姿に弥陀《みだ》の悲願《ひがん》は最もよく感得せられるのだ。

親鸞《しんらん》なかりせば、人は法然《ほうねん》のように清く、高く、独身、菜食にして、涼しく安らかに生活せねばならないのかと思うであろう。また法然《ほうねん》なかりせば、人は必ず肉食《にくじき》、妻帯《さいたい》し、現実苦に捕えられて、むさくるしく、暑くるしく生きねばならないのかと思うかも知れない。法然は「汚れては助からぬ」とは一口も言わず、親鸞《しんらん》は「わざと汚れるな」と云うところに、両者の「宿縁《しゅくえん》の理解」が本物であることがあらわれて奥床《おくゆか》しい。親鸞が法然よりもこの世の塵《じん》労《ろう》に囚《とら》えられたのは、決して親鸞《しんらん》の誇りではなく、ただ親鸞の業報《ごうほう》である。親鸞《しんらん》は「妻を持たずには念仏申されない」宿縁《しゅくえん》にまかせて妻帯し、法然は「独り居なくては念仏《ねんぶつ》申されない」宿縁《しゅくえん》にまかせて、独身で暮らしたのである。「念仏《ねんぶつ》申さるるように生きる」という原則には実に深い深い意味があるのである。

さて親鸞はかようにして越後の片田舎で五年の歳月を過したが、ついに建暦《けんりゃく》元年十一月に流《る》刑赦免《けいしゃめん》の宣示が下った。

しかしこの時には親鸞《しんらん》にはすでにその年に生れた信蓮房《しんれんぼう》を末子として、五歳以下の子女が三人もあり、妻の恵信尼《えしんに》もあるのであるから、これらを引きつれて、京へ帰るということは容易に出来ることでなかった。生活の問題についても京には何のあてもなく、越後には恵信《えしん》尼《に》の外戚関係のものもいたのであるから、京へは帰らずに、なお四ヵ年間も越後にとどまっていた。そしてようやく建保二年になって、恵信尼《えしんに》をつれて越後を立って、上野《こうずけ》、武蔵《むさし》を経て、下総《しもうさ》の北部を通って、常陸《ひたち》国の稲田にうつった。

十五　稲田時代

御伝鈔《ごでんしょう》には、

聖人《しやうにん》越後《ゑちご》国より常陸《ひたち》国に越えて、笠間郡稲田郷《かさまのこほりいなだのがう》と云所《いふところ》に隠居《いんきよ》したまふ。幽棲《いうせい》を占《し》むといへども道俗跡をたずね、蓬戸《ほうこ》を閉づといへども貴賤《きせん》衢《ちまた》に溢る。仏法弘通《ぐづう》の本懐《ほんくわい》ここに成就《じやうじゆ》し、衆生利益《しゆじやうりやく》の宿念《しゆくねん》たちまちに満足す。云々《うんぬん》

と書いてある。

この稲田時代になって初めて親鸞《しんらん》は本当に教化ということの使命を自覚し、その時機の熟していることを感じたらしい。それには聖覚《せいかく》の「唯信鈔《ゆいしんしよう》」を読んでいたく感銘《かんめい》したことが与《あずか》って力があった。

聖覚《せいかく》は聖道門《しようどうもん》から転向《てんこう》して、法然上人《ほうねんしようにん》に師事した人で、親鸞《しんらん》の同僚格《どうりようかく》の人であるが、「唯信鈔《ゆいしんしよう》」は法然《ほうねん》の没後種々の異義《いぎ》が流行しているのに対して、法然上人《ほうねんしようにん》の真意を述べて、破邪顕正《はじやけんしよう》を努めたものであるが、親鸞はこれを読んでいたく感銘し、自信教人信《じしんきようにんしん》ということが念仏者《ねんぶつしや》の報恩の義務であることを痛感し、これまでのように、独り経を読んで、自分一個の救いを悦んですますという態度を一変し、道友と法悦を共にし、「自ら信じて人に教えて信ぜしめる」という積極的な、下化衆生《げけしゆじよう》の方面に献身するようになった。

これはひとつには越後時代の苦労の体験によって、自分がこの世の凡俗と同化してその苦しみを味わい、もはや教を説いても浮ついてはいないという自信も出来て、内外の機縁が熟したのであろう。

親鸞《しんらん》は念仏《ねんぶつ》の助業《じょごう》として、初め三部経《さんぶきょう》を千部読もうという願いを起して読んでいたが、「げにげにしく三部経を千部よみて、衆生利益《しゅじやうりやく》のためにとて読みはじめてありしを、これは何ごとぞ、自信教人信難中転更難《じしんけうにんしんなんちうてんきやうなん》とて、自ら信じ、人をも教へて信ぜしむること、まことの仏恩を報いたてまつるものと信じながら、名号《みやうがう》の外には何事の不足にて、必ず経をよまんとするやと思ひかへして」（以上恵信尼書簡《えしんにしょかん》）それを止め、自信教人信《じしんきょうにんしん》の教化をもって、報恩の最良法と思い定めたのであった。

親鸞《しんらん》の多くの著述もこの決信以後の仕事であった有名な教行信証《きょうぎょうしんしょう》六巻もこの稲田時代の著作である。

これは親鸞《しんらん》の主著であって、その信仰の目をもって経釈《きょうしゃく》を読破《どくは》し、独自の宗教体験の理解をもって自由に解釈し、必ずしも正依傍依《しょうえぼうえ》を問わず、祖と非祖とを論ぜず、大胆に取捨《しゅしゃ》、選択《せんたく》して、浄土真宗の本質的眼目《がんもく》を闡明《せんめい》したものであって、教理学者が、その文句の曲読《きょくどく》や、勝手な切取りやを指摘《してき》非難するにもかかわらず、その独自の見解が経釈《きょうしゃく》の紙背《しはい》、行間《ぎょうかん》に徹し、細部の誤謬《ごびゅう》がかえって全体の真髄《しんずい》を把握《はあく》するに役立てることは、恰度《ちょうど》トルストイの「聖書」の解釈のごとくである。

これは生きたる宗教的体験をもって、経釈を読むものの必ず免《まぬか》れ難き所であって、そこに後代の進歩があり、時代の要求があるのである。

これは法然上人《ほうねんしょうにん》の滅後、その門弟中に異義区々《いぎくく》として、本師《ほんし》の真意を誤まらんとするのを見て、破邪《はじゃ》の情熱の迸《ほとばし》る所、多少の激越《げきえつ》があるのも止むを得ないと言わねばならぬ。

十六　立宗《りっしゅう》の意志なし

しかしながら、この「教行信証《きょうぎょうしんしょう》」をもって、親鸞《しんらん》が法然《ほうねん》の浄土宗以外に、新なる別宗《べっしゅう》の開立《かいりゅう》を宣《せん》したものととるのは当を得たものではない。
親鸞《しんらん》には別宗開立の意志は無かった。彼はただ法然《ほうねん》の浄土宗の真実義を伝えたいと思っただけであった。浄土真宗という名も真実なる浄土宗というほどの意味であって、浄土宗の異《い》端《たん》、邪義《じゃぎ》に対する正統の意味にとるべきであろう。

正信念仏偈《しょうしんねんぶつげ》にも、

本師源空明㆓仏教㆒　憐㆓愍善悪凡夫人㆒
真宗教証興㆓片州㆒　選㆓択本願㆒弘㆓悪世㆒
（本師源空《ほんしげんくう》仏教《ぶつけう》を明《あき》らかにし　善悪凡夫人《ぜんなくぼんぷにん》を憐愍《れんみん》す
真宗教証《しんしうけうしょう》片州《へんしゅう》に興《おこ》し　本願《ほんぐわん》を選択《せんちゃく》して悪世《あくせ》に弘《ひろ》む）

と書いてある。

さらに高僧和讃《こうそうわさん》に至っては、

智慧ノチカラヨリ本師源空アラハレテ、浄土真宗ヲヒラキツツ、選択本願ノベタマフ

と書いてある。

親鸞《しんらん》には自分が教団の中心になろうとか、新立宗の開祖になろうとか云うような野心はなかった。ただひとえに師の法然《ほうねん》の浄土宗の真実義を弘教《ぐきょう》したいと、思っただけであった。それを後世真宗という別宗の開祖に祭りあげてしまったのである。

ともかくも親鸞《しんらん》は弘法をもって、報恩底《ほうおんてい》と思い定めてからは、稲田を中心にして、常陸《ひたち》、上野《こうずけ》と有縁《うえん》の人々に熱心に教えを説いた。そして帰依者《きえしゃ》は日を追うてふえて行った。「聖人門弟交名牒《しょうにんもんていきょうみょうちょう》」にはそのころ出来た門弟の名があげられている。かの明法房《みょうほうぼう》が念仏《ねんぶつ》に帰したのもこの頃であった。

明法房《みょうほうぼう》は初めこの地方の修験者《しゅげんじゃ》であった。親鸞《しんらん》の念仏《ねんぶつ》が弘まるにつけ、迷信を排斥《はいせき》するこの宗旨は、山伏《やまぶし》の生活をも脅《おびやか》すので、彼は親鸞《しんらん》に怨《うら》みを持ち、板敷山《いたじきやま》に待ち伏せして害しようとしたがどういうものか、機会が得られなかった。

そこで親鸞《しんらん》の庵《いおり》を訪ねて面会をもとめると親鸞《しんらん》は造作《ぞうさ》なく逢《あ》ってくれた。その様子がいかにも素直で、わだかまりがなく、凝《こ》り固《かた》まった明法房《みょうほうぼう》などには考えられないように、柔和《にゅうわ》で

ある。明法房《みようほうぼう》は自分の荒々しさ、いかめしさが仰山《ぎようさん》らしくて、恥しくなった。そして自分は実は貴僧《きそう》を害《がい》するつもりで来たのだと懺悔《ざんげ》しても、格別《かくべつ》驚く様子もなく、そんな事もあるだろうというような顔をしている。すべてが意外なので、明法房《みようほうぼう》は虚《きよ》をつかれ、害心が崩れてしまって、その時から親鸞《しんらん》の帰依者になった。「聖人門弟交名牒《しようにんもんていきようみようちよう》」に名が載っている。

また末燈鈔《まつとうしよう》の親鸞《しんらん》の消息《しようそく》に、

明法御房《みやうほふおんぼう》などの往生《わうじやう》しておはしますも、もとは不可思議《ふかしぎ》のひがごとを思ひなんどしたるこころをもおもひかへしなんどしてこそ候ひしが、われ往生《わうじやう》すべければとて、すまじき事をもし、おもふまじきことをも思ひ、云ふまじきことをも云ひなどすることはあるべくも候はず。

とあるからこの話は事実に相違ない。

かようにして親鸞《しんらん》は稲田に二十六年間も住んでいた。その間には多くの僧侶俗人が帰依して来たから自然造寺の議も起ったに相違ない。しかし親鸞《しんらん》は寺を建てることを好まなかった。ただ道場の部分を少し普通の人のいる屋舎《おくしや》より、棟をあげてつくって、差別したらよかろうと言っていた。これは俗人のままでの信仰を奉じていた親鸞《しんらん》としては当然なことであった。

下野《しもつけ》の高田《たかだ》に親鸞《しんらん》が専修寺《せんしゆうじ》を建てたという伝説があるが、これは後代《こうだい》の建立《こんりゆう》であって、聖《しよう》人《にん》の在住中ではない。高田は聖人帰洛《しようにんきらく》に、関東の念仏徒《ねんぶつと》たちが聖人《しようにん》の関東の門弟、真仏《しんぶつ》を中心として、集まって信仰を談じ、聖人《しようにん》の京からの消息を披露《ひろう》したりして、連絡をとっていたのだから、親鸞《しんらん》の没後真仏《しんぶつ》が専修寺《せんしゆうじ》を開基《かいき》したものであろう。大谷廟堂《びようどう》に初めて寺額《じがく》を掲《かか》げたのも、聖人面授《しようにんめんじゆ》の弟子顕智《けんち》の没後であって、聖人《しようにん》在世中には寺号はもちろん堂宇《どうう》を建立《こんりゆう》するような事はなかった。

親鸞《しんらん》はかようにして、立宗《りつしゆう》の意志も、寺を建てる気も、教団の中心となろうとする野心もなく、純に、法義を弘布《ぐぶ》することで、報恩《ほうおん》の微衷《びちゆう》をつくそうとしてはたらいているうちに、「幽棲《いうせい》を占《し》むといへども道俗跡《だうぞくあと》をたづね、蓬戸《ほうこ》を閉づといへども貴賤衢《きせんちまた》にあふる」というように、自然に自分のまわりに教団が出来ているのを見出だした。そして自分が知らず知らず「名利《みやうり》の大山《たいせん》に迷惑する」危険な地位に来ていることを自覚した。

そして六十五歳の老骨をもって、妻の恵信尼《えしんに》と別れ、子の慈《じ》心房《しんぼう》、信蓮房《しんれんぼう》と別れ、門弟や、帰依《きえ》の人々と別れ、二十六年間住み馴れた稲田をはなれて、はるばると京をさして帰って行った。

しかしこの帰洛の年代は諸説まちまちで分明《ぶんめい》でない。

十七　何のための帰洛《きらく》か

親鸞《しんらん》は何のために京へ帰らなければならなかったのであろうか？

生れ故郷がなつかしくなったのであろうか。

それならば、越後で流罪赦免《るざいしゃめん》になった時すぐに京へ帰りそうなものである。それから二十幾年間も関東に止まって後に帰洛するといい出すはずはない。

田舎に飽きて花の都が恋しくなったのか。

それにしては彼はあまりに年をとり過ぎている。その上彼の長い苦労の生活は彼の心を地にたたきつけてしまって、生の享楽《きょうらく》には適しないものにしてしまっている。

彼を取り巻く信徒たちと面白くない事でもあって、嫌気《いやけ》がさしたのか。

彼と信徒たちとの関係は情愛の濃《こま》やかなもので、帰洛後一生を通じて、断ち切れない恩愛のきずなを引いていたくらいだ。

高田の慶信《きょうしん》が聖人《しょうにん》に送った手紙に、

（前略）さては京に久しく候ひしに、そうそうにのみ候て、心しづかに覚えず候ひし事の嘆かれ候て、わざといかにしてもまかり上りて、心静かに、せめては五日御所に候ばやと願ひ候也。ああ。かうまで申し候も御恩の力なり。

とある。

関東の信徒たちは心から親鸞《しんらん》を渇仰《かつごう》していたのである。また親鸞《しんらん》も彼らをあわれみ愛し、また頼りにもしていたのである。その関係は打ちとけたものであった。聖人《しょうにん》の配流《はいる》の時に京で別れた妻のこと、その子の今御前《いまごぜ》や、即生房《そくしょうぼう》のことまで打ちあけて、物質上の世話をたのむぐらいの間柄である。

それでは中央に乗り出して、大教団をつくり、自《みずか》らその中心になろうという野心でも動いたのか。

それにしては親鸞《しんらん》の平生があまりに野心がなく、立宗《りっしゅう》の気もなく、寺院建立《こんりゅう》も好まず、京での生活も著述の外には、流浪《るろう》に近いものであった。

それでは一体何のための帰洛であったか？

それは親鸞《しんらん》の外には今だに誰にも解らない。

ただ月並みでない伝記者の憶測《おくそく》するところでは、親鸞《しんらん》の末子《ばっし》で、幼少の時から、京に出で、身の落ちつかぬ弥女《いやにょ》の事が心にかかったのではあるまいかと言うのである。

この弥女《いやにょ》というのは、親鸞《しんらん》の五十二歳の時に、稲田で、恵信尼《えしんに》の生んだ子で親鸞《しんらん》の末娘である。

あいやおむなのこと、文《ふみ》かきてまゐらせ候めり。いまだ居所もなくて、わびゐて候なり。あさましくあさましくもてあつかいて、いかにすべしともなくて候なり。あなかしこ。

これは親鸞《しんらん》が嘉禎《かてい》二年に書いた手紙である。

この弥女《いやによ》は初め日野広綱《ひろつな》の妾《めかけ》であった。そして覚恵《かくえ》という男の子を生んだのであるが、広《ひろ》綱《つな》が死んだので、その子を養うことも出来ず、その子を青蓮院《しようれんいん》に送って、自分は照阿弥陀仏《しようあみだぶつ》という念仏《ねんぶつ》の尼《あま》に召使われることになった。

しかるに、どうした訳《わけ》か、照阿《しようあ》はこの弥女《いやによ》を「ひんがしの女房《によう ぼう》」に譲り渡した。その時に父の親鸞《しんらん》が、入れた証文《しようもん》が今も遺《のこ》っている。

ゆづりわたすいや女事

みのかわりをとらせて、せうあみだぶつの召し使ふ女なり。しかるをせうあみだぶつ、ひんがしの女房にゆづり渡すものなり。さまたげをなすべき人なし。ゆめゆめわづらひあるべからず。後のためにゆづり文《ぶみ》をたてまつるなり。あなかしこあなかしこ

これはほとんどわれわれに身売りの文を連想せしめる。親鸞《しんらん》の物質生活の状態が想像されるのである。

しかるに弘長《こうちよう》元年には弥女《いやによ》は東《ひんがし》の女房を辞《じ》して、その後は身の置きどころもなくなったものらしい。

そういう訳《わけ》で、親鸞《しんらん》はこの弥女《いやにょ》の事が心にかかって、帰洛されたのではないかと言うのである。

しかし果してそうであるか否《いな》かは解らない。

私はむしろ真剣な宗教的な生活者というものは、七十歳位の老年期になって死期が近づくと、も一度人生に対する真実な反省《はんせい》が、さらに一層の深みにおいて、起るのではあるまいかと思うのだ。

あのトルストイが八十二歳にもなって、最後に家出したというような心理である。

十八　最後の精進《しょうじん》

親鸞《しんらん》は稲田で知らず知らず教団の中心人物のようになって暮らして来たが、いつとはなしに、いい気になって甘《あま》くなっている自分を発見したのではあるまいか。「名利《みやうり》の大山《たいせん》に迷惑す」と歎じ、「小慈小悲もなけれども、名利《みやうり》に人師《にんし》を好むなり」と告白したように、外部から自然に持ちかけられ、内心から催す名利《みようり》の欲に、自分で引きずられそうな、危険を感じたのではあるまいか。

家庭生活の安易についても、も一度奮発して見たくなったのではあるまいか。親鸞《しんらん》のような反省の鋭い人間が、心境が推移して行かないとは考えられないから、すでに老齢になって、自分の宗教的生活には、も一息ふんばるべき余地がある、少くとも今のままで落ちついているべきではないと考えたのではあるまいか。

そして稲田では教化《きょうげ》の仕事に二十余年間も献身《けんしん》して来たが、これにも不満足となって、も一度内面的に立ちかえり、自信教人信《じしんきょうにんしん》の報恩底の生活から、もひとつ深化した、念仏《ねんぶつ》一念の生活に没入したくなったのではあるまいか。

歎異鈔《たんにしょう》にある、「親鸞は孝養のために念仏《ねんぶつ》申したること候はず」とか、「小慈《せうじ》小悲《せうひ》もなき身にて利益衆生《りやくしゅじゃう》は願ふまじ」というような心境に照らし、また京での流浪に近い生活態度を思えば、最晩年の親鸞の心境には教団生活や、家庭生活では落ちつけない何ものかがあると思われるのである。

聖人《しゃうにん》故郷にかへりて往事《おうじ》をおもふに、年々歳々夢の如し、幻の如し。長安《ちゃうあん》洛陽の栖《すみか》もあとをとどむるに懶《ものう》しとて、扶風馮翊《ふふうふよく》ところどころに移住したまひき。――御伝鈔《ごでんしょう》

親鸞《しんらん》にとっては家庭も、教団もやはり本当のたましいの束縛であったのではあるまいか。

親鸞《しんらん》は独身に堪えられる人、「独りいて念仏《ねんぶつ》申さるる」人ではなかったが、しかも家庭にとじこめられて満足出来る人ではなかった。彼は善き夫、善き父であるよりも、もっと広い「法」の導師《どうし》であった。しかも立宗《りっしゅう》を宣告《せんこく》し、教団を率《ひき》いる開山《かいざん》であるよりも、もっと純一

に、内面的に法を味わい、法をたのしみ、法と融《と》け合う念仏の歎仰者であった。

親鸞《しんらん》は三十年ぶりに都に帰って見ると何もかも変っていた。昔の吉水《よしみず》時代のことを思うと夢のような気がした。法然上人《ほうねんしょうにん》が亡くなってから、もう二十四年も経っている。熊谷蓮生《れんしょう》房《ぼう》も死に、空阿《くうあ》、信空《しんくう》、長西《ちょうさい》ら吉水時代の長足は相次いで世を去り、聖光《しょうこう》は鎮西《ちんぜい》に去っていない。「顕選択《けんせんちゃく》」を書いて山門とたたかった隆寛律師《りゅうかんりつし》も死んでいた。吉水《よしみず》閉鎖の時の天皇も、上皇も、「承久《じょうきゅう》の乱」があって御《ご》左《さ》遷《せん》になられ、源氏はすでに全く滅亡してしまって、世は北条氏の天下になっていた。

世の有為転変《ういてんぺん》がいかにはげしいか、人間の生涯がいかに夢幻泡影のごとくであるかをつくづく思ったのであろう。

その上に京には親鸞《しんらん》の配流《はいる》以前の妻であった婦人が、まだ生き残っていた。親鸞《しんらん》の消息に出て来る「今御前《いまごぜ》の母」というのはそれであって、即生房《そくしょうぼう》というも一人の子供と共に、窮乏して身の処置に困っていた。

それで親鸞《しんらん》はこれを常陸《ひたち》へ送って、門弟たちに世話をたのんだ。

この今御前《いまごぜ》の母の、たのむ方《かた》なく、所労を持ちて候はばこそ、ゆづりもし候はめ、せんしに候なば、くにの人々いとをしう事せさせたまふべく候。この文をかく常陸《ひたち》の人々をたのみ参らせて候へば、あはれみあはせたまふべく候。この即生房《そくしやうぼう》も過ぐべきやうもなきものにて候へば、(中略)わびしう候ことはただこのこと、おなじことにて候。(中略)ひだちの人々ばかりぞ、この者共をも御あはれみ合はれ候べからん。(下略)

それから別に今御前《いまごぜ》の母への手紙がある。

ひたちの人々の御中へこの文を見せさせ給へ。すこしもかはらず候。この文にすぐべからず候へば、この文を、くにの人々、おなじ心に候はんずらん。あなかしこあなかしこ。

今御前《いまごぜ》の母はこの手紙を持って常陸の国へ行き、門弟たちの世話になり、ついに常陸で死んだのである。今御前《いまごぜ》はそれより先に、常陸へ下って世話になっていたものらしい。即生房《そくしょうぼう》も常陸で、親鸞《しんらん》の滅後十九年たってから世を去った。

まずこんな憐れむべき状態で、親子ちりぢりの生活である。

十九　善鸞《ぜんらん》との義絶《ぎぜつ》

その上に、親鸞帰洛《しんらんきらく》後、関東では慈《じ》心房善鸞《しんぼうぜんらん》が異義《いぎ》を布教《ふきょう》し、父から秘密の口伝《くでん》があったなどと虚構して、信徒たちを攪乱《こうらん》した。そして父が継母《ままはは》(貞信尼《ていしんに》)に言いたぶらかされたなどと言いふらし、鎌倉の役所にまで讒訴《ざんそ》したりした。そしてついに父子義絶になってしまったのである。そして臨終の時にもついに逢わなかった。

どうも親子、夫婦の縁の薄く、障《さわ》りの多い人であった。

善鸞《ぜんらん》への義絶状には、

いかに況《いは》んや、往生極楽《わうじやうごくらく》の大事を云ひまどはして、常陸《ひたち》、下野《しもつけ》の念仏者《ねんぶつしや》を惑《まど》はし、親にそらごとを云ひつけたる事、心うき事なり。第十八の本願《ほんぐわん》をば萎《しぼ》める花に譬《たと》へて、人ごとに皆捨て参らせたりときこゆること、まことに、謗法《ぼうほふ》の咎《とが》、また五逆《ごぎやく》の罪を好みて、人を損じまどはさるること、かなしき事なり。

と言い、

浅ましさ申す限りなければ、今は親と云ふことあるべからず、子と思ふこと思ひ切りたり。

と手厳しく書いてある。

この義絶の手紙の前には、切々たる諫言《かんげん》の手紙が書かれている。この義絶はもとより護法《ごほう》のためであるが、また関東の門弟たちへの義理もあって勘当《かんどう》するの止むなきに到ったものであるらしい。

しかし「慕帰絵詞《ぼきえし》」にはその後西洞院《にしのとうゐん》で親鸞《しんらん》が善鸞《ぜんらん》と密《ひそ》かに逢《あ》っている所を顕智《けんち》が見たとあり、発見されて、「両方へのきたまへる」事など出ている所を見ると、さすがに親子の間には一脈通じるものがあったらしく、かえって人間味が出ていると思う。

それでは親鸞《しんらん》が帰洛する時稲田で別れた恵信尼《えしんに》はどうしたか。

これは故郷の越後の国府《こくぶ》あたりに帰って、わが子の益方《ますかた》の世話になって暮したらしい。同じく実子信蓮房《しんれんぼう》はやはり近くの頸城郡《くびきぐん》板倉村栗沢というところに住んでいたし、附近には身寄りがあったらしい。同じく実子の小黒《おぐろ》の女房は先立って死んで、子供が残って、これも益《ます》方《かた》の家に世話になっていたらしい。

親も候はぬ小黒《おぐろ》の女房の、おんなご、おのこご、これに候へ、益方《ますかた》が子供もただこれにこそ候へば、なにとなく母めきたるやうにてこそ候へ。いづれもいのちもありがたきやうに覚え候。

また同じ手紙に、

こぞのつくりものことに損じ候て、あさましき事にて大方《おほかた》いのち生くべしとも覚えず候。(中略)大方はたのみて候人の領とも皆かやうに候へ、大方の世間も損じ候間、中々とかく申しやる方なく候なり。かやうに候ほどに、年頃《としごろ》候ひつる奴原《やつばら》も、男二人正月うせ候ひぬ。何としてものをもつくるべきやうも候はねば、いよいよ世間たのみなく候へども、幾程生くべき身にても候はぬに。(下略)

かくて恵信尼《えしんに》は、その後親鸞《しんらん》に逢うことなく、親鸞《しんらん》より六年生きながらえて、文永五年に、八十七歳で越後で死んだのである。

二十　親鸞《しんらん》の死（うたかたの法悦《ほうえつ》）

親鸞《しんらん》は京ではほとんど一処不住《いっしょふじゅう》の生活で、入滅《にゅうめつ》まで二十幾年間、念仏《ねんぶつ》のひまには写本《しゃほん》と、著述《ちょじゅつ》をし、ときどき訪ねて来る僧侶や、俗人と法談《ほうだん》を交《まじ》え、関東から来る消息《しょうそく》に懇《ねんご》ろな返事を書きなどしたが、寺も建てず、教団もつくらず、著述には没頭《ぼっとう》したが、積極的に、人を集めて説法《せっぽう》をするというようなことはなかった。

彼は生の流転《るてん》に身をまかせきってしまい、泡《うたかた》のごとくに生の流れに浮かんでは消えることに無限の法悦を感じ得るようになっていた。宇宙とひとつになり、法に融《と》け合ってしまっていた。現実苦は現実苦として受けながらも、その苦しみの底に直《ただ》ちに悲願《ひがん》の召喚《しょうかん》を聴き得るようになっていた。

それゆえに彼の著述は信仰の展開であり、告白であり、讃歎《さんたん》であり、聞くところを悦び、得るところを歎ずる述懐であった。

彼は京でほとんど人に知られずに暮らした。凡俗の人の中にまじり込んで韜晦《とうかい》してしまい、誰も彼に目をつけるものはなく、偉《えら》い人だと思うものはなかった。田舎の人たちから時折送ってくれる二貫文、ないし五貫文の布施物《ふせもつ》で彼は口を糊《のり》して過ぎたのである。

親鸞《しんらん》は九十歳まで生きる人だけに普段は至《いた》って健康であったが、弘長《こうちょう》二年十一月の下旬から少し具合が悪く、これという病気ではないが、老衰で急に病が革《あらた》まり、十一月二十八日に、ついに、その苦労の多かった長い生涯を閉じた。

越後の恵信尼《えしんに》はすでに老齢で上洛はかなわなかったが、代りに益方《ますかた》ははるばる上洛して父の臨終に遇うことが出来た。それから弥女《いやによ》（覚信尼《かくしんに》）も在京の事とて臨終《りんじゅう》に侍《じ》した。門人では顕智《けんち》、専信《せんしん》、了阿《りょうあ》ら数人が臨終に立ち会うた。善鸞《ぜんらん》は、顕智《けんち》がお呼びしましょうかと親鸞《しんらん》に伺うと、「彼の子憎《にく》しとてへだつるにあらず、わが法《ほう》の讎《あだ》なるを知りながら、由なき事」と言って斥《しりぞ》けたと云われている。

親鸞《しんらん》の葬儀《そうぎ》は、当事三条坊門の北、富小路《とみのこうじ》の西にあった善法院から出棺して、加茂川《かもがわ》を渡り東山《ひがしやま》の麓《ふもと》、鳥辺野《とりべの》の南、延仁寺《えんにんじ》で荼毘《だび》にふせられ、遺骨は同じ山つづきの大谷に埋められた。

「われ死なば、骸《むくろ》は加茂川に入れて魚に与うべし」

親鸞はこう遺言したと言われている。

身はすでに捨てはてて、心は西に、も脱《ぬ》けていた。九十歳の老人、露のごとく、泡のごとくに生の流転のままに消え行く事をよろこんだ彼は、自分の亡骸《なきがら》についても、そういう風に考えたかも知れない。魚屑《うろくず》も自分も違ったものではなくひとしく業報《ごうほう》を引いた群生《ぐんじょう》の一類であり、その供えものとなるなら本望であったろう。なぜなら、一切はあげて宇宙《うちゅう》と法との犠《い》牲《け》《にえ》に外ならないからである。

第三章　歎異鈔講評《たんにしようこうひよう》

一　その序について

竊《ひそ》かに愚案《ぐあん》をめぐらしてほぼ古今《ここん》を勘《かんが》ふるに、先師口伝《せんしくでん》の真信《しんしん》に異《こと》なることを歎《なげ》き、後学相続《こうがくさうぞく》の疑惑《ぎわく》あることを思《おも》ふ。幸《さいはひ》に有縁《うえん》の知識《ちしき》に依《よ》らずんば、いかでか易行《いぎやう》の一門《もん》に入《はい》ることを得《え》んや。全《まった》く自見《じけん》の覚悟《かくご》を以《もっ》て、他力《たりき》の宗旨《しうし》を乱《みだ》ることなかれ。よつて故親《こしん》鸞聖人御物語《らんしやうにんおんものがたり》の趣《おもむき》、耳《みみ》の底《そこ》に留《とど》まるところ聊《いささ》か之《これ》をしるす。ひとへに同心行者《どうしんぎやうじや》の不《ふ》審《しん》を散《さん》ぜんがためなり。「歎異鈔」序……（原文漢文）

歎異鈔《たんにしよう》には初めに漢文の短い序がついている。これは唯円《ゆいえん》が歎異鈔《たんにしよう》を書く動機、目的をことわったものである。文中の「先師口伝《せんしくでん》の真信《しんしん》に異なることを歎《なげ》き」というのがつまり「歎《たん》異鈔《にしよう》」という題名の歎異《たんに》の意味である。

法然上人《ほうねんしようにん》は自分の滅後に色々と異義邪説《いぎじやせつ》の出ることをおもんぱかって「一枚起請文《いちまいきしようもん》」を書き遺《のこ》した事は前に述《の》べたが、それだけ用心して置いても、法然の滅後《めつご》には異義邪説《いぎじやせつ》が盛《さか》んに起って、「後学相続の者を惑《まど》」わした。聖覚法印《しようかくほういん》の「唯信鈔《ゆいしんしよう》」も、親鸞聖人《しんらんしようにん》の「教行信証《きようぎようしんしよう》」も、その異義邪説《いぎじやせつ》を破って、浄土宗《じようどしゆう》の真実義《しんじつぎ》、法然《ほうねん》の抱いていた通りの信仰を闡明《せんめい》するのが執筆の動機であったのである。

親鸞の晩年の手紙を集めた「末燈鈔《まつとうしよう》」には、

「この世の念仏の義《ぎ》は様々にかはり合《あ》ふて候めれば、とかく申すに及ばす候へども、故聖人《しやうにん》の御教をよくよく承はりておはします人々は、今も元のやうにて変らせたまふこと候はず、世かくれなきことなれば、聞かせ給ひあふて候らむ。浄土宗の義、みな変りておはしましあふて候人々も、聖人の御弟子にて候へども、様々に義をも云ひかへなんどして、身もまどひ、人をもまどはかし合ふて候めり。浅間しき事にて候なり。京にも多く惑ひ合ふて候めり。田舎はさこそ候らめと心にくくも候はず」

と手紙に書いてある。

また関東における善乗房《ぜんじようぼう》の異義、鹿島地方から出た放逸者《ほういつしや》を歎いている。自分の子善鸞《ぜんらん》さえも邪説を唱えて、親鸞を一方ならず悩ましたのである。

親鸞の没後にもまた、その通りで、親鸞の信仰に対する異義、邪説がいろいろ出て、親鸞が言いもしないことを自分はかように聞いているなどと言いふらしたり、またそれを実行にうつして、放逸《ほういつ》に堕《お》ちる者が出るという始末である。そこで親鸞の直弟《じきてい》であった唯円《ゆいえん》は、「先師口伝《せんじくでん》の真信《しんしん》」を明らかにして、自分が直接聖人《しょうにん》から聞いた、聖人の本当の信心《しんじん》をはっきりさして、後学者の惑いを解こうと思い立ったのである。

だから恰度《ちょうど》「法然《ほうねん》の選択集《せんちゃくしゅう》」を護らんがために親鸞《しんらん》が「教行信証《きょうぎょうしんしょう》」を書いたのと、同じ心で、唯円《ゆいえん》は親鸞の「教行信証《きょうぎょうしんしょう》」を守らんがためにこの「歎異鈔《たんにしょう》」を書いたわけである。

しかしそういう風に異義、邪説はどうして生じるのか。唯円《ゆいえん》の考えでは、それは「自見《じけん》の覚悟をもって他力の宗旨をみだる」からである。自見《じけん》というのは、自分の学問、智慧、修養による分別思量《ぶんべつしりょう》である。他力の信仰というのは、彼方より来たるもの、如来《にょらい》よりたまわるものであって、自見《じけん》を捨てるところに生じるのである。有名な禅宗第三祖、僧璨《そうさん》の「信心銘《しんじんめい》」に、「真を求むることを要せず、ただ須《すべか》らく見《けん》を息《や》むべし」とあるように、自分の学問、智《ち》慧《え》、修養《しゅうよう》による思量分別《しりょうふんべつ》を止めて、如来の不可思議智《ふかしぎち》、彼方《かなた》より回向《えこう》さるるものを、ただ受けて、信じるという態度になるところに他力《たりき》の信仰は生まれるのである。「仏になるにいと易《やす》き道あり」と言い、「智慧をも用いず、力をも入れず、ただ彼方《かなた》より行われて」と道元《どうげん》は言っている。

この素直な、貧しい、受身の態度は、先師に対してもそのまま行持《ぎようじ》されるので、法然上人《ほうねんしようにん》の、善導和尚《ぜんどうかしよう》に対する態度、親鸞聖人《しんらんしようにん》の法然上人に対する態度が目の前のよき例である。事が「信」の世界である以上、敬虔《けいけん》な、ささげた、打ちこんだ傾倒《けいとう》がなくてはならないのは当然であって、師の心を心とする内面的契合《けいごう》があるべきである。唯円《ゆいえん》の親鸞に対する態度がそれである。そこに何とも言えない、心と心との誠、以心伝心《いしんでんしん》の相承《そうじよう》、死を肯《うべな》い合う感謝と幸福とがあるのである。仏の誓いとそれを信じる衆生との信仰の関係を、地上の人間の現実の雛型《ひながた》にしたものが師弟の関係である。だから師説に対してはどこまでも敬虔《けいけん》に、師の心を心として理解しなければならないのである。異義邪説《いぎじやせつ》が生じるのは、第一には、他力の信仰が自見《じけん》でなくして如来見《によらいけん》であるという根本的な、貧しい、謙遜な、受身《うけみ》の態度が徹底していないためであり、ひいては、その我慢の態度をもって先師の説に対するからである。

「故上人《こしやうにん》の御教をよくよく承はりておはします人々は、今も元のやうにて変らせ給ふこと候はず。」

と親鸞は言っている。

そこで唯円《ゆいえん》は、「故親鸞聖人の御物語《おんものがたり》の趣《おもむき》、耳の底に留まるところ」を書きしるして、同じ道を求める人たちの不審をはらして、正しい他人の信仰に迷わず決定《けつじよう》させたいと思うというのである。

この「故親鸞聖人の御物語の趣、耳の底に留まるところ」と言う辺《あた》りに、唯円《ゆいえん》がいかにも過ぎた旧師《きゅうし》に給仕《きゅうじ》して、師の口からもれるのを聴いた時の場面を思い出しているという感じが出ているのである。

二 初めに不思議あり

弥陀《みだ》の誓願不思議《せいぐわんふしぎ》にたすけられまいらせて、往生《わうじやう》をばとぐるなりと信《しん》じて念仏《ねんぶつ》まうさんとおもひたつこころのをこるとき、すなはち摂取不捨《せつしゆふしや》の利益《りやく》にあづけしめたまふなり。弥陀《みだ》の本願《ほんぐわん》には、老少善悪《らうせうぜんあく》の人《ひと》をえらばれず、ただ信心《しんじん》を要《えう》とすとしるべし。そのゆへは、罪悪深重《ざいあくじんぢゆう》、煩悩熾盛《ぼんなうしじやう》の衆生《しゆじやう》をたすけんがための願《ぐわん》にてまします。しかれば本願《ほんぐわん》を信《しん》ぜんには、他《た》の善《ぜん》も要《えう》にあらず、念仏《ねんぶつ》にまさるべき善《ぜん》なきゆへに。悪《あく》をもおそるべからず、弥陀《みだ》の本願《ほんぐわん》をさまたぐるほどの悪《あく》なきがゆへにと、云々《うんぬん》。

まずこの本文第一章の冒頭《ぼうとう》の一節は実に、無限の深みから須弥山《しゅみせん》がぬっと、湧き上って来たような感じのする文章である。われわれはこの文章の心をよく心して味わって見ねばならぬ。

まず冒頭の起句、弥陀の誓願《せいがん》というものはどこから持って来たのか。

これは浄土真宗の信者にとっては、湧き出して来たもの、無から生じたもの、第一原理である。われわれの心が弥陀《みだ》の誓願《せいがん》をつくり出したのではない。弥陀《みだ》の誓願《せいがん》は初めからあったのである。弥陀《みだ》の誓願というものをわれわれはなぜ疑わぬのか。そういうものが有るか、無いか、誠《まこと》か、嘘《うそ》か、つくり話ではないかということをなぜ調べて見ようとしないのか。

それは弥陀の誓願《せいがん》というものがわれわれより先にあったものだからだ。それは疑うことを許されない第一原理だからだ。疑うことが可能ではあるが、疑う事を許されないのだ。許されないと言っても何者か外部から禁じられるのではない。われわれが自発的に疑うことを欲しないのだ。欲しないと言っても、いかがわしいものにふれる事を無意識的に避けようとするのではない。疑ってはつまらない。疑うを要しないものの、突然的、無条件的臨在《りんざい》なのだ。それだからこそ「弥陀《みだ》の誓願不思議《せいぐわんふしぎ》」というのだ。証拠《しょうこ》を示さずに、突然に持ち出してもナンセンスだと言うかも知れない。

確かに信じない者にとってはそうであろう。しかしこの突然的、無条件的、第一原理の臨《りん》在《ざい》を肯定するのが信仰の意識なのだ。信仰というものの心理がそういう要求なのだ。弥陀《みだ》の誓願不思議《せいがんふしぎ》を何のことわりもなく、いきなり冒頭に持ち来ったところに、歎異鈔《たんにしょう》の作者の信仰の深さの度合いが解るのである。これは堂々としているという以上、ひとつの宣言、仏《ぶつ》勅《ちょく》というような、神聖の感があるのである。弥陀の誓願は浄土真宗のすべての理論、すべての法悦の流れ出て来る大源である。太陽のごとくわれわれが直視《ちょくし》することの出来ない光明である。だから不思議なのだ。弥陀の別名を不可思議光《ふかしぎこう》というのはそれである。

が一体この不思議《ふしぎ》という文字は誓願《せいがん》の方へつくのか、「たすけられ」の副詞なのか。誓願《せいがん》不思議《ふしぎ》という熟語の名詞のようでもあり、「弥陀の誓願」と一度切って、「不思議にたすけられ」とつづくようでもある。私はこれは、唯円《ゆいえん》の心の内で、この不思議が、両方につくような融通《ゆうずう》した位置を占めているのだと思う。

ここは「弥陀《みだ》の誓願《せいがん》に不思議《ふしぎ》に」では具合が悪い。と言って、「誓願不思議」という熟語名詞に、にという弖爾乎波《てにおは》を附けたのでもいけない。この文の通りに「弥陀《みだ》の誓願不思議《せいぐわんふしぎ》にたすけられ」でなくては唯円《ゆいえん》の心とぴったりしない。実に人間の心というものは微妙《びみょう》なものだと思う。われわれはそういう味で唯円《ゆいえん》の心がもう解るのである。唯円《ゆいえん》の信仰を信用していい気がするのである。

そう言えば「たすけられ参らせて」という用語にしても、受身の下に、敬語をつける味わいは何という床《ゆか》しいものであろう。「助け参らせて」というのとはちがう。「られ参らせて」という味わいにもう信仰の深い深い心境が出ているのである。世界に日本語以外にこういう味を表現し得る国語があるであろうか。

往生《おうじょう》をばとぐるなりの「をば」、おもいたつの「たつ」、間然《かんぜん》するところなく、ぴたりとはまって動きがとれない。

　摂取不捨《せっしゅふしゃ》というのは、言うまでもなく、観無量寿経《かんむりょうじゅきょう》にある、「光明《くわうみやう》遍《あまね》く十方世界《じっぽうせかい》を照《て》らし、念仏《ねんぶつ》の衆生《しゆじやう》を摂取《せっしゅ》して捨《す》てず」の摂取不捨《せっしゅふしゃ》である。「思ひ立つこころの起るとき、すなはち」というのは、「発起決心《ほっきけっしん》するわれわれの心と、少しの間隙《かんげき》もなく」という意味で、その間に、唱名《しょうみょう》何万遍だとか、臨終正念《りんじゅうしょうねん》だとかいうような夾雑物《きょうざつぶつ》のない姿をあらわしているのである。法然も親鸞も一念義《いちねんぎ》というものは斥《しりぞ》けたし、いわゆる誓名別信計《せいみょうべつしんけい》（後で詳《くわ》しく述べる）というものは一種の計らいであるにしても、信仰の原機も、またたすけとる力も誓願の方にあるのであり、「思い立つとき、すなわち」の機微《きび》は多念義《たねんぎ》よりも、一念義《いちねんぎ》の方にあるのであって、危険とか、弊害《へいがい》とかいうことを念頭に置かずに、純《じゅん》に信《しん》の心そのものを追究すれば、一念義と誓名別信計《せいみょうべつしんけい》とは多念義《たねんぎ》と専修賢善《せんじゅけんぜん》計《けい》とよりも純一なるものであることだけは認めていいと思う。その意味で、親鸞の信仰は、法然のそれよりも、一念義と、誓名別信計《せいみょうべつしんけい》とにより近いものと云っていいであろう。

　前にも云ったごとく、法然にはややもすれば行としての唱名《しょうみょう》がまじり、自ら「念仏の行《ぎょう》者《じゃ》」と云ったりして、唱名の数を積む功徳《くどく》によって、信仰にも上、下の差別があるように見える節《ふし》がないでもない。もっとも法然は一方ではハッキリした理論で、行《ぎょう》や、器量《きりょう》によって信仰に差等のないことを明らかにしているし、「阿波之介《あわのすけ》の念仏も法然の念仏もさらに差別はない。ひとしく仏からたまわった信心《しんじん》であるから」と言って、門弟にも教えているのであるが、それにも拘わらず、一方では、唱名《しょうみょう》を行《ぎょう》として励み、唱名《しょうみょう》の数を定め、後には六万遍、七万遍も勤め、その三昧発得《さんまいほっとく》の功《こう》によって仏の色身相《しきしんそう》を見ようとすると言った風で、あたかも禅宗の打坐《だざ》や、日蓮宗の題目《だいもく》のような役目を唱名に与えているところがある。これはどうしても法然《ほうねん》の不徹底《ふてってい》であって、浄土宗に一念義《いちねんぎ》、多念義《たねんぎ》の諍論《じょうろん》の起る原因であった。

親鸞はそういう行《ぎょう》としての唱名を斥《しりぞ》けて、念仏申すこころを純化し、混淆物《こんこうぶつ》を清掃《せいそう》して、浄土宗の救済《きゅうさい》の原理をはっきりさせた。すなわち、弥陀《みだ》の誓願《せいがん》をたのみ、往生させて頂けると信じて、念仏申さんと思い立つ心の起る時、すなわち、間髪《かんはつ》を入れず、摂取《せっしゅ》されるのであって、その後で唱名《しょうみょう》の数を積んで、その功徳で、往生《おうじょう》が定まるのではない。行としての唱名というようなものが、浄土宗にあるべきはずはないのである。まして、三昧発得《さんまいほっとく》とか、臨《りん》終正念《じゅうしょうねん》とか、諸仏来迎《しょぶつらいごう》とかいうようなことは、往生《おうじょう》とは関係のない事である。それで救われたものが、安心《あんじん》した結果、余裕が出来て、法楽《ほうらく》のためにやる事であり、その人がもし器量《きりょう》すぐれた人であれば、三昧発得《さんまいほっとく》もしようし、臨終正念《りんじゅうしょうねん》も出来ようけれども、それは各人の器量《きりょう》と業報次第《ごうほうしだい》であって、承《う》け合える事ではない。弥陀《みだ》は我《われ》をたのんで念仏申すものは極楽国に往生《おうじょう》させるとは誓って下さったが、三昧発得《さんまいほっとく》させるとか、臨終《りんじゅう》を取り乱さないようにしてやるとかいうようなことを承《う》け合って下さってはおらぬ。そればかりではない。そういう喜び方、三昧発得して瑠璃地《るりじ》を見たとか、従容《しょうよう》として死ぬるとか、いうような喜び方は、それは喜ばしいには相違ないが、浄土宗の信心《しんじん》のよろこびではなく、別のよろこびである。信《しん》心《じん》のよろこびはどこまでも凡夫《ぼんぶ》正機《しょうき》であって、かくのごときわれらをも救って下さるという感謝のよろこびでなくてはならぬ。それのみがみ仏の誓願《せいがん》に相応したよろこびであり、われはすくわれて悦び、仏は救ってよろこぶのである。

しかしそれだからと言って唱名《しょうみょう》は多く申すに及ばないとか、一度申せばそれでいいとかいうのではない。もともと「救われたい」との飢渇《きかつ》があって、申すのであるから、その飢渇がある以上、申すなと云っても自《おの》ずと申さずにおれるはずはない。救われたくないものはいかんとも手の下しようがない。どう考えても、「勤めて申す」とか、「強いて唱える」とかいう心理は、浄土宗の法門にあるはずはない。だから事実としては一念《いちねん》限りの念仏というものは存在しないけれども、仮りにもしあるとすれば、それでも救われるに相違ない。それゆえ理論の上では、一念義《いちねんぎ》の方が正しいと私は思う。しかし信仰の心理として、事実の上では、一念《いちねん》限りの念仏というものはない。一念申せば助けられるのだから、二念申す必要がないというのは信仰の心理ではないからである。そういう意味での一念義《いちねんぎ》を主張し、まして実行しているものがあれば、それは本当に信心を持っているのではないことを告白するようなものである。信心を持っていれば、自《おの》ずと唱えずにはおられないはずである。

しかし多念唱えなければ救われないという意味での多念義《たねんぎ》は同様にひがごとである。所詮《しょせん》念仏は自《おの》ずと申さるるものであって、強いて申すべきものではない。そして事実上は必ず多念であるが、理論上は一念でなくてはならぬ。

草の庵に寝てもさめても申すこと
なむあみだぶつなむあみだぶつ　　良寛

これはもちろん多念であるが、どこにも強いて申している感じはない。

以上のような、心理上ならびに理論上の関係を心得た上で、この冒頭の一節は、多念義《たねんぎ》もしくは行としての唱名《しょうみょう》を斥《しりぞ》けて、誓願《せいがん》をたのんで念仏申すその一念に、間髪《かんはつ》を入れず、摂《せっ》取《しゅ》されているのだということを宣言したものと解釈すべきであろうと思う。

それに引きつづいて、

弥陀の本願には老少善悪をえらばれず、ただ信心《しんじん》を要とすと知るべし。

と言い、どこまでも信不退《しんふたい》の態度を明らかにして、行を斥けようとする志向《しこう》を示し、

そのゆへは罪悪深重《ざいあくじんぢゆう》、煩悩熾盛《ぼんなうしじやう》の衆生《しゆじやう》をたすけんがための願《ぐわん》にてまします。

と、弥陀の誓願の意味をあきらかにしている。いやしくもひとつの願である以上、そしてその願を成就《じょうじゅ》するためには言語に絶した苦行《くぎょう》を積んだのであるから「願いのすじ」というも

のがあるはずである。ましてまだ仏にならない以前の、法蔵比丘《ほうぞうびく》のやるせない願いである。

その願いのすじは何であったか。

それは罪悪深重《ざいあくじんじゅう》、煩悩熾盛《ぼんのうしじょう》の衆生《しゅじょう》をたすけたいという事であった。この法蔵比丘《ほうぞうびく》の心をわれわれはよくよく汲みとらねばならぬ。この願に相応する信心が浄土宗の信心である。その願を無意味にしてはならない。他人はいかに見るかは知らず、自分を罪悪深重《ざいあくじんじゅう》、煩悩熾盛《ぼんのうしじょう》と感じない人は別の法門に行くがいい。十方《じっぽう》に浄土は多く、仏も多くまします。何も西方《さいほう》の浄土を撰《えら》び、阿弥陀仏《あみだぶつ》にすがるには及ばない。法然上人《しょうにん》のような人は、他人には道徳堅固《けんご》、身《しん》心清涼《しんせいりょう》に見えたであろうが、自分では「愚痴《ぐち》の法然房《ほうねんぼう》」と歎じていた。それで、

十方に浄土は多けれども西方を願ふは、十悪五逆《じふあくごぎやく》もまた生ると信ずればなり。

と云っている。

親鸞はそこをもう一歩突っ込んで、大胆率直《だいたんそっちょく》に言い放っている。

しかれば本願を信ぜんには、他の善も要《えう》にあらず、念仏にまさるべき善なきゆへに。悪をも恐るべからず、弥陀の本願をさまたぐるほどの悪なきがゆへに。

こうまで言い切る事は容易ではない。これは親鸞の誓願の心の中に、いかに深く没入していたかを示すものである。この悪人救済の恩寵《おんちょう》の中に浸っていた点では、恐らく親鸞は法然よりも一層深かったであろう。それは親鸞の性格と、その境遇とが法然の人となりや、環《かん》

境《きょう》よりも、罪業《ざいごう》が深重であったからである。親鸞は伝記のところで書いたように、妻子との関係だけを見ても罪と障《さわ》りと煩《わずら》いとが実に多かった。しかもそれを浅ましいと感じる心は人一倍強かった。法然の罪業感《ざいごうかん》は反省《はんせい》から来るが、親鸞のそれは生々《なまなま》しい現実であった。親鸞には三昧発得《さんまいほっとく》や、臨終正念《りんじゅうしょうねん》を求めた形跡はない。彼はひとえに業報《ごうふく》の中に、それに即して感じられる弥陀《みだ》の恩寵《おんちょう》をよろこんだのであった。

しかれば本願を信ぜんには、他の善も要《えう》にあらず、念仏にまさるべき善なきゆへに。

念仏者にとって善とは念仏申すことである。念仏申さるるように生活することである。それにまさる善というものはない。念仏申し、念仏申さるるように生活する中に、この世の善はこもっているのである。その人の身代《しんだい》限りの善はついて来るのである。その人のせい一《いっ》杯《ぱい》、業報《ごうほう》の許すだけの善はついて来る。それ以上の善は、結局その人がやろうとしても出来ない善である。出来もしなければ、心の底からやる気でもない善に対して、思わせぶりな態度をとることは、自分を甘くし、他人を欺くことである。たとえば肉食について言えば、魚を喰わぬということを、善いとか悪いとか沙汰《さた》して見たところで、結局喰うのであり、また、本気で喰うまいと思ってるのでもないのに、慈悲《じひ》深そうな顔をしたり、それが心にかかってたまらないような事を言ったり、思ったりすることは、結局、思わせぶりである。「薄なさけ」である。ちゃんと喰わぬなら喰わぬで断行するなら格別だが、そうでもないのなら、むしろ念仏を申しつつ喰った方がいい。そしてその犠牲を心に牢記《ろうき》し、その業報《ごうほう》を身に受けた方がいさぎよい。それがむしろ魚の犠牲に対する敬《けい》虔《けん》である。「かけてたもるな薄《うす》なさけ」とはあわれな遊女《ゆうじょ》の切々《せつせつ》たる訴《うつ》えである。同じ弄《もてあそ》ぶなら最初からさっぱりしていてくれればいいものを、なまじい情愛を見せるものだから、こっちも心がつながるようになると、結局別れ話になる。しかし一旦《いったん》つながった心のきずなは痛みなしに切れるものではない。

親鸞がよくいう虚仮《こけ》と真実というのはここの事で、つくった虚偽《きょぎ》なら論外だが、無意識的に自分を欺くという虚仮《こけ》があるものだ。今の時代に肉食妻帯《にくしょくさいたい》の善悪などを口にしたりすることは虚仮《こけ》というもので、他人も自分も実行しはしない。本当に実行する気もないことは言わぬものだ。

それに肉食しないというような事でも、その人の生活全般がその調子で貫けて、釣り合っているならいいけれども、他にもっと大事な問題で、躓《つまず》き、煩《わずら》い、悩んでいる者が、肉食の事をそんなに問題にするのは可笑《おか》しい。これらも内省の足りない、無恥《むち》から来る虚仮《こけ》と言うものである。

善悪を言わずとも、念仏申し、念仏申さるるように生きていれば、その人の身代限りでは、善を行うし、悪を避ける。それ以上は、結局、善も行わないし、悪も避けられない。こ

の事はこの「歎異鈔《たんにしょう》」の第十三章に、親鸞の暗示深い、鋭い語録が出ているから、その時にゆずるが、

悪をも恐るべからず、弥陀の本願をさまたぐるほどの悪なきがゆへに。

これは恐ろしい表現である。世界のどの経典にこんな恐ろしい、大胆《だいたん》な表現があるか。ニイチェでも、トルストイでも、ボードレールでもこれを読んだら驚くだろう。トルストイのごときは八十二歳の家出後において、死なずに、これを読んだら、さらに転心《てんしん》して念仏に帰しはしなかったであろうか。日蓮《にちれん》が念仏無間《ねんぶつむげん》と言ったのも彼として無理はない。がこの恐ろしい表現の中に、浄土宗の信仰の至奥所《しおうしょ》が出ているのだ。

信仰としてはここまで行かなくては徹底しない。こうなるべきはずのものである。こうなってこそ初めてハッキリと後学者の惑《まど》いを断ち切る事が出来る。

危険か、穏当であるかというような心遣いは、信仰の極致、その一大事を問題とする時には禁物である。一大事は一大事としてハッキリ決定《けってい》して置かなければならない。

まことに弥陀の本願をさまたぐるほどの悪はないはずだ。救われるためには悪もおそろしくない。もし人間が造るところの悪と突っ張り合って、弥陀の願力《がんりき》の方が負けるようであれば、救済の力はない、仏の権威はない。それだったら五劫《ごこう》の思惟《しゆい》も、恐ろしい苦行《くぎょう》も要らなかったはずだ。人間というものが、どんなに頭を捻《ひね》り、巧みをこらして、悪を企《くわだ》てて見て

も、ちゃんとその先にまわって、それを救い取るだけの力が備っていなくては誓願成就《せいがんじょうじゅ》とは云えない。

「業報《ごうほう》も感ずる能わず」といい、「一生造悪値弘誓《いっしょうぞうあくちぐせい》」という。「これだけの悪《あく》は得助《えたす》けまい」と思うのは願力《がんりき》を見くびるものだ。人間の分際《ぶんざい》でのはからいというものだ。しかし人間の智慧と力とを超絶的《ちょうぜつてき》に凌駕《りょうが》しているみ仏の位ということを思わねばならぬ。

み仏の誓いをたのむからには、いかなる悪も恐ろしくないという大徹底境《だいてつていきょう》に一度落ちつかなくてはならぬ。この落ちつきがないと始終ふらふらして腰がきまらない。そして人生の実際生活で、いざという時に、つまらない、甘《あま》い、半可通《はんかつう》なことをやったりする。これは大事な覚悟である。浄土門の信仰に入って、この覚悟が出来ないなら、それこそ文字通り「仏をつくって眼を入れぬ」という不徹底である。

後は後として、とにかく一度ここに腹を落ちつけなくてはならぬ。そうでないと善悪に障えられて人生の実相も見えない。数年前マルクス主義の嵐が仏教界を吹きまくった時に、マルクス主義の小乗《しょうじょう》的人道観に眼がくらんで、真宗教徒がいかにふらふらな態度になったか。それらもこの親鸞の「悪もおそるべからず」の信念に徹底していないからである。

これは浄土宗だけでなく、禅宗でも、真言宗でも、キリスト教の神秘哲学《しんぴてつがく》でも、大乗《だいじょう》の縁《えん》起《ぎ》論《ろん》、実相論《じっそうろん》でも、究竟《きゅうきょう》においてそうなるのであって、排斥すべき悪というものは本当にはこの宇宙に存在しないのである。

それを浄土宗は浄土宗の行き方で徹底して行くのである。

法然《ほうねん》は、用心深く、

罪は十悪五逆《じふあくごぎやく》もなほ生《うま》ると信じて、小罪をも犯《をか》さじと思ふべし。

と云った。

しかしこれは世間に生きて行動して行く態度の心得をいったものであって、法然でも、もし救済の原理について、安心立命《あんしんりつめい》について話す時ならば、「小罪《せうざい》をも犯さじと思ふべし」の方はいわなかったろう。

これは親鸞の方でも、処世の心得を説く場合には、「末燈鈔《まつとうしよう》」の中の消息《しようそく》に、

われ往生すべければとて、すまじき事をもし、思ふまじき事をも思ひ、云ふまじき事をも云ひなどすることは、あるべくも候はず。

とあり、またこの歎異鈔《たんにしよう》の第十三章に、

くすりあればとて毒を好むべからず。

と消息に書いてある由《よし》が出ている。

親鸞はこの第一章の言葉を近侍《きんじ》の直弟《じきてい》に語ったのであるから、躓《つまず》かす虞《おそ》れなく、一番深い所を出して見せたのだと思う。歎異鈔《たんにしよう》が尊いのはそのためで、この鈔に出ている親鸞の語録

は、すべて親鸞の信仰の至奥所《しおうしょ》が、隠すところなく吐露されているのだ。それも一つ親鸞がこんな恐ろしい表現をしてあえて恐れないわけがある。それは第十三章の宿《しゅく》業《ごう》の思想であって、人間は悪をせよといわれ、また自分で悪をしようと思ったからといって、そのために悪が出来るものではない、人間が悪をなすのは宿業《しゅくごう》の催しによるということを信じているからだ。

がそれについては第十三章にゆずる。

宗教というものをただ諸悪莫作《しょあくまくさ》衆善奉行《しゅぜんぶぎょう》のためであると考え、それを説き、それを行うのが宗教家の使命であると思っている人たちが今日でもなお多いが、それは実に皮相な考えである。善悪というものはそんな簡単なものではない。それには根がある。草木の根のような土にからまり拡がっている根がある。しかも善の根と悪の根とは静脈《じょうみゃく》と動脈とのように続いており、その毛細管はどちらだか見分けもつかない。それを二つに断ち切ったら人間は死んでしまう。悪を斥《しりぞ》け、善を行なおうとして飽くまで追究して行けば、「一枚起請文《いちまいきしょうもん》」の処で詳《くわ》しく書いたように、結局は「念仏申さるるやうに」生きる外なくなる。それはもう「善悪の彼岸《ひがん》」に出た生き方である。本人は「善悪を論ぜず、善悪を行《ぎやう》ぜず」に、ひたすら「念仏申さるるやうに」生きるが、外から見れば善悪を恰度《ちょうど》いい按配《あんばい》に含んでいるようになるのである。弘法大師《こうぼうだいし》のように衆生《しゅじょう》教化《きょうげ》に骨折った宗教家でも、ただ悪を斥け、善を行うというような浅薄な考えでやったのでないことは、彼の「秘蔵宝鑰《ひぞうほうやく》」等を読めば明らかである。宗教は善悪の相即《あいそく》して現《げん》じて来るその宇宙《うちゆう》的構成を探るものである。そして不思善《ふしぜん》、不思《ふし》悪《あく》の一如《いちによ》の天地に躍入《やくにゆう》して、宇宙の根本とひとつになり、宇宙の運行《うんぎよう》と共に動いて、ひるがえって、善悪の二業《にごう》にあらわれて、この世界の歴史のページをつくりつつ生活するのが宗教的生活である。それが衆生教化、社会改造のはたらきとなって現われるのであって、その生活の由《よ》って来たるところは宇宙の根柢《こんてい》にあり、その生活の動機は善悪を越えたる一如の自然行である。そういう内からの構成を見ないで、外から小乗的善悪で解釈しようとするのでは、宗教というものの真諦《しんたい》は永久に理解出来るものでない。

三　一大事と賭《か》けるこころ

をのをの十余《よ》ケ国《こく》の境《さかひ》をこえて、身命《しんみやう》をかへりみずして、たづねきたらしめたまふ御《おん》こころざし、ひとへに往生極楽《わうじやうごくらく》の道《みち》をとひきかんがためなり。しかるに、念仏《ねんぶつ》よりほかに往生《わうじやう》のみちをも存知《ぞんち》し、また法文等《ほふもんとう》をも知《し》りたるらんと、こころにくくおぼしめしておはしましてはんべらんは、おほきなるあやまりなり。もししからば、南都《なんと》北嶺《ほくれい》にもゆゆしき学生《がくしやう》たち、おほく座《おは》せられてさふらふならば、かの人々《ひとびと》にも遇《あ》ひたてまつりて、往生の要《えう》よくよくきかるべきなり。親鸞《しんらん》にをきては、ただ念仏《ねんぶつ》して弥陀《みだ》にたすけられまゐらすべしと、よきひとのおほせをかぶりて、信《しん》ずるほかに別《べつ》の子細《しさい》なきなり。念仏《ねんぶつ》は、まことに浄土《じやうど》にむまるるたねにてやはんべるらん、また地獄《ぢごく》におつべき業《ごふ》にてやはんべるらん、総《そう》じてもて存知《ぞんち》せざるなり。たとひ法然聖人《ほふねんしやうにん》にすかされまゐらせて、念仏《ねんぶつ》して地獄《ぢごく》におちたりとも、さらに後悔《こうくわい》すべからずさふらふ。そのゆへは、自余《じよ》の行《ぎやう》をはげみて仏《ほとけ》になるべかりける身《み》が、念仏《ねんぶつ》をまうして地獄《ぢごく》にもおちてさふらはじこそ、すかされたてまつりてといふ後悔《こうくわい》もさふらはめ、いづれの行《ぎやう》もをよびがたき身《み》なれば、とても地獄《ぢごく》は一定《いちぢやう》すみかぞかし。弥陀《みだ》の本願《ほんぐわん》まことにおはしまさば、釈尊《しやくそん》の説教《せつけう》、虚言《きよごん》なるべからず。仏説《ぶつせつ》まことにおはしまさば、善導《ぜんだう》の御釈《おんしやく》、虚言《きよごん》したまふべからず。善導《ぜんだう》の御釈《おんしやく》まことならば、法然《ほふねん》のおほせそらごとならんや。法然《ほふねん》のおほせまことならば、親鸞《しんらん》がまうすむね、またもてむなしかるべからずさふらふ歟《か》。詮《せん》ずるところ愚身《ぐしん》の信心《しんじん》にをきては、かくのごとし。このうへは、念仏《ねんぶつ》をとりて信《しん》じたてまつらんとも、またすてんとも、面面《めんめん》の御《おん》はからひなりと、云々《うんぬん》。

これは伝記のところで書いた関東の門弟たちが、親鸞を慕ってはるばると常陸《ひたち》、下総《しもうさ》の辺から十何ヵ国も通って、京までたずねて来た時に、親鸞が話した話の一節である。

親鸞はここでも恐ろしいほどの表現をしている。親鸞の表現には法然に見られない放下《ほうげ》、絶望、乗託《じょうたく》のパセチックなところがある。法然の表現にはいつでも智慧と調和とがあって、どんな深い信仰の奥義《おうぎ》を語る時にも、理論的には徹底し、行き届いてはいるが、感情を露骨に示すことはなく、いつでも叡智《えいち》をもっていぶしがかかっている。少しも隙《すき》というものがない。実に聖《ひじり》という感じがする。

これは法然の内外の生活のよくととのっていることを示すものである。

しかし親鸞になるとその点は相違する。親鸞の表現には何かしら深刻な、絶望的な所がある。現実苦のにおいがする。法然を芭蕉《ばしよう》とすれば、親鸞に一茶《いっさ》のようなひびきがある。直情、赤裸《せきら》なところがあって、自分の腸《はらわた》を出して見せる。法然の方は理性的でたしなみがあって、直接に法然の腸《はらわた》を見るような感じを与えない。これは性格の差異であるが、また生活状態の差異でもある。

京での親鸞の生活というものは、孤独で、貧乏で、年老《と》って、淋しい、荒寥《こうりよう》としたものであった。

弥女《いやによ》の「譲《ゆず》り渡《わた》し証文《しようもん》」を書いたのも帰洛《きらく》後八年目であった。この章の話をしている門弟《もんてい》たちが郷里から送って呉れる五貫文《ごかんもん》、二百文《もん》というような「志銭《こころざしせん》」で生活を立てていたのである。ちりぢりになっている家庭生活の事を思えば暗然《あんぜん》としたであろう。その骨を嚙《か》むような苦しい生活が、信仰に反映するのだ。

念仏はまことに浄土にむまるるたねにてやはんべるらん、また地獄におつべき業《ごふ》にてやはんべるらん、総じてもて存知《ぞんち》せざるなり。

これは実に思い切った、物凄い告白である。ここまで表現することは親鸞以外誰にも出来まい。法然《ほうねん》にも出来まい。白隠《はくいん》にも出来まい。恐ろしい表現とはこういうのをこそ言うのであろう。そしてそれがわざとらしい、誇張した感じがしない。親鸞の内面の本当の姿であると肯《うなず》ける。これなどは一歩間違えば悪魔の言葉であり、堕地獄《だじごく》の文字である。あのつつましい法然上人の文章を読んでも、憂惧《ゆうぐ》おかなかった明恵上人《みようえしようにん》などが、もしこの文章を読んだら戦慄《せんりつ》したであろう。

この一節の前まで、すなわち、

よき人のおほせをかぶりて信ずるほかに別の子細《しさい》なきなり。

までは、法然の「一枚起請文《いちまいきしようもん》」にある通りの思想を、今度は親鸞が関東の門人たちに話したと見ればいい。そして恐らくすでに「一枚起請文《いちまいきしようもん》」を親鸞から聞いて知っていたであろう関東の門人たちには、それは寝耳に水のような話ではなかったであろう。

やはりそうかと思って恐れ入ったであろう。

しかしそれから先は恐怖を感じずにはいられなかったであろう。

念仏申せば必ず浄土に生れると信じるというのとはちがうからだ。念仏は浄土に生れる種か、地獄に堕ちる業《ごう》かまったく知らないとはどうした事か。

恐らく門人たちはぞッとしたであろう。千仭《せんじん》の崖から突き放されたような気がしたろう。今まで誰からもこんな言葉を聞いた事はない。

すると親鸞のもっと深刻な言葉がつづく。

たとい法然上人にだまされて、念仏して、地獄に堕ちても私は後悔しない。なぜなら、念仏以外の何か行《ぎょう》でもして仏に成れる身だったのが、念仏したために地獄に堕《お》ちたのなら、だまされたという後悔も起るだろうが、どの行も手に合わない自分であって見れば、どうで地獄より外に行く処はないのだ。

同行《どうぎょう》たちは親鸞の心の内幕を割って見せられて、こうまで聖人が思い切っておられるのかと、いまさら胸を打たれたであろう。それに比べれば、自分たちの信心はまだまだ甘《あま》い、余裕のあるものだ。聖人《しょうにん》の話を聴いて見ると、聖人《しょうにん》は学問どころの話ではない。すべての智慧《ちえ》をほうり出し、まだその上に、肝心《かんじん》の念仏さえも、地獄行か、極楽行かまるで知らないといわれる。それで法然上人にだまされて地獄に堕《お》ちても後悔しないと腹を決めていられる。そ れだのに自分たちははるばると何しに来たのだ。今度聖人にお目にかかったら、その後の御《ご》会得《えとく》、新しい法文《ほうもん》の御研究をも聞き、念仏のことは予《か》ねてから毎度聴聞《ちょうもん》して承知しているが、何かその他に耳新しい御法談《ほうだん》でもありはしまいかと思って、上《のぼ》って来たのだ。

それだのに意外にも、聖人《しょうにん》は何一つ耳新しい法文《ほうもん》のことなどおっしゃるどころか、念仏が地獄の因《いん》か極楽《ごくらく》の業《ごう》かも知らないと云われる。耳新しい法文の事なら、比叡山《ひえいざん》か、奈良へでも行って、偉い学者に聞いてくれと、そんな事にはまるで気がないように見える。

そう言われて見ると一体自分たちの安心《あんじん》はどうなっているのだ。肝心の往生《おうじょう》の一大事はしかと決定しているのか。

なるほどこれは耳新しい法文どころの話ではない。

そこで何一つこれが本当とたのむに足るもののないところへ、いきなり親鸞は「弥陀《みだ》の本《ほん》願《がん》」を持ち出して来る。

弥陀《みだ》の本願《ほんぐわん》まことにおはしまさば、釈尊の説教虚言《きょごん》なるべからず……

とたたみかけて、親鸞が申す旨《むね》またもて空しからず候か、と押して来るのだ。しかし中学生にでも解るように、これは論理上には、証明にも何にもなっていない。「弥陀《みだ》の本願《ほんがん》がまことにおわします」ことを証明しなければならない場合に、「おわしまさば」という仮設《かせつ》を初めに持って来るとは驚き入った非論理である。

しかしここが「信《しん》」の世界なのだ。「弥陀の本願」は全く天降《あまくだ》り的臨在《りんざい》である。それが天降り的であればこそ第一原理であるに堪《た》え得るのだ。論理的に証明されたものは、また他の工場から、論理的に疑われる。証明を求める心がもう信の心ではない。問うを許さぬもの、問う必要のないもの、問いたくないものの存在を要求するのが宗教的要求である。天皇の勅命《ちよくめい》というようなもの、善悪にかかわらず、奉じなければならない命令、カントの断言的命令というようなもの、太陽のように見ることを許さない光源《こうげん》、そういうものの存在を要求しないものには宗教意識はわからない。宗教的要求は「絶対」を求める要求であって、論理で証明し得るようなものでは、かえって満足出来ないのだ。「弥陀の本願のまことにおわします」ことを証明することは永久に出来ない。また必要でない。そこで親鸞は、「わしの信心とは結局こんなものだ。この上は、念仏をとって信じるとも、また捨ててしまうとも、御めいめいの御了簡《ごりようけん》次第だ」というより外はなかった。

四 悪人の往生《おうじよう》

善人《ぜんにん》なをもて往生《わうじやう》をとぐ、いはんや悪人《あくにん》をや。しかるを世《よ》のひとつねにいはく、悪人《あくにん》なを往生《わうじやう》す、いかにいはんや善人《ぜんにん》をやと。この条《でう》、一旦《いつたん》そのいはれあるににたれども、本《ほん》願他力《ぐわんたりき》の意趣《いしゆ》にそむけり。そのゆへは、自力作善《じりきさぜん》のひとは、ひとへに他力《たりき》をたのむこころかけたるあひだ、弥陀《みだ》の本願《ほんぐわん》にあらず。しかれども、自力《じりき》の心《こころ》をひるがへして、他力《たりき》をたのみたてまつれば、真実報土《しんじつほうど》の往生《わうじやう》をとぐるなり。煩悩具足《ぼんなうぐそく》のわれらは、いづれの行《ぎやう》にても生死《しやうじ》をはなるることあるべからざるをあはれみたまひて、願《ねがひ》をこしたまふ本《ほん》意《い》、悪人成仏《あくにんじやうぶつ》のためなれば、他力《たりき》をたのみたてまつる悪人《あくにん》、もとも往生《わうじやう》の正因《しやういん》なり。よて善人《ぜんにん》だにこそ往生《わうじやう》すれ、まして悪人《あくにん》はと、仰《おほ》せさふらひき。

善人でさえも往生する。いわんや、悪人が往生しないというはずはない。

親鸞はこう云いたいのだ。これはもちろん普通の常識とはあべこべの提言だ。道学者は眉をひそめるだろう。しかも親鸞は真顔《まがお》でこれを提言し、提言せずにはおられないのだ。

「世の人つねにいはく」

と書いてあるが、これは法然上人さえ、

「悪人なを往生す、いはんや善人をやと思ふべし」

と言っていられる。

が親鸞はそれでは不満足なのだ。それは他力本願《たりきほんがん》の意趣《いしゅ》に反するからだ。

「悪人なを往生す、いはんや善人をや」という考えは、「善いものは往生する」という原理から来るのだ。しかし法蔵比丘《ほうぞうびく》が願を起した本意は、悪人成仏《じょうぶつ》のためだから、仏の誓いをたのむ悪人が一番往生の正因《しょういん》なのだ。善人のためには——自分を善人だと思える人のためには、それを正因《しょういん》とする成仏《じょうぶつ》の法門《ほうもん》があるはずだ。すなわち自力聖道《じりきしょうどう》の法門がそれだ。飽《あ》くまで、自分の善を磨きあげて仏になるがいい。しかし浄土門の宗旨《しゅうし》は、「悪人を善人に生れ更《かわ》らせて往生させよう」というのではなく、むしろ「善人に——善人顔しているものに、自分は悪人だと気づかせて往生させよう」というのである。そして自分は悪人だと気づいて、み仏の名を唱《とな》えるようになったほどのものは、その人の「身代限《しんだいかぎ》り」では、一番悪い事をしないようになれるだろう、という所に大悲《だいひ》大智《だいち》の狙いはあるのである。だから悪人が目安《めやす》である。しかしこの世は善人というもひとしく生死を離れ得ぬあわれむべき凡夫《ぼんぷ》として救いにあずかるのだ。悪人は直接に救われるが、善人は、悪人ということを自覚して、出直して来ねばならない。医者である以上、外科医《げかい》でも、内科の病気を治せるだろうが、外科医なら外科の患者が目安である。この際「内科の病人さえ治った。まして外科の病人が治らぬはずはない」というのは道理があるが、その逆は筋ちがいと言わねばならぬ。

しかしこう云ったからと云って親鸞が善人を斥《しりぞ》けたととるべきではない。

憐㆓愍善悪凡夫人㆒　真宗教証興㆓片州㆒

親鸞は正信念仏偈《しょうしんねんぶつげ》に誰でも知ってるように、

（善悪凡夫《ぜんなくぼんぷ》人《にん》を憐愍《れんみん》し　真宗《しんしゅう》の教証《けうしょう》を片州《へんしゅう》に興《おこ》す）

と書いているのでも解る。

しかし善人が先だ、悪人が先だというような事をやかましく沙汰《さた》するのも結局戯論《けろん》だ。この世の善人というも凡夫《ぼんぷ》に過ぎない。むしろ善人らしい顔には凡夫の烙印《やきいん》が捺《お》してあるぐらいのものだ。「もろもろの善男子《ぜんなんし》、善女人《ぜんによにん》」とは凡俗大衆の意味ではないか。

この世の善人も、悪人もおしなべて、生死流転《しようじるてん》の「うつそみ」としてみ仏の誓いをたのむべきものであろう。

五　末通りたる慈悲心

慈悲《じひ》に聖道《しやうだう》・浄土《じやうど》のかはりめあり。聖道《しやうだう》の慈悲《じひ》といふは、ものをあはれみ、かなしみ、はぐくむなり。しかれども、おもふがごとくたすけとぐること、きはめてありがたし。浄土《じやうど》の慈悲《じひ》といふは、念仏《ねんぶつ》して、いそぎ仏《ほとけ》になりて、大慈《だいじ》大悲心《だいひしん》をもて、おもふがごとく衆生《しゆじやう》を利益《りやく》するをいふべきなり。今生《こんじやう》に、いかにいとをし、不便《ふびん》とおもふとも、存知《ぞんち》のごとくたすけがたければ、この慈悲《じひ》始終《しじう》なし。しかれば、念仏《ねんぶつ》まうすのみぞ、末《すゑ》とをりたる大慈悲心《だいじひしん》にてさふらふべきと、云々《うんぬん》。

慈悲に聖道《しょうどう》の慈悲《じひ》と浄土の慈悲と二《ふ》た通りある。この聖道《しょうどう》と浄土との区別の仕方は、これまで度々出て来た仏教の聖道門《しょうどうもん》、浄土門《じょうどもん》の二大法門の区別と対応しているのはもちろんである。

この世において、すべて、ものをあわれみ、かなしみ、はぐくむのが聖道《しょうどう》の慈悲《じひ》である。しかしその慈悲と言うものは、心では思っても、実際には対手《あいて》を助け遂《と》げることは極めて稀《まれ》なことである。それはこの世界には環境にいろいろな障碍《しょうがい》があり、また対手と自分とに業《ごう》報《ほう》があるからだ。

社会、国家というような大きな問題を持ち出さなくても、試みに誰かに身の上相談を受けて、その人を救おうとして見るがいい。いい加減にお茶を濁すなら別だが、本当に「助け遂《と》げよう」とすれば、容易《ようい》ではない。

仮《かり》に対手が「魔窟《まくつ》」に身《み》を沈めている女であれば、身《み》を抜《ぬ》かすには金がいる。どうせ一癖《ひとくせ》ある抱主《かかえぬし》と談判《だんぱん》し、地廻《じまわ》りのごろつきと闘わねばならぬ。こっちは金も無く、腕力もない。やっと身《み》は抜《ぬ》いても彼女には悪性《あくせい》の病気がある。職の心得《こころえ》もなく、それに案外なまけものだ。郷里へかえそうと思っても郷里は貧乏な農家で喰《く》って行けない。それにまた売られそうだ。

自分の方が不死身《ふじみ》ならともかく、勤めは忙しく、生計には追われ、家族には病人が出来る。それに彼女も独立心がなく、嘘《うそ》はつくし、忘恩《ぼうおん》でもある。こっちが煩悩《ぼんのう》がある人間だから、はがゆく、腹立たしくなり、うんざりもする。つくづく考えて見れば、これは社会教育と社会改造とに俟《ま》たなければならない事だ。そして社会主義、左翼運動に走るようになる。しかし社会主義なら「助けとげる」事が出来るのか。そこには疑問が百出する。唯物《ゆいぶつ》主義と精神主義との葛藤《かっとう》。改革《かいかく》方法に伴う罪悪。祖国と共産主義との矛盾《むじゅん》。多数のための小数の犠《ぎ》牲《せい》は肯定《こうてい》出来るか。ブルジョアの心理には果して必然性はないか。人類と動物との関係をどう見るのか。——さらに自《みずか》ら実行運動に携《たずさ》われば、同志間の関係に幾らでも懐疑《かいぎ》と失望が生じる。検束《けんそく》される。拷問《ごうもん》を受ける。肉体の苦痛に勝てないため信義《しんぎ》を裏切《うらぎ》って口を割る——

こういう具合だ。いろいろの例をあげれば際限はない。

芭蕉《ばしょう》は路傍の捨児《すてご》を見て、黙って通り過ぎた。ある者は冷血漢《れいけつかん》だと言うだろう。だがどうして子供を育てる。それは彼の漂泊《ひょうはく》の生活を台なしにしてしまう事であり、その漂泊の生活には彼の全生命を打ち込んでいるのだ。彼の半生涯の一切の因縁が積って、彼は泣く涙も出ずに旅に出ているのだ。

親をうらむな。汝の薄命《はくめい》を哭《な》け。

とこう行って過ぎた芭蕉は冷血漢《れいけつかん》か。

子供を背負って、もしくは子供をほうり出して、社会改革に働くという方法がひとつ残されてはいる。しかしそれも、上述のような疑問はさし置いても、出来るだけやって見るのであって、「助けとぐること、きはめて有り難し」である。義務感は満たされるが末を見届けることはできない。

そこで親鸞は浄土の慈悲《じひ》というものを説く。「念仏して、いそぎ仏になりて、大慈大悲心《だいじだいひしん》をもて、おもふがごとく衆生《しゅじゃう》を利益《りやく》する」と言うのだ。

「いそぎ仏になりて」という心を思わねばならぬ。仏身でなくては身も不自由、心も不自由だ。人身は甲患者《かんじゃ》を診《み》れば、乙患者は後廻し、日本人と生れれば、中国の事は後廻しどころか、戦わねばならないような破目《はめ》に陥《おちい》る。心は煩悩《ぼんのう》にくくられて不自由だ。ここに「大慈大《だいじだい》悲《ひ》をもて」と言ってあるのは、人間が小慈小悲《しょうじしょうひ》しか持たない事を知っているからだ。それどころか「小慈小悲《しょうじしょうひ》もなき身にて」と親鸞は他の所で言ってる位だ。

今生《こんじゃう》にいかにいとをし、不便《ふびん》とおもふとも、存知《ぞんち》のごとくたすけがたければ、この慈悲《じひ》始《し》終《じゅう》なし。

見届《みとど》けることの出来ない慈悲《じひ》、助けとることのできない愛、胃癌《いがん》になった母の痩《や》せて行くのをそのまま見送らねばならぬ愛、死にたがらないわが子を死なせるよりない慈悲——「始《し》終《じゅう》なき慈悲《じひ》」だけでわれわれは満足出来るか。そこで親鸞は、しかれば念仏申すのみぞ、すえ通りたる大慈悲心にてさふらふべき。
と言うのである。

六　浄土の孝養

親鸞《しんらん》は父母《ふぼ》の孝養《かうやう》のためとて、一返《ぺん》にても念仏《ねんぶつ》まうしたること、未《いま》ださふらはず。そのゆへは、一切《さい》の有情《うじやう》は皆《みな》もて世々《せせ》生々《しやうじやう》の父母《ふぼ》兄弟《きやうだい》なり。いづれもいづれも、この順次《じゆんじ》生《しやう》に仏《ほとけ》になりて助《たす》けさふらふべきなり。わがちからにてはげむ善《ぜん》にてもさふらはばこそ、念仏《ねんぶつ》を廻向《ゑかう》して父母《ふぼ》をもたすけさふらはめ。ただ自力《じりき》をすてて、いそぎ浄土《じやうど》のさとりをひらきなば、六道《ろくだう》四生《しやう》のあひだ、いづれの業苦《ごふく》にしづめりとも、神通方便《じんづうはうべん》をもて、まづ有縁《うえん》を度《ど》すべきなりと、云々《うんぬん》。

これは前章の思想をさらに直接に父母にあてはめて、聖道《しようどう》、浄土《じようど》の孝養を差別したものである。

自分は亡き父母への孝養追福《ついふく》のためと思って念仏したことは一度もない。これは存命の父母でも同じであるが、親鸞の父母は親鸞の出家《しゆつけ》以前に亡くなっているから、ここでは追福《ついふく》の意味になる。

そもそも父母のために念仏するというのは、その念仏を自分の力で申す行かと思うから、その功徳を供え、廻向《えこう》して、父母を幸福にしよう、助けようと思うようになるのである。

しかし念仏は自分の力で申すのではない。仏から申させて頂くので、自分の行でないから、それに功徳の生ずるわけはない。念仏は自分が仏にならせていただくための念仏の外にはない。しかしかくして、いそぎ仏となったら、父母が地獄に堕ちていようと、餓鬼道に沈んでいようと、畜生、修羅《しゅら》、人間、天上の六道のいずれに輪廻《りんね》していようとも、また、胎《たい》生《しょう》、卵生《らんしょう》、湿生《しっしょう》、化生《けしょう》の四生《ししょう》の内、どういう生《しょう》を受けていようとも、仏の神通方便《じんずうほうべん》をもって先ず、縁の濃いもの、父母から初めて、一切の衆生《しゅじょう》を助けようと云うのである。

「一切の有情《うじやう》はみなもて世々生々《しやうじやう》の父母兄弟なり」

というのは、これは仏教の思想では、六道輪廻《ろくどうりんね》を説くものであるから、成仏《じょうぶつ》しない限りは、無始以来《むしいらい》生き変わり、死にかわり、人間になったり、虫になったりして来たので、互いに、父母になり、兄弟になりして互いに恩を受けているというのだ。

心地観経《しんぢかんぎょう》は、

有情輪廻《うじやうりんね》して六道《ろくだう》に生ずること、なほ車輪の始終《しじう》なきがごとし。或ひは父母となり、男女となり、世々生々《しやうじやう》にたがひに恩あり。

とある。

それらの一切の生きとし生けるものは皆自分の父母兄弟だから、このつぎの世に仏になって、悉《ことごと》く助けたいと云うのである。

親鸞が、このように父母の孝養のために一返も念仏した事がないと烈しく言ったのは、孝行をつまらないと云いたいからではなく、三つの目的がある。一つは当時はまだ平安朝時代の風習を継いで、現世《げんせ》利益《りやく》、追善追福《ついぜんついふく》のための仏教が盛んであったから、念仏をはっきりとわが成仏《じょうぶつ》のための念仏に純化したいため、一つは真の孝養というものは、棄恩入無為《きおんにゅうむい》、真実報恩謝《ほうおんしゃ》とあるように、仏道に入って救われて、生死《しょうし》を離れた境涯から助ける事であって、この世の流転《るてん》の波に自分も浮沈していたのでは、父母を助ける事は出来ない。なぜなら、自分に助ける力もないし、また父母の苦しみを本当に救うとは、父母を生死《しょうし》から離れさせる事だからである。も一つは父母、兄弟の肉親の愛はややもすれば、他の人々への利己我欲《りこがよく》の縁になり易《やす》いものだから、仏法としては、一切有情《いっさいうじょう》をわが父母兄弟と見る立場から一度止揚《しよう》しなければならない。しかる後、「まず有縁《うえん》を度《ど》す」という立場から、縁の近い父母から助けにかかるという事にしたかったのであろう。

七　弟子一人も無し

専修念仏《せんじゅねんぶつ》のともがらの、わが弟子《でし》、ひとの弟子《でし》といふ相論《さうろん》のさふらふらんこと、もてのほかの子細《しさい》なり。親鸞《しんらん》は弟子《でし》一人《いちにん》ももたずさふらふ。そのゆへは、わがはからひにて、ひとに念仏《ねんぶつ》をまうさせさふらはばこそ、弟子《でし》にてもさふらはめ、ひとへに弥陀《みだ》の御《おん》もよほしにあづかりて念仏《ねんぶつ》まうしさふらふひとを、わが弟子《でし》とまうすこと、きはめたる荒涼《くわうりやう》のことなり。つくべき縁《えん》あればともなひ、はなるべき縁《えん》あれば、はなるることのあるをも、師《し》をそむきて、人《ひと》につれて念仏《ねんぶつ》すれば、往生《わうじやう》すべからざるものなりなんどいふこと、不可説《ふかせつ》なり。如来《にょらい》よりたまはりたる信心《しんじん》を、わがものがほにとりかへさんとまうすにや、かへすがへすもあるべからざることなり。自然《じねん》のことはりにあひかなはば、仏恩《ぶつおん》をもしり、また師《し》の恩《おん》をもしるべきなりと、云々《うんぬん》。

これは「弟子争い」をいましめたものである。

他の宗旨のものではともかくも、浄土宗において、これはひとの弟子である、いや、わが弟子であると争論する者があるというのはもっての外の事だ。わしには一人も弟子はない。

なぜなら自分のはからいで、ひとに念仏申させるのなら、自分の弟子と云えようけれども、ただ弥陀の御催しにあずかって念仏申しておる者を、わが弟子であるというのは、実に、理由のない、図々《ずうずう》しい事だ。

師と云い、弟子と云うも、つくべき縁があれば一緒にいて道を聴くけれども、はなれるべき縁があれば、やがてはなれて行くのが自然の成行きであるのに、師に背《そむ》いて外の人と一緒になって念仏すれば往生《おうじょう》出来ないなどというのは理由のない事だ。如来《にょらい》からたまわった信心《しんじん》を、我《われ》が与えたような顔して取り返そうとでもいうのであろうか。

こんな事はくれぐれもあってはならない事だ。何事も自然の理勢、すなわち如来のはからいに随順《ずいじゅん》していれば、自《おの》ずと仏恩をも知り、師の恩をも知って来るのである。

親鸞を師として仰ぎ、慕い寄って来たものは多かったが、親鸞は道の友、同行衆《どうぎょうしゅう》という風に思っていたらしい。そう思うのが親鸞としては一番自然で、安らかであったのだ。それは信心《しんじん》は如来のものをたまわるので、自分が導くのではないという信念から来るのだ。

しかし親鸞といえども人間だから、自分を師として法を聴いていたものが、離れ去る淋しさを知らなかったわけではない。しかし彼はわが弟子と思うことの慢心《まんしん》と、因縁つきてはなれ去るものを追うことのいわれなきを思って、ただ見送ったのである。

常陸《ひたち》の信楽房《しんぎょうぼう》は「罪悪ぼこり」になって、信徒を奪って、親鸞から背き去った。親鸞は信《しん》楽房《ぎょうぼう》を愛して、仏像や、聖教《しょうきょう》など与え、聖教には署名もしてあった。

門弟たちは、教団から背《そむ》き去った以上、仏像や、聖教《しょうきょう》を取り返すようにすすめた。それは親鸞という署名がしてあるから、法師憎ければ何とやらで侮辱《ぶじょく》を加えるかも知れないからと言うのであった。

しかし親鸞は自分の弟子と思ってはならないわけを話して、

「この頃は意見が別れて、離れ去ると、与えた本尊や聖教《しょうきょう》はおろか、信心《しんじん》までも取り返そうとする風が流行するが、つくも、離れるも因縁あってのことだ。わが名のついた聖教《しょうきょう》が野山に破り捨てられても、鳥か獣が聖教《しょうきょう》にふれて仏縁を結ぶだろう」

と云った。

親鸞は自分では弟子は持たないと云ったが、法然上人に対しては飽くまで師の礼をとり、純情を傾けて、一生かわらなかった。そして法友《ほうゆう》の聖覚法印《せいかくほういん》などに対しても極めて謙遜であった。和讃《わさん》にも、

「如来大悲《にょらいだいひ》の恩徳は身を粉《こ》にしても報ずべし。師主知識《ししゅちしき》の恩徳《おんとく》は骨を砕きても謝《しゃ》すべし」

と書いている。

親鸞のように、大胆な、恐ろしい表現をする者が、もし粗笨《そぼん》な、不謙虚《ふけんきょ》な人間だったら鼻

持ちも出来ない。

大事な問題には極めてつつましい、至純《しじゆん》な人であればこそ、われわれは彼の言葉に、襟《えり》を正して傾聴《けいちよう》するのである。

八　無二無三《むにむさん》の一路

念仏者《ねんぶつしや》は無碍《むげ》の一道《いちだう》なり。そのいはれいかんとならば、信心《しんじん》の行者《ぎやうじや》には天神地祇《てんじんちぎ》も敬伏《きやうぶく》し、魔界《まかい》・外道《げだう》も障礙《しやうげ》することなし。罪悪《ざいあく》も業報《ごふはう》を感《かん》ずることあたはず、諸善《しよぜん》もをよぶことなきゆへに無碍《むげ》の一道《いちだう》なりと、云々《うんぬん》。

念仏者は無碍《むげ》の一道なり。

これは、気をもって文章を読まない者には、文章の形の首尾《しゆび》不斉合《ふせいごう》から、初め念仏は、のはの字を漢字で者と書いたのを、書写する時間違えたものであろうと憶測《おくそく》するものもあるが、私はそうは思わない。

これは初めからこの文章のとおりだったのだ。

念仏申して生き行く者の、無二無三《むにむさん》の、恐れなき姿を言い現わしたものである。びくびくおずおずして、自分の周囲の思わくをはばかり、また自分の良心からつつかれて、生気と自信のない生き方をする者がいるが、念仏者はもう善悪を見ず、一如《いちによ》の白道《びやくどう》を歩むばかりだから良心からつつかれてびくびくとはしない。また自分の生涯を一度根こそぎ投げ出しているから、どうなってもいいと腹が決っている。つまり得失と是非とを弥陀《みだ》にまかせてしまっている。だから恐れなく、障《さき》えられる事なく、無碍《むげ》の一道を行く。

「天神地祇《てんじんちぎ》も敬伏《きやうぶく》し、魔界《まかい》・外道《げだう》も障碍《しやうげ》することなし」というのは、法然の文章が「和語燈録《わごとうろく》」にその意趣《いしゅ》で出ているが、これは不幸にして文字どおりには私には解らない。しかし天神地祇《てんじんちぎ》の権威も、魔界《まかい》・外道《げどう》の怖畏《おそれ》も、われわれが何か幸福を祈り求め、あるいは不幸を恐れて迷うところから生ずるのであるから、われわれが是非と得失とを一括して放擲《ほうてき》し、宿縁《しゆくえん》にまかせて、ひたすら念仏申さるるように生きる限りは、われわれの踏む道は一如《いちによ》であって、祈りも、迷いもないから、天神地祇《てんじんちぎ》も、魔界《まかい》・外道《げどう》も手のつけようがない。これが無碍《むげ》の一道である。もちろん必ず幸福と善との道が歩けるというのではない。不幸と悪との道であるかも知れぬ。ただ善悪、幸不幸を見ない一枚の道、弥陀の御催しの道を行くばかりだ。それが無二無三の無碍《むげ》の道である。

「罪悪も業報《ごふほう》を感ずることあたはず、諸善もをよぶことなきゆへに無碍の一道なり。」

それは善悪を越えた、絶対一枚の道であって、善よりも、悪よりも高次の世界である。善悪の次元からは批評出来ない。手が届かない。われわれはこの無礙《むげ》の一道をどんなに探し求めたろう！　法然《ほうねん》の、「この世の過ぎ様」というくだりで詳述したように、そもそもの生の目ざめの時からわれわれは眼を皿のようにしてそれを探し索《もと》めたのだ。本当の道とは何か？　これがわれわれの発問《はつもん》であった。永い、恐ろしい懐疑《かいぎ》と彷徨《ほうこう》、絶望と虚無《きょむ》主義、強迫観念――二十年余もそれはつづいた。善悪を越えることは容易ではない。ツアラツストラが蛇の頭を咬《か》み切ったようにして、ついに一如《いちにょ》の門はひらけたのだ。念仏申さるるように生きる道がそこにあった。われわれが今日念仏以外、善や、正義や、人道の声に脅《おびや》かされないのは、われわれが善を索《もと》めて索《もと》めあぐみ、この世の善や、正義や、人道よりも、より深くして、真実なる生命の道を歩いていることを信じているからだ。「諸善も及ぶことなきゆへに」善を願わず、「罪悪も業報《ごふほう》を感ずるあたは」ざるゆえに悪をも恐れないのである。

念仏申さるるように生きる道を知らないものは、善を見ては恐れ、悪を見てもおののく。それはこの善悪というものがどんなものか、その実相をよくよく洞察《どうさつ》してかからないし、善悪というものがどうして生ずるかという宇宙《うちゅう》の理法を諦観《たいかん》して置かないからであって、われわれが「念仏申さるるように生きる」という生活法を見つけたのは、そういう洞察と諦観《たいかん》との結果だから、今更恐れ、おののくことはないが、その点が不徹底で、普通の人道主義ぐらいなもので生きていたのでは、善、悪に逢う度に動揺しなくてはならないのだ。

たとえばマルクス主義などの強烈な思想に逢うと、「貧乏な者を助ける」という人道主義の視点《してん》から見て、自分の抱いている人道主義よりもマルクス主義の方が調子が高いから、すぐにふらふらになってしまう。また五・一五事件などに逢うと、その恐ろしい非合法と暗殺《あんさつ》計画《けいかく》が、自分の人道主義と矛盾《むじゅん》しながらも、一方純真《じゅんしん》な祖国愛《そこくあい》と犠牲《ぎせい》の精神とが自分の人道主義より調子が高いので、善悪の判断にも当惑してしまうと云うことになるのだ。

これらは畢竟《ひっきょう》無自覚から来るものだ。

念仏の生活者はマルクス主義や、五・一五事件などに驚くものではない。なぜならそういう事のあるべきことをかねて知り、これを覚悟して、「念仏申さるるように」生きているものだからだ。

念仏申さるるなら、左翼になるも右翼になるもいい。念仏申されないなら、左翼になるも右翼になるもともに不徹底だ。念仏申さるるなら、両翼の直接行動もいとわない。念仏申されないなら、穏健《おんけん》も、中正も無自覚の範囲《はんい》を出ていない。

ここに普通搾取《さくしゅ》、被搾取《ひさくしゅ》の正、不正と呼ばれるものがある。マルクス主義や、人道主義の見るところによれば、搾取《さくしゅ》者はいつも不正で、被搾取者は常に正しいのだ。

しかしわれわれの見る所はいささか違う。

搾取、被搾取の事象《じしょう》を仔細如実《しさいにょじつ》に追求する時、われわれはついにむしろそれがあたかも、かの「棒押し」のごとき消息《しょうそく》をその実相《じっそう》としているものであることを直覚せざるを得ない、すなわち「棒押し」においては、外見的に甲乙のいずれかが押されているものとなり、他の者は押しているものとなって顕《あら》われる。押されるものは抵抗しつつも、じりじり押されて、ついにへとへとになって今や塀際《へいぎわ》まで押しつけられようとしている。しかし事実は両者ともただ単一に押しているのみである。ただ甲が乙より力が勝っているために押す者としての相を現わしているに過ぎない。乙の力が勝《まさ》ればいつにても反対の相を呈する。そこには一枚の押すという行為があるのみで、ここからは「押し」で、ここからは「押され」であるというようなつぎ目はない。甲といえども一生懸命押していない訳《わけ》には行かない。なぜなら押すことを止めれば忽《たちま》ちにして押さるる者となるからである。この場合もとより押されている者の立場は苦痛である。しかし、それは非力《ひりき》であるという境遇上、宿命上の事実であって、正不正の問題ではない。心理的動機として両者同一なのである。もとより非力者は同情に価する。その抵抗も当然である。しかしそれゆえに多力者が不正であるというのは決して事実の機微《きび》を洞察《どうさつ》したものではない。もし搾取しないならば搾取されるという位置にある時、何人が搾取せずにおられよう。このゆえに地上いかなる人間も——プロレタリアといえども搾取せずに生きている者は一人もない。生物もまた同様である。自分がもしたとえば出入の者に対して搾取せずにいるならば、自分は無産者となり、相互の位置は反対となり、その態度から言葉つかいまでいつしかあべこべとなり、自分の娘は彼らの妾《めかけ》にもされかねない。この関係を把握《はあく》する事の出来ないものは生命の蔽《おお》うべからざる一面である、「地獄」の相《そう》の恐ろしさに触《ふ》れない者である。日本の満洲《まんしゅう》に対する関係のごときもマルキシストおよび人道主義者は単に帝国主義の侵略として非難し去るけれども、日本民族の生存上そうせずにはおられないもっと深刻な事情のあらわれなのである。もとよりここに搾取《さくしゅ》というのは生命価の高いものが低い者に対する自《おの》ずからなる支配、指導、優越の関係の全貌を表現する語として適当のものとは思われないけれども、マルキシストの通用語としてそのまま借りて用いるに過ぎない。ともかくもいわゆる搾取《さくしゅ》、被搾取《ひさくしゅ》の善悪に関するマルキシストの理解は人道主義者のそれとともに実相を徹見《てっけん》したるものでなく皮層《ひそう》的である事を免《まぬか》れない。

念仏申さるるように生きるという道は、自分の位置が搾取者《さくしゅしゃ》であろうと、被搾取者《ひさくしゅしゃ》であろうと、ただ念仏申さるるよう生きるのである。全財産を投げ出して、社会改革運動に参加しなくては念仏申されないならそうするがいい。ブルジョアジーと闘う時もっとも沁々《しみじみ》と、生き生きと念仏申さるるならそうするがいい。しかし、善・悪を論じて、自分は善だからこうする、ああするというのでは、それは身の程知らず、独りよがりであって、浅薄であるし、またいざとなって幻滅《げんめつ》すると思う。先になって、大衆の無智や忘恩《ぼうおん》に驚いたり、昨日までの同志は、今日の敵となって幻滅《げんめつ》したりするのは、当初の出発点において、人生と人間心理の実相《じっそう》を徹見《てっけん》していないからである。

無礙《むげ》の一道というものは人道主義では得られるものでない。善悪を見ていては得られるものではない。「善悪を論ぜず、善悪を行ぜず」ただ一すじに念仏を行ずる時にのみ得られるのである。しかもかかる絶対一枚の生活道が、飽《あ》くまで「善」を追究した結果に得られるというところに、言うに言われぬ宇宙の神秘が蔵されているのである。

九　催されて生きる態度

念仏《ねんぶつ》は行者《ぎやうじや》のため非行《ひぎやう》・非善《ひぜん》なり。わがはからひにて行《ぎやう》ずるにあらざれば、非行《ひぎやう》といふ。わがはからひにてつくる善《ぜん》にもあらざれば、非善《ひぜん》といふ。ひとへに他力《たりき》にして、自力《じりき》をはなれたるゆへに、行者《ぎやうじや》のためには非行《ひぎやう》・非善《ひぜん》なりと、云々《うんぬん》。

念仏は申すのではない。「申さるる」のである。自《おの》ずから催されて申すのである。この我《われ》を失うて、受身になる所に宗教生活の秘義《ひぎ》があるのだ。

「彼方《かなた》より行われて」と禅《ぜん》では道元《どうげん》が云っている。小さな我が出しゃばらずに、大きな宇宙《うちゅう》が我を通して運行するのだ。自分が行《ぎょう》じるのではない、「法」が行じるのだ。宇宙の理法、生命の法則が自然《じねん》と顕現《けんげん》して来るのだ。み仏のはからいにはからわれて、念仏者は念仏申し、念仏申さるるように行動する。だからそれは非行《ひぎょう》である。

自分の力で善を行うのではない。催されて行う結果が善なのである。善悪を見ずして、念仏申さるるように生きる結果が善なのに過ぎない。だからそれは非善《ひぜん》である。すでに非行《ひぎょう》・非善《ひぜん》であるから自分の手柄にもならないわけで、慢心《まんしん》の種にもならない。気障《きざ》な善人顔、義《ぎ》人面《じんづら》をしたり、汝《なんじ》らは凡人、我《われ》は賢人とへだたりを置いて他人を見下したり、また他人の生活や、行為を厳《きび》しく裁いたりすることは出来ないはずである。浄土（真）宗の信者が気障《きざ》でなく、思わせぶりでないのは、この覚悟から出て来るのである。

また自分が行わずに、宇宙の理法、「法」、み仏が催して行ぜしめるということは、日常のどんな些末な行為も宇宙の圧力で行うということになるので、あたかも何千馬力の歯車はいかに緩《ゆる》く廻っていても、われわれの手の力ではどうしても止《と》める事が出来ないように、宇宙の力でやってる日常生活のはしばしは充実して、力がこもっているのである。外からは解らないが、念仏者の内面では、喫茶《きっさ》、喫飯《きっぱん》にも、応接《おうせつ》にも、借金《しゃっきん》とりを追い返すにも、全宇宙の力で行っているのである。

十　信心とリアリズム

念仏《ねんぶつ》まうしさふらへども、踊躍歓喜《ゆやくくわんぎ》の心《こころ》、をろそかにさふらふこと、またいそぎ浄土《じやうど》へまうしまいりたき心《こころ》のさふらはぬは、いかにとさふらふべきことにてさふらふやらんと、まうしいれてさふらひしかば、親鸞《しんらん》もこの不審《ふしん》ありつるに、唯円房《ゆゐゑんぼう》おなじこころにてありけり。よくよく案《あん》じみれば、天《てん》におどり、地《ち》におどるほどに、よろこぶべきことをよろこばぬにて、いよいよ往生《わうじやう》は一定《ぢやう》とおもひたまふべきなり。よろこぶべき心《こころ》ををさへて、よろこばせざるは煩悩《ぼんなう》の所為《しよゐ》なり。しかるに仏《ほとけ》かねてしろしめして、煩悩具足《ぼんなうぐそく》の凡夫《ぼんぷ》とおほせられたることなれば、他力《たりき》の悲願《ひぐわん》は、かくのごときのわれらがためなりけりとしられて、いよいよたのもしくおぼゆるなり。また浄土《じやうど》へいそぎまいりたき心《こころ》のなくて、いささか所労《しよらう》のこともあれば、死《し》なんずるやらんとこころぼそくおぼゆることも、煩悩《ぼんなう》の所為《しよゐ》なり。久遠劫《くおんごふ》よりいままで流転《るてん》せる苦悩《くなう》の旧里《くり》は捨《す》てがたく、いまだむまれざる安養《あんにやう》の浄土《じやうど》は恋《こひ》しからずさふらふこと、まことによくよく煩悩《ぼんなう》の興盛《こうじやう》にさふらふにこそ。なごりおしくおもへども、娑婆《しやば》の縁《えん》つきて、力《ちから》なくしてをはるときに、かの土《ど》へはまいるべきなり。いそぎまいりたき心《こころ》なきものを、ことにあはれみたまふなり。これにつけてこそ、いよいよ大悲大願《だいひだいぐわん》はたのもしく、往生《わうじやう》は決定《けつぢやう》と存《ぞん》じさふらへ。踊躍歓喜《ゆやくくわんぎ》の心《こころ》もあり、いそぎ浄土《じやうど》へもまいりたくさふらはんには、煩悩《ぼんなう》のなきやらんと、あやしくさふらひなましと、云々《うんぬん》。

これは親鸞がどこまでも真実な、リアリストで、自分の心を偽《いつわ》りなく、反省して、胡麻化《ごまか》さず、また同じ道を求める者に隠《かく》さずに本音《ほんね》を吐《は》いて、共に救いを求めて行くという態度のあらわれている尊い一章である。これが科学的、分析《ぶんせき》的方法が知られており、さらに十九世紀以後の心理解剖《かいぼう》や、自己内省《ないせい》の文学にふれていた時代ならともかく、鎌倉時代の初期の日本の、しかも宗教家だから驚嘆するほかない。トルストイなどは晩年宗教生活に入ってからかえって内省《ないせい》の鋭さを減じて、知らず知らず無意識仮虚《こけ》に陥《おちい》ったようである。これは宗教というものほど外面をつくろうて偽《いつわ》りの証《あかし》を立て易《やす》くなるものはないからだ。ひとつには周囲の社会がそれを宗教家に要求するからだ。いわゆる「側《がわ》が承知しない」からだ。今日でこそ、浄土(真)宗というものが普及して、一般が宗教家の正直《しようじき》な告白《こくはく》にもなれているけれども、親鸞《しんらん》の時代に、これほど正直な告白をする事は、親鸞にして初めて出来ることである。

「念仏を唱えてもどうも躍りあがるような歓びが、入信の頃に比べて、とかく起らぬがちであり、早く死んで浄土へ参りたい気がせぬのはどうしたものであろう」

これが唯円房《ゆいえんぼう》の疑問であった。

「申し入れて候ひしかば」

とあるので、心をこめて、突っ込んで聞いた様子が出ている。ところが親鸞の答えは、意外なものであった。

「唯円《ゆいえん》お前もそうか。わしもそれを不審に思っていたが、やっぱり同じことかなあ」

これは親鸞も感動した調子が見える。というのはこういう疑問が起るということが、すでに唯円《ゆいえん》が安心決定《あんじんけつじょう》の事をいつも心にかけている証拠であって、漫然と念仏していては決して起らない不審だからだ。

唯円《ゆいえん》は師が自分の幻滅的な疑問をまず肯定してくれたのがどんなにか嬉しかったであろう。だが師はこの不審をどう解決しているのだろう？

「よくよく案じ見れば」

というので、親鸞がこの問題を沈思熟考《ちんしじゅっこう》したことが解る。

天に躍《おど》り、地におどるほどよろこぶべきはずのことを悦ばぬので、いよいよ往生《おうじょう》は確かだということが解る。

これが親鸞の解決であった。

よろこぶべき事をよろこばせないのは、われらが煩悩のせいだ。無知で、あさはかなせいだ。しかし仏はかねてそれを見ぬいて、「煩悩具足《ぼんのうぐそく》の凡夫《ぼんぷ》」といっていられるのだ。他力《たりき》の悲願《ひがん》はかようなわれらを救《たす》けたいためだったのだと気がつくと、いよいよたのもしくなる。

また浄土へ早く行きたい気がしないで、少し病気でもすれば、死ぬのであるまいかと思うのも煩悩《ぼんのう》のせいだ。無限の過去から流転《るてん》しつづけ、楽しくもない、苦しい世の中と知ってる癖に、住みなれたこの世が恋《こい》しく、まだ見たことのない浄土は恋しくないとはよくよく煩悩《ぼんのう》が盛んなからだ。

これは親鸞《しんらん》の強弁ではなく、無智《むち》な、浅墓《あさはか》な人間の心の実相《じっそう》であって、私なども病気が治ったという躍り上るべき悦《よろこ》びを忘れてしまって感謝することはなく、それを不衛生な、無駄なことに浪費する。しかし十数年間病気の間じゅう、口癖《くちぐせ》のように、「病気でさえなかったらな」とつぶやいたものだ。四年間の「強迫観念」にも死ぬほど苦しい思いをして、これさえ治れば何も要《い》らない、世界第一の幸福者になれると思ったのに、今ではケロリと忘れて、不服ばかり考える。われながら無智な、あさはかなものだ。解脱《げだつ》した者が凡夫《ぼんぷ》にその背負っている荷物を捨てて見なさい。らくになれるからと勧《すす》めてもなかなか捨てはしない。病院に永くいると退院するのが名残り惜しくなるものだ。

「苦悩《くのう》の旧里《くり》は捨《す》て難《がた》く、いまだ生れざる浄土はこひしからず」

とはよく道破《どうは》したものだ。

「名残り惜しく思へども、娑婆《しゃば》の縁《えん》つきて、力なくして終る時に、かの土へは参るべきなり」

強迫観念《きょうはく》に苦しみぬいた私にはこの気持がよく解る。放下《ほうげ》すれば眠れると知っていても、放下《ほうげ》出来ない。眠ろうとしてはからいにはからう。そしてはからいの業《ごう》がつき、はからうにもはからわれなくなり、いやいやで手を放すと、初めてぐっすりと眠られるのだ。それもそのはずだ。

もともと煩悩《ぼんのう》と涅槃《ねはん》とはひとつのもので、煩悩《ぼんのう》をはなれて涅槃《ねはん》があるのではない。「氷多きに水多し」といってあるように、煩悩熾盛《ぼんのうしじやう》にして、恩寵《おんちよう》もいよいよ深い。

「煩悩《ぼんのう》のなきやらんとあやしくさふらひなまし」

煩悩《ぼんのう》なくして涅槃《ねはん》を得ようとするのは、水の抵抗なくして、水を泳ごうとし、泥なくして蓮《はす》を得ようとするような無理である。衆生《しゆじよう》の煩悩《ぼんのう》なくば、弥陀《みだ》の誓願《せいがん》もなく、したがって西《さい》方《ほう》の浄土もない。煩悩をなくして、西方《さいほう》の浄土へ参りたいというのは、性欲をなくして、子供を産ませたいと願うようなものである。それは不可能であるばかりでなく、気のない話である。この地上の匂《にお》い、娑婆気《しやばつけ》のないという事は、浄土真宗《じようどしんしゆう》の信仰にとっては筋ちがいであって、浄土真宗の信仰は此土《しど》の穢汚《えお》を悲しみつつも、われわれの生命を地上に引き、浄土の清さにあこがれながらも、この世界に愛着《あいちやく》の断ち切れない心に成立するのである。それが人間らしい心と言い得るならば、浄土真宗の信仰は人間らしい心に結実《けつじつ》するものである。

十一　はからいなき信心

念仏《ねんぶつ》には、無義《むぎ》をもて義《ぎ》とす。不可称《ふかしよう》・不可説《ふかせつ》・不可思議《ふかしぎ》のゆへにと、おほせさふらひき。そもそもかの御在生《ございしやう》のむかし、おなじこころざしにて、あゆみを遼遠《れうゑん》の洛陽《らくやう》にはげまし、信《しん》をひとつにして、心《こころ》を当来《たうらい》の報土《ほうど》にかけしともがらは、同時《どうじ》に御意趣《ごいしゆ》をうけたまはりしかども、その人々《ひとびと》にともなひて念仏《ねんぶつ》まうさるる老若《らうにやく》、そのかずをしらずおはしますなかに、上人《しやうにん》のおほせにあらざる異義《いぎ》どもを、近来《きんらい》はおほくおほせられあふてさふらふよし、つたへうけたまはる。いはれなき条々《でうでう》の子細《しさい》のこと。

歎異鈔《たんにしよう》の文章上の構成は、第十章までは親鸞の言葉をそのまま載《の》せて、他力《たりき》の信心の正統についての証文《しようもん》のようなかたちにし、第十一章からは作者唯円《ゆいえん》が自分の所信を述《の》べて、聖人《しようにん》の信心《しんじん》に対する当時の異議を破して、その邪説にまどわされる者を救い、亡き師の信心《しんじん》を闡《せん》明《めい》して、後から来る求道者《きゆうどうしや》の不審《ふしん》をはらそうとしたものである。それでこの十章が前段と後段との継ぎ目になっているわけである。そしてこの「念仏は義なきをもて義とす」という一節は、前の九章の趣旨を帰宗《きしゆう》せしめ、後の八章の意義を要約する楔《くさび》となり、要《かなめ》となっているもので、他力本願の大事な玄旨《げんし》である。

念仏には、無義《むぎ》をもて義とす。

義《ぎ》というのは浄信房《じようしんぼう》への親鸞《しんらん》の手紙に、

「義《ぎ》と申すことは、行者《ぎやうじや》のをのをのはからふことを義とは申すなり」

とあるから、「はからい」という意味である。念仏について、あれはこうしたもの、これはこうしたわけと、いろいろと行者《ぎようじや》の知見《ちけん》で、決めてかかって、仏智を推し測り、固定させ、局限させることを義というのである。何か尺度《しやくど》、原理《げんり》、依《よ》り所《どころ》がないと覚束《おぼつか》なく、決《き》まりがつかないような気がするのが人間の頭脳《ずのう》の性質であって、そこからかれこれとはからいが生ずるのである。しかし仏智の善巧《ぜんごう》は不可称《ふかしよう》、不可説《ふかせつ》、不可思議《ふかしぎ》であって、人間の智見《ちけん》では解らない。それは仏と仏とのみ肯《うなず》き合える世界であって、弥勒菩薩《みろくぼさつ》でさえも推しはかる事は出来ない。まったく名付けることも、説明することも、思量することも出来ない超絶的なものである。それを人間の有限《ゆうげん》な智見《ちけん》で、ああしたもの、こうしたものと推し測り、その上、自分なりに決めてしまうから邪見に堕《だ》するのである。これは聖道門《しようどうもん》の方でも、悟《さと》りの境は言説の相《そう》を離れ、思量の相《そう》を絶すると言って、宗教の極致は言う事も、考えることも出来ない絶対不二《ぜつたいふに》なのである。

かれこれと沙汰《さた》し、何とか決《き》まりをつけようと、はからうのが義であって、それを行者《ぎようじや》の側でやらなければ、仏の義が自《おの》ずとあらわれて来る。それがすなわち自然法爾《じねんほうに》、他力本願《たりきほんがん》における義《ぎ》というもので、すなわち「無義《むぎ》の義《ぎ》」である。

この「義《ぎ》なきを義《ぎ》とす」という言葉は、親鸞の造語ではなく、法然が常に言っていた言葉で、先に引いた、浄信房への手紙にも、

「如来《によらい》の誓願《せいぐわん》は不可思議《ふかしぎ》にまします故に、仏と仏との御はからひなり、凡夫《ぼんぷ》のはからひにあらず。補処《ふしよ》の弥勒菩薩《みろくぼさつ》を初めとして仏智《ぶつち》の不思議《ふしぎ》をはからふべき人は候はず。然れば如来《によらい》の誓願《せいぐわん》には、義《ぎ》なきを義《ぎ》とすとは、大師聖人の仰せに候ひき」

とある。また法然の熊谷蓮生房《くまがいれんしようぼう》への手紙には、

「浄土宗の安心起行《あんじんきぎやう》のこと、義《ぎ》なきを義とし、機なきを縁とす云々」

とある。

衆生《しゆじよう》に義《ぎ》が無ければ、仏の義《ぎ》があらわれる。これがすなわち「無義《むぎ》の義《ぎ》」である。これは実に深い叡智《えいち》であって、宗教の奥義《おうぎ》である。禅宗《ぜんしゆう》第三祖の「信心銘《しんじんめい》」に、「真を求むることを要せず、ただ須《すべか》らく見《けん》をやむべし」とある。凡夫《ぼんぷ》の見《けん》がやめばそのまま真《しん》があらわれる。凡夫の見は、いかなる智者《ちしや》の見であってもことごとく邪見《じやけん》だからだ。いかなる英雄、哲学者、詩人の見も、真如《しんによ》に関する限り皆邪見《じやけん》である。「夢《ゆめ》の中の是非《ぜひ》は是非《ぜひ》共に非《ひ》なり」とあ

るごとく、すでに夢である以上は本人は自信があっても夢からは出られない。有限智《いうげんち》で足下《あしもと》から迷っているのだから、その迷いの中で幾ら頑張ってもやはり迷見である。これはみ仏、全一《ぜんいち》、絶対《ぜったい》、真如《しんによ》、実在《じつざい》に対する時にわれわれの忘れてはならない用意である。

他力《たりき》の信心《しんじん》は自らはからわず、弥陀のはからいにはからわれまつる時に成立するのである。

第一章に「弥陀《みだ》の誓願不思議《せいぐわんふしぎ》にたすけられまいらせて」とあった、あの誓願不思議《せいがんふしぎ》である。この誓願をかれこれと推《お》し測《はか》るならもう他力の信心《しんじん》は滅びるのであって、不可称《ふかしよう》、不可説《ふかせつ》、不可思議《ふかしぎ》なものを人間の知見《ちけん》で忖度《そんたく》してはならぬ。こう言えば、それは体《てい》のいい遁口上《にげこうじよう》であり、質問を封じる護符《ごふ》であると、浅くして、鋭《するど》い秀才は直ぐに考えるでもあろうが、決してそんな動機から誓願不思議が打ち建てられたのではない。そうでなくては初めから信じる気にはなれなかったので、不可称《ふかしよう》、不可説《ふかせつ》、不可思議《ふかしぎ》なればこそ、われわれは信じるのである。理性に満足が行くから信じるのではない。

これは人智でこしらえたのでない計画だ！

こう天啓《てんけい》にふれたのが法然の「順㆓彼仏願㆒故」（かの仏《ほとけ》の願《ぐわん》に順ずるがゆゑに）の、真信《しんじん》打発《だはつ》の契機《けいき》であった。しかもすべての点で、理性的な用心深い法然がである。

これ以上は私もいろいろ言っても仕方がない。解《わか》る機縁《きえん》の来たものには解るし、そうでないものには雲を摑《つか》むような話だからだ。

さてここまでは親鸞の直接の語録《ごろく》であるが、これから唯円《ゆいえん》自身の歎異《たんに》が初まるのである。親鸞聖人《しんらんしょうにん》のまだ在世《ざいせ》の時、心を同じくして、わざわざ常陸《ひたち》、下総《しもうさ》の田舎からはるばる京都までたずねて来て法を聴き、未来の浄土に生れることの一大事を心にかけていた熱心な人たちは、同じ聖人意趣《しょうにんいしゅ》を心得ていたけれども、その人たちについて念仏した老若男女《ろうにゃくなんにょ》の多勢の信徒の中には、聖人《しょうにん》から直《じか》に聴いたのでないだけに、近頃では聖人の言われもしなかった異《い》義《ぎ》を唱え合っている人達があるという話である。

その中で、道理に合わない節々を次ぎに挙げて見ようと言うのである。唯円《ゆいえん》はもの柔かな礼義《れいぎ》のある言葉で、しかし言うべき事はぴしぴしと鋭く、厳しく言ってのけている。

十二　無縫《むほう》の信心《しんじん》

一文不通《いちもんふつう》のともがらの念仏《ねんぶつ》まうすにあふて、なんぢは誓願不思議《せいぐわんふしぎ》を信《しん》じて念仏《ねんぶつ》まうすか、また名号不思議《みやうがうふしぎ》を信《しん》ずるかと、いひおどろかして、ふたつの不思議《ふしぎ》の子細《しさい》をも分明《ふんみやう》にいひひらかずして、ひとのこころをまどはすこと、この条《でう》かへすがへすも心《こころ》をとどめて、おもひわくべきことなり。誓願《せいぐわん》の不思議《ふしぎ》によりて、やすくたもち、となへやすき名《みやう》号《がう》を案《あん》じいだしたまひて、この名字《みやうじ》をとなへんものを、むかへとらんと御約束《おんやくそく》あることなれば、まづ弥陀《みだ》の大悲大願《だいひだいぐわん》の不思議《ふしぎ》にたすけられまいらせて、生死《しやうじ》をいづべしと信《しん》じて、念仏《ねんぶつ》のまうさるるも、如来《によらい》の御《おん》はからひなりとおもへば、すこしもみづからのはからひまじはらざるがゆへに、本願《ほんぐわん》に相応《さうおう》して実報土《じつほうど》に往生《わうじやう》するなり。これは誓願《せいぐわん》の不思《ふし》議《ぎ》をむねと信《しん》じたてまつれば、名号《みやうがう》の不思議《ふしぎ》も具足《ぐそく》して、誓願《せいぐわん》名号《みやうがう》の不思議《ふしぎ》一《ひとつ》にして、さらにことなることなきなり。つぎにみづからのはからひをさしはさみて、善悪《ぜんあく》のふたつにつきて、往生《わうじやう》のたすけさはり、二様《にやう》におもふは、誓願《せいぐわん》の不思議《ふしぎ》をばたのまずして、わがこころに往生《わうじやう》の業《ごふ》をはげみて、まうすところの念仏《ねんぶつ》をも、自行《じぎやう》になすなり。このひとは名号《みやうがう》の不思議《ふしぎ》をもまた信《しん》ぜざるなり。信《しん》ぜざれども辺地《へんち》・懈慢《けまん》・疑城《ぎじやう》・胎宮《たいぐう》にも往生《わうじやう》して果遂《くわすゐ》の願《ぐわん》のゆへにつゐに報土《ほうど》に生《しやう》ずるは、名号不思議《みやうがうふしぎ》のちからなり。これすなはち誓願不思議《せいぐわんふしぎ》のゆへなれば、ただひとつなるべし。

人間の理知のはたらきというものは何でもものを区別し、分析する事がもとになる。それで「頭のいい」人に限ってものを弁《べん》じ別けたがるものだ。ところで全一《ぜんいち》なものを二つ以上に分ければ、その分けられて出来たおのおののものを集めても、もとの全一なものにはならなくなる。一つの茶碗を二つに割ると、欠《かけ》らになってしまう。茶碗の生命が毀《こわ》れてしまうからだ。全一というものは部分の集合ではなく、ひとつの精神、生命で統合《とうごう》されている不可分体である。部分に切り離すときには気のぬけた形骸《けいがい》の部分になり、生きた全体の部分ではなくなる。

二つに割った茶碗さえつなぐには中々骨が折れ、よしつなげても醜《みにく》いもので使う気にはなれない。まして天衣無縫《てんいむほう》を生命とする信仰だ。少しの間隙《かんげき》、いささかのひびも忌《い》まなければならないのである。弁じ別ける事の好きな人はその都度《つど》無縫《むほう》の茶碗を毀《こわ》してはつなぎ合わせているのだという事に気がつかぬ。なぜなら全体の精神、生命というものは目に見えぬ気だからである。

浄土真宗に、愚《おろ》かになれ、一文不通《いちもんふつう》の尼入道《あまにゅうどう》とひとつになれと繰り返し言うのはそのためである。

しかるに、その一文不通《いちもんふつう》の人たちが純一無雑《じゅんいちむざつ》に念仏申せば往生させて頂けると信じて念仏しているのをつかまえて、お前は誓願不思議を信じて念仏しているのか、それとも名号《みょうごう》不思議を信じてそうしているのかなどと言っておどろかす。学文《がくもん》に自信が無いだけに、そう言われるとおどおどする。それを懇《ねんご》ろに弁《べん》じ聴かせてもやらないで、ただ無智なものを迷わすような事をする。これは浅慮《せんりょ》なことだから、くれぐれも考えて見るべきだ。

これはいわゆる誓名別信計《せいみょうべつしんけい》というひがごとなのだ。誓願《せいがん》と名号《みょうごう》とを別々にして信じようとするはからいなのだ。乳呑児《ちのみご》に母親が好きか、お乳が好きかと訊《き》くようないたずら事だ。愚かにして、根気のない凡夫に、唱えやすく、つづけやすい名号《みょうごう》を案じだしてくれたのも、助けたいとの誓願《せいがん》の不思議によるのではないか。そしてこの名を唱えるのを手がかりに助けることの終末なのだから、み名を唱えるときにはすでに誓願不思議《せいがんふしぎ》を信じていなくてはならぬ。誓願の不思議を信じれば、自《おの》ずと、名号《みょうごう》の不思議も具《そな》わるので、誓願不思議と、名号不思議とはひとつであって、二つのものではない。

つぎに、わが身の善悪の二つについて、往生《おうじょう》に差別があって、善なれば助けになり、悪なれば障《さわ》りがあるように思うもやはりはからいであって、それは誓願の不思議をたのまずに、自分方で往生の業をつくろうと思って、念仏を申す時にも、その唱えた功徳で助かろうと思うのである。こういう人は名号そのものの不思議な力がはたらいて、行者《ぎょうじゃ》の力ではなしに、浄土《じょうど》の片ほとりとか、五百歳の間は開かぬ華《はな》のなかの宮殿《きゅうでん》とかいうような、阿弥陀仏《あみだぶつ》が仮《かり》に設けられた方便《ほうべん》の浄土に生まれるが、第二十の願によって、ついには、本当の他力の信心を催《もよお》さしめて、真実の浄土に往生《おうじょう》させられる。これは行者の力でなく、名号不思議《みょうごうふしぎ》の力である。しかし今述べたように、これらは悉《ことごと》く誓願の計画の不思議の中の出来事であるから、二つの不思議はひとつであるというのだ。

果遂《かすい》の願というのは親鸞《しんらん》の大経和讃《だいきょうわさん》に「ついには、はたしとげんとなり」とある第二十願のことで、「自力ながらも念仏すれば、ついには他力信仰に帰せしめて、真実報土《しんじつほうど》の往生を果し遂《と》げしめん」とあるのをいうのである。

この際「自力の念仏で往生させる」とはいわず、「他力の信仰に帰せしめて」とあるのを注意すべきである。真実報土《しんじつほうど》はどこまでも他力の念仏に対応した浄土であって自力の念仏では往けない。

またこの「他力の信仰に帰せしめて」とあるのを見ても、信仰は仏のはからいで催しめられるということ、その全過程が仏の善巧方便《ぜんごうほうべん》であることが解るのである。真実報土《しんじつほうど》というのは方便化土《ほうべんけど》に対していうので、方便化土というのは、仏が仮《かり》に設けた浄土で、先にあげた辺地《へんち》、胎宮《たいぐう》の他、懈慢界《けまんかい》というのは、信仰がしっかりと定まらず、若存《もしくはそんし》若亡《もしくはほろぶ》といって時々起滅する者が生れるところ、疑城《ぎじょう》というのは仏智を信じ切らぬままで念仏するものの生れるところである。これらに生れるのは皆名号不思議《みょうごうふしぎ》の力によるので、それはやがては、真実浄土に往生せしめる方便なのだから、誓願不思議《せいがんふしぎ》の力によることはいうまでもない。誓願不思議が浄土宗のアルファであり、オメガーである。

十三　学者の心なきわざ

経釈《きやうしやく》を読《よ》み学《がく》せざるともがら、往生不定《わうじやうふぢやう》のよしのこと、この条《でう》すこぶる不足言《ふそくごん》の義《ぎ》といひつべし。他力真実《たりきしんじつ》のむねをあかせるもろもろの聖教《しやうけう》は、本願《ほんぐわん》を信《しん》じ念仏《ねんぶつ》をまうさば仏《ほとけ》になる、そのほか、なにの学問《がくもん》かは往生《わうじやう》の要《えう》なるべきや。まことにこのことはりにまよへらんひとは、いかにもいかにも学問《がくもん》して、本願《ほんぐわん》の旨《むね》をしるべきなり。経釈《きやうしやく》を読《よ》み学《がく》すといへども、聖教《しやうけう》の本意《ほんい》をこころえざる条《でう》、もとも不便《ふびん》のことなり。一文不通《いちもんふつう》にして経釈《きやうしやく》のゆくぢも知《し》らざらん人《ひと》の、となへやすからんための名号《みやうがう》におはしますゆへに、易行《いぎやう》といふ。学問《がくもん》を旨《むね》とするは聖道門《しやうだうもん》なり。難行《なんぎやう》となづく。あやまて学問《がくもん》して名聞《みやうもん》利養《りやう》のおもひに住《ぢう》するひと、順次《じゆんじ》の往生《わうじやう》いかがあらんずらんといふ証文《しようもん》もさふらふぞかし。当時《たうじ》、専修念仏《せんじゆねんぶつ》の人《ひと》と聖道門《しやうだうもん》の人《ひと》、法論《ほふろん》をくはだてて、わが宗《しう》こそすぐれたれ、ひとの宗《しう》はをとりなりといふほどに、法敵《ほふてき》もいできたり謗法《ばうほふ》もをこる。これしかしながら、みづからわが法《ほふ》を破謗《はばう》するにあらずや。たとひ諸門《しよもん》こぞりて、念仏《ねんぶつ》はかひなきひとのためなり、その宗《しう》あさし賤《いや》しといふとも、さらにあらそはずして、われらがごとく、下根《げこん》の凡夫《ぼんぶ》、一文不通《いちもんふつう》のものの、信《しん》ずればたすかるよし、うけたまはりて信《しん》じさふらへば、さらに上根《じやうこん》のひとのためにはいやしくとも、われらがためには最上《さいじやう》の法《ほふ》にてましま す。たとひ自余《じよ》の教法《けうほふ》はすぐれたりとも、みづからがためには、器量《きりやう》をよばざればつとめがたし、われもひとも生死《しやうじ》をはなれんことこそ。諸仏《しよぶつ》の御本意《ごほんい》にておはしませば、御《おん》さまたげあるべからずとて、たとひ気《き》せずば、たれの人《ひと》かありてあだをなすべきや。かつは諍論《じやうろん》のところには、もろもろの煩悩《ぼんのう》をこる、智者遠離《ちしやおんり》すべきよしの証文《しようもん》さふらふにこそ。故聖人《こしやうにん》のおほせには、この法《ほふ》をば信《しん》ずる衆生《しゆじやう》もあり、そしる衆生《しゆじやう》もあるべしと、仏《ほとけ》ときおかせたまひたることなれば、われはすでに信《しん》じたてまつる、またひとありてそしるにて、仏説《ぶつせつ》まことなりけりと、しられさふらふ。しかれば往生《わうじやう》はいよいよ一定《いちぢやう》とおもひたまふべきなり。あやまてそしるひとのさふらはざらんにこそ。いかに信《しん》ずる人《ひと》はあれども、そしる人《ひと》のなきやらんともおぼえさふらひぬべけれ。かくまうせばとて、かならずひとにそしられんとにはあらず。仏《ほとけ》のかねて信謗《しんぼう》ともにあるべきむねをしろしめして、ひとのうたがひをあらせじと、ときをかせたまふことをまうすなりとこそさふらひしか。いまの世《よ》には学文《がくもん》してひとのそしりをやめん。ひとへに論義問答《ろんぎもんだふ》をむねとせんと、かまへられさふらふにや。学問《がくもん》せば、いよいよ如来《によらい》の御《ご》本意《ほんい》をしり、悲願《ひぐわん》の広大《くわうだい》のむねをも存知《ぞんち》して、いやしからん身《み》にて往生《わうじやう》せばいかがなんどとあやぶまん人《ひと》にも、本《ほん》願《ぐわん》には善悪浄穢《ぜんなくじやうえ》なき趣《おもむき》をも、説《と》き聞《き》かせられさふらはばこそ、学生《がくしやう》のかひにてもさふらはめ。たまたま何心《なにごころ》もなく、本願《ほんぐわん》に相応《さうおう》して念仏《ねんぶつ》する人《ひと》をも学文《がくもん》してこそなんどといひをどさるること、法《はふ》の魔障《ましやう》なり、仏《ほとけ》の怨敵《おんてき》なり。みづから他力《たりき》の信心《しんじん》かくるのみならず、あやまて他《た》をまよはさんとす。つつしんでおそるべし、先師《せんし》の御《おん》こころにそむくことを。かねてあはれむべし、弥陀《みだ》の本願《ほんぐわん》にあらざることをと、云々《うんぬん》。

経釈《きようしやく》を読み、学文《がくもん》をしない人たちは往生が不定《ふじよう》であるというものがあるが、言うに足りないことである。他力真実の意趣を明らかに説いてある聖教《しようきよう》は、畢竟《ひつきよう》本願を信じて念仏申せば仏になることを示してあるのであって、往生のためにはその外に、何の学問が必要であろうぞ。法楽《ほうらく》のため、説教のため、もしくは名利《みようり》のためなら別問題である。しかし往生《おうじよう》のためになら学問は要《い》らない。

しかしすでに「本願を信じて念仏申せば仏になる」という理に迷うて、信じられないのなら、それこそ経釈をよみ、学問をして、本願《ほんぐわん》の意趣《いしゆ》を知るがいい。経釈《きようしやく》、学問はそのためにあるのだからだ。しかるに経釈をよみ、学問もしながら、聖教の本意が解らないというのは気の毒な話である。

一文も知らず、経論釈《きようろんしやく》のいわれも知らないような人が唱えやすいための名号《みようごう》だから易行《いぎよう》というのだ。学問をして証《さとり》を得るのは聖道門《しようどうもん》であって難行《なんぎよう》というのだ。この理をあやまって学問をして、名利《みようり》の欲に心をとられているものは、次の世の往生がどうなるだろうか、そういうことの出ている書きものもある。

昔源信僧都《げんしんそうず》はまだ修業《しゆぎよう》中、称讃浄土経《しようさんじようどきよう》を宮中に講じ、天皇から賞与の布帛《ふはく》を賜《たま》わって、この名誉を母につたえようと、大和当麻《やまとたいま》に使をやって、その布帛《ふはく》を持たせてやった。すると僧都《そうず》の母はこれを押し返して厳《きび》しい誡《いまし》めの手紙をよこした、という話がある。

山へ登らせたまひしより後は、明けても暮れても床《ゆか》しさは心を砕《くだ》きつれども、貴《たふと》き道人《だうにん》となしたてまつる嬉《うれ》しやと思ひしに、内裏《だいり》の交《まじは》りをし、官位すすみ、紫甲青甲《しかふせいかふ》に衣《ころも》の色をかへ、君にむかひたてまつり、御経講読《おきやうかうどく》し、御布施《おふせ》の物とりたまひ候ほどの名聞利養《みやうもんりやう》の聖人《しやうにん》となりそこねたまふ口惜《くちおし》さよ。ただ命をかぎりに、樹下石上《じゆかせきじやう》の住居《すまひ》、草衣木食《さうえもくじき》に身をやつしては、木をこり落葉をひろひ、ひとへに後世たすからんとし給へとて拵へたてしに（略）名聞《みやうもん》のために説法《せつぽふ》し、利養のために御布施《おふせ》、さらに出離《しゆつり》の御動作《ごどうさ》にあらず、ただ輪廻《りんね》の御身《おんみ》となり給ふぞや。（中略）夢の世に同じ迷ひにほだされたる人々に、名を知られて何にかせん。永き後に悟《さとり》をきはめて仏の御前にて名をあげたまへかし。

この頃専修《せんじゆ》念仏の人と、聖道門《しようどうもん》の人と諍論《じようろん》して、わが宗《しゆう》がすぐれている、いや、お前の宗は駄目だというものだから法敵も出来、仏法そのものを謗《そし》るようなことにもなる。たとい他の諸宗門が一緒になって、念仏は不甲斐ない人間のためだ。あの宗旨は浅いなどといおうとも、われらがごとく下根《げこん》にして、一文不知《いちもんふち》の者が助かると聞いて信じているので、上根《じようこん》の者にとっては卑《いや》しくとも、われらがためには無上《むじよう》の有り難い法門《ほうもん》である。たとい外の法は勝れていても、われらがためには歯が立たないから、勤《つと》められない。われも人も生死《しようじ》をはなれるのこそ仏たちの御本意《ごほんい》なのだから、邪魔しないでくれと、悪びれなければ、誰れも仇《あだ》をするものはあるまい。

諍論《じようろん》のあるところ必ず瞋恚《しんに》、我慢《がまん》などの色々《いろいろ》な煩悩が起る。悧巧《りこう》なものは近づくなと教えられている経もある。遺教 経《ゆいきようぎよう》なども《そ》うだ。法然上人《ほうねんしようにん》は大原問答《おおはらもんどう》の時、あれほど物々しい理窟《りくつ》家の揃った会合を、まったくこの態度で、無難に切りぬけられ、かえって尊敬を受けられたのだ。また親鸞上人も山門《さんもん》の法師《ほうし》に諍《じよう》論《ろん》を挑《いど》まれて、対手《あいて》にならずに遁げかえられたという話もある。

また親鸞聖人が言われたのに、

この法を信ずる衆生《しゆじやう》もあるし、そしる衆生もあると釈尊《しやくそん》が予言して置かれた。われらはかく信じているのに謗《そし》る人がいるので初めて仏説が本当だったとわかる。もし謗《そし》る人が無かったら、へんな気がするだろう。

しかしこうは云っても、是非そしられようと心構えするのではない。釈尊がかねて、そうあるべきを見ぬいて、その時衆生がつまずかないように、説いて置いて下さったと言うまでだ。

こう、故聖人《こしょうにん》から聞いている。

しかるに当節《とうせつ》は学問をして、人の謗《そし》りの口をふさぎ、ひたすら論議問答を本旨としようと用意されるのであろうか。

学問の主意は、いよいよ仏の本意を知り、悲願《ひがん》の広大《こうだい》なわけをわきまえて、卑しい身で往生《おうじょう》はどんなものだろうなどと危ぶんでいる者に、本願は善悪清濁《ぜんなくせいだく》の差別のない次第を説いて聞かせてやるのこそ、学者甲斐《かい》というものであろうに、ただ何の煩《わずら》いもなく本願にふさうて念仏している者まで、学問してこそ本願も解るのだなどとおどかされるのは仏法の悪魔であり、怨敵《おんてき》である――。

これらで唯円は物柔かな文章に非常に鋭い強い力を出している。まったく信念から出て来る力である。ここらは日本文の長所を縦横に駆使《くし》してあって、誰が註釈しても原文より拙《まず》くなってしまう。屈伸柔剛《くっしんじゅうごう》よろしきを得て、達意《たつい》の極にあるものではあるまいか。

つつしんで恐るべし、先師の御こころにそむくことを、かねてあはれむべし、弥陀《みだ》の本願にあらざることを。

という結文がぴったりと据《す》わっている。

十四　善悪《ぜんなく》と宿業《しゆくごう》

弥陀《みだ》の本願不思議《ほんぐわんふしぎ》におはしませばとて、悪《あく》ををそれざるは、また本願《ほんぐわん》ぼこりとて、往《わう》生《じやう》かなふべからずといふこと、この条《でう》、本願《ほんぐわん》を疑《うたが》ふ、善悪《ぜんなく》の宿業《しゆくごふ》をこころえざるなり。よき心《こころ》のをこるも、宿善《しゆくぜん》のもよほすゆへなり。悪事《あくじ》のおもはれせらるるも、悪業《あくごふ》のはからふゆへなり。故聖人《こしやうにん》のおほせには、卯《う》の毛《け》羊《ひつじ》の毛《け》のさきにいる塵《ちり》ばかりもつくる罪《つみ》の、宿業《しゆくごふ》にあらずといふことなしとしるべしとさふらひき。またあるとき、唯円房《ゆゐゑんばう》はわがいふことをば信《しん》ずるかと。おほせのさふらひしあひだ、さんさふらふと、まうしさふらひしかば、さらばいはんこと、たがふまじきかと、かさねておほせのさふらひしあひだ、つつしんで領状《りやうじやう》まうしてさふらひしかば、たとへばひとを千人《せんにん》ころしてんや、しからば往生《わうじやう》は一定《いちぢやう》すべしとおほせさふらひしとき、おほせにてはさふらへども、一人《いちにん》もこの身《み》の器量《きりやう》にては、ころしつべしともおぼへずさふらふと、まうしてさふらひしかば、さてはいかに親鸞《しんらん》が云《い》ふことを、たがふまじきとはいふぞと。これにてしるべし、なにごとも、心《こころ》にまかせたることならば、往生《わうじやう》のために千人《せんにん》ころせといはんに、すなはちころすべし。しかれども一人《にん》にてもかなひぬべき業縁《ごふえん》なきによりて害《がい》せざるなり。わが心《こころ》のよくて殺《ころ》さぬにはあらず。また害《がい》せじとおもふとも、百人千人を殺《ころ》すこともあるべしと、おほせのさふらひしは、われらが心《こころ》のよきをばよしとおもひ、あしきことをばあしとおもひて願《ぐわん》の不思議《ふしぎ》にてたすけたまふといふことを、しらざることをおほせのさふらひしなり。そのかみ邪見《じやけん》におちたる人《ひと》ありて、悪《あく》をつくりたるものをたすけんといふ願《ぐわん》にてましませばとて、わざとこのみて悪《あく》をつくりて、往生《わうじやう》の業《ごふ》とすべきよしを云《い》ひて、やうやうにあしざまなることの聞《きこ》ゑさふらひしとき、御消息《ごせうそく》に、くすりあればとて毒《どく》をこのむべからずとあそばされてさふらふは、かの邪執《じやしふ》をやめんがためなり。またく悪《あく》は往生《わうじやう》のさはりたるべしとにはあらず。持戒持律《ぢかいぢりつ》にてのみ本願《ほんぐわん》を信《しん》ずべくば、われらいかで生死《しやうじ》をはなるべきや。かかるあさましき身《み》も、本願《ほんぐわん》にあひたてまつりてこそ、げにほこられさふらへ。さればとて、身《み》にそなへざらん悪業《あくごふ》は、よもつくられさふらはじものを。また、海河《うみかは》に、あみをひき、つりをして、世《よ》をわたるものも、野山《のやま》に、ししをかり、鳥《とり》をとりて、命《いのち》をつぐともがらも、あきなひをもし、田畠《たはた》をつくりてすぐる人《ひと》も、ただおなじことなりと。さるべき業縁《ごふえん》のもよほせば、いかなるふるまひもすべしとこそ、聖人《しやうにん》はおほせさふらひしに、当時《たうじ》は後世者《ごせしや》ぶりして、よからんものばかり念仏《ねんぶつ》まうすべきやうに、あるひは道場《だうぢやう》にはりぶみをして、何々《なになに》の事《こと》したらんものをば、道場《だうぢやう》へいるべからずなんどといふこと、ひとへに賢善精進《けんぜんしやうじん》の相《さう》をほかにしめして、うちには虚《こ》仮《け》をいだけるものか。願《ぐわん》にほこりてつくらん罪《つみ》も、宿業《しゆくごふ》のもよほすゆへなり。されば、善《よ》きことも悪《あし》きことも、業報《ごふほう》にさしまかせて、ひとへに本願《ほんぐわん》をたのみまいらすればこそ、他力《たりき》にてはさふらへ。唯信抄《ゆゐしんせう》にも、弥陀《みだ》いかばかりの力《ちから》ましますとしりてか、罪業《ざいごふ》の身《み》なれば、救《すく》はれがたしと思《おも》ふべきとさふらふぞかし。本願《ほんぐわん》にほこる心《こころ》のあらんにつけてこそ、他力《たりき》をたのむ信心《しんじん》も決定《けつぢやう》しぬべきことにてさふらへ。おほよそ悪業煩悩《あくごふぼんなう》を断《だん》じつくしてのち本願《ほんぐわん》を信《しん》ぜんのみぞ、願《ぐわん》にほこる思《おも》ひもなくてよかるべきに、煩悩《ぼんなう》を断《だん》じなば、すなはち仏《ほとけ》になり、仏《ほとけ》のためには、五劫思惟《ごこふしゆゐ》の願《ぐわん》、その詮《せん》なくやましまさん。本願《ほんぐわん》ぼこりといましめらるる人々《ひとびと》も、煩悩不浄具足《ぼんなうふじやうぐそく》せられてこそさふらふげなれ、それは願《ぐわん》にほこらるるにあらずや。いかなる悪《あく》を本願《ほんぐわん》ぼこりといふ、いかなる悪《あく》がほこらぬにてさふらふべきぞや。かへりて心《こころ》をさなきことか。

この章は人生の非常に重大な、深い問題を取り扱ってある。そして大胆な、快刀乱麻《かいとうらんま》を断《た》つような、断案を下してある。道徳と信仰との間の閑葛藤《かんかっとう》を截断《せつだん》して思い切って放下《ほうげ》してある。道学者は目を円《まる》くし、胆《きも》をつぶし、善悪《ぜんなく》を突破《とっぱ》するによほど尖鋭《せんえい》な者でも、なお躊躇《ちゅうちょ》して立ち止まるであろう一線を勇猛に飛び越えている。

しかし親鸞は決してこの一線を無造作《むぞうさ》に飛び越えたのではない。彼にとってはまさに死線を越えたのだ。彼のように罪業感《ざいごうかん》の深刻な人間にとっては、この一線のこちら側《がわ》にとどまっていることは霊魂《れいこん》の死を意味するものであった。恰度潔癖症《ちやうどけつぺきしよう》のものが、指を幾ら洗っても洗っても、なお汚物がついているような気がして、しまいには苦痛のあまり、その指を切りとって仕舞いたくなるように、親鸞にとってはどんな小さな罪もなお罪の自覚であり、それは地獄に価するものであった。潔癖症《けつぺきしよう》を直すには汚物に指を突っ込んでも耐えられるように鍛《きた》えるより外ないように、親鸞にとっては罪業感《ざいごうかん》の中に沈没してしまうより遁《のが》れ道はなかった。どんな罪も許される、だからどんな悪も恐ろしくない。この信仰《しんこう》なくしては生きられない。悪《あく》の価《あたい》は死であり、そしてどんな悪を犯すか知れたものではない。これは罪悪に対して潔癖である親鸞にとって死線でなくして何であろう。どんな悪も許してくれる弥陀《みだ》の本願《ほんがん》がなくては、彼の魂は死ぬより外はなかったのである。

だから本願《ほんがん》を信じた以上はどんな悪も恐ろしくないというのは親鸞《しんらん》にとっては当然なことであった。なぜなら、どんな小さな悪でも恐ろしければこそ、その救済《きゆうさい》を求めたのだ。それが恐ろしくないようになりたければこそ弥陀《みだ》の本願《ほんがん》を信じるのだ。本願を信じてもまだ悪が恐《こわ》いようでは救済《きゆうさい》ではない。

本願ぼこりというような事を言い出すのは畢竟《ひつきよう》心に余裕《よゆう》があるからだ。神経痛《しんけいつう》の発作《ほつさ》のあるものがモルヒネ注射を求めるような必然性をもって、弥陀の本願を求めるものなり、弥陀の本願とは罪の恐怖苦痛を消してくれる霊薬《れいやく》だと思うに相違ない。

そもそも本願を信じてもなお悪を恐れよというのは、自分のはからいで悪をつくらずに済むと思ってるからだ。もしそうなら、弥陀《みだ》の本願《ほんがん》は要《い》らない。自分のはからいで悪を抑え、善をなせば地獄《じごく》へ堕《お》ちなくともいいからだ。

しかしいずくんぞ知らん、

「よきこころの起るも、宿善《しゅくぜん》のもよほす故なり。悪事のおもはれ、せらるるも悪業《あくごふ》のはからふゆへなり。」

善悪《ぜんなく》は私のはからいでなく宿業《しゅくごう》によるのだ。

亡くなった聖人《しょうにん》は「卯《う》の毛《け》、羊《ひつじ》の毛《け》の先に入る塵《ちり》ほども、造る罪《つみ》の宿業《しゅくごう》でないものはない」

と言われた。

これは唯円《ゆいえん》の文調《ぶんちょう》で、親鸞が余程思いつめて言ったということが解る。

「神の意志でなければ雀一羽も地に落ちることはない」

こう言った時のキリストが思いつめているのと同じような調子が出ている。

これは親鸞の根本信念なのだ。それは次の話で一層よく解る。

ある時親鸞が、

「唯円房《ゆいえんぼう》、お前はわしのいうことを信じるか」

といったから、「はい。信じます」

と唯円《ゆいえん》が言うと、

「きっとそうか」

と親鸞《しんらん》は駄目《だめ》を押した。

「きっとでございます」

と唯円《ゆいえん》は謹《つつし》んで答えた。すると親鸞は、

「人を千人殺して見よ、そうすればきっと往生《おうじょう》は定まるだろう」

と言った。

「仰せではございますが、一人の人間を殺すことだって私の器量ではとても出来そうもありません」

「それ御覧、ではどうしてわしの言うことをきっときくと言うのか。これで解るだろう。何事でも思う通りに出来るものなら、往生《おうじょう》のために人間千人殺せと言えば即座に殺すだろう。けれども一人でも殺し得る業縁《ごうえん》がないから殺さないのだ。自分の心が善くて殺さないのではない。またたとい害しまいと思っても、百人、千人殺すこともあるだろう」

と親鸞は言った。

これらの言葉は危ない、際《きわ》どい、戦慄《せんりつ》すべきもので、容易《ようい》に、肯定《こうてい》も、否定《ひてい》も出来ないような性質のものであるが、そう云ってはいられない。どうしても決めなくてはならない時機《じき》が早晩来るのだ。霊魂の生死の一大事に逢著《ほうちゃく》するからだ。「待ってくれ、考えて見るから」といつまでも言えるのは、思想を取り扱う学生《がくしょう》の事だ。実践の求道者《ぐどうしゃ》は善悪《ぜんなく》の真の動機力がどこにあるかを決《き》めずにはいられないのだ。そして親鸞の答えは、それは宿業《しゅくごう》にあるのだ。もとよりかく言えばとて、それはわざと好んで悪を造って往生《おうじょう》の業にせよというのではない。そうしなくても宿業《しゅくごう》に催されて造る悪で沢山《たくさん》すぎる。また宿業《しゅくごう》に催されずに悪をつくる事は出来もしない。だからそんなことは無意味な、いたずら事だ。

だが悪が往生《おうじょう》のさまたげになるなどという事は絶対にない。持戒持律《じかいじりつ》で本願を信じるのだったら、どうしてわれらが生死《しょうじ》を離れる事が出来よう。

そこで唯円《ゆいえん》は本願ぼこりの非難に対して、昂然《こうぜん》としてあえていう。

「かかる浅ましき身も、本願に逢《あ》ひたてまつりてこそ、げにほこられ候らへ。」と。

また海や川に網を引き、釣りをして世を渡る漁夫も、野山に猪《いのしし》を狩り、鳥をとって命をつなぐ猟師も、算盤《そろばん》をはじく商人も、田畠を耕す農夫もみんな同じだ。われわれは僧形をしているが、業縁《ごうえん》が催せばどんな振舞《ふるまい》でもするだろう。——

聖人《しょうにん》はこう言われたのに、この節では、道場に張札《はりふだ》をして、「何々の事をしたものは入るべからず」などと、まるで善人だけが念仏申すべきものであると云ったような調子なのは、どうも外に賢善の姿を示して心の内に虚偽を抱いているものでなかろうか。

善悪《ぜんなく》は業報《ごうほう》にまかせて、ただ一とすじに本願をたのむからこそ他力《たりき》なのだ。「善かろうとも思わず、悪かろうとも思わず、それは業報《ごうほう》にさしまかせて」という親鸞の信仰は、「罪は十悪をもきらわじと知りて、小罪をも犯さじと思うべし」という法然の心境よりどうも徹底してるようだ。法然のだけ見ると、間然《かんぜん》するところなく見えるが、それではまだ善悪《ぜんなく》の煩《わずら》いから心を清浄《しょうじょう》にする事が出来ない。重荷を下してくつろぐことが出来ない。大放下《だいほうげ》とは言えない。無礙《むげ》自由とは言えない。不思善不思悪《ふしぜんふしあく》という六祖慧能《えのう》の放下のように、善悪《ぜんなく》の荷《に》のかかる余地のないように、業報《ごうほう》に肩替りさせて、われらは自由に本願海《ほんがんかい》に游《ゆう》泳《えい》したい。これ宗教的自由の言うに言われぬ極致である。無良心《むりょうしん》とののしることを止めよ。善悪の負荷のいかに重いものであるかを知っている心こそ、最もこの身軽の有り難さが解るのだ。

聖覚法印《せいかくほういん》の「唯信鈔《ゆいしんしょう》」にも、

「弥陀《みだ》がどのくらいの力があると知って、罪業《ざいごう》の身では救われ難《がた》いとおもうのだろう」とある。弥陀の願力《がんりき》の程度を人智《じんち》で推測するのは笑止《しょうし》の沙汰《さた》である。しかし唯円《ゆいえん》も人間だ。内心によほど法憤《ほうふん》があるらしく、ここではいささか皮肉《ひにく》になって、少し薬が利《き》き過ぎている。

われらを本願ぼこりと誡《いまし》められる人々も、われわれから見ると、どうやら煩悩《ぼんのう》が具足《ぐそく》していられるようだ。それはとりも直さず、願にほこられていられるのではないか。いかなる悪を本願ぼこりと言う。それほどの悪はないはずだ。またもしあべこべに言おうなら、どんな悪が本願ぼこりでないものがあろうか。そんな非難はかえって未熟というべきものではあるまいか。

終りの部分は痛烈《つうれつ》骨を刺《さ》すものがあるが、他人を煩悩具足《ぼんのうぐそく》していられるげに見るのは面白《おもしろ》くない。他人が煩悩具足《ぼんのうぐそく》しているか、清浄《しょうじょうむ》無垢《く》であるかは仏《ほとけ》の沙汰《さた》すべき事で、唯円《ゆいえん》がどちらとも忖度《そんたく》すべきものでない。自分を内省《ないせい》するのとはちがう。唯円《ゆいえん》に瞋恚《しんに》があるので、ついやり過ぎたのだろう。やはり諍論《じょうろん》めくとこうなるからいけないのだ。「かへりて心おさなきことか」この捨台詞《すてぜりふ》少しく気障《きざ》である。

十五　正定聚《しょうじょうじゅ》のくらい

一念《いちねん》に八十億劫《はちじふおくこふ》の重罪《ぢうざい》を滅《めつ》すと信《しん》ずべしといふこと、この条《でう》は、十悪《じふあく》・五逆《ごぎやく》の罪人《ざいにん》。日《ひ》ごろ念仏《ねんぶつ》をまふさずして、命終《みやうじう》の時《とき》はじめて善知識《ぜんちしき》のをしへにて、一念《いちねん》まうせば、八十《はちじふ》億劫《おくこふ》の罪《つみ》を滅《めつ》し、十念《じふねん》まうせば、十八十億劫《じふはちじふおくこふ》の重罪《ぢうざい》を滅《めつ》して往生《わうじやう》すといへり。これは十《じふ》悪五逆《あくごぎやく》の軽重《けいちよう》をしらせんがために、一念《いちねん》・十念《じふねん》といへるか、滅罪《めつざい》の利益《りやく》なり、いまだわれらが信《しん》ずるところにをよばず。そのゆへは、弥陀《みだ》の光明《くわうみやう》にてらされまいらするゆへに、一念発起《いちねんほつき》するとき金剛《こんがう》の信心《しんじん》をたまはりぬれば、すでに定聚《ぢやうじゆ》のくらゐにおさめしめたまひて、命終《みやうじう》すればもろもろの煩悩悪障《ぼんなうあくしやう》を転《てん》じて、無生忍《むしやうにん》をさとらしめたまふなり。この悲願《ひぐわん》ましまさずば、かかるあさましき罪人《ざいにん》、いかでか生死《しやうじ》を解脱《げだつ》すべきとおもひて、一生《いつしやう》の間《あひだ》まうすところの念仏《ねんぶつ》は、みなことごとく如来大悲《によらいだいひ》の恩《おん》を報《はう》じ徳《とく》を謝《しや》すとおもふべきなり。念仏《ねんぶつ》まうさんごとに罪《つみ》をほろぼさんと信《しん》ぜんは、すでにわれと罪《つみ》をけして往生《わうじやう》せんとはげむにてこそさふらふなれ。もししからば、一生《いつしやう》の間《あひだ》、おもひとおもふこと、みな生死《しやうじ》のきづなにあらざることなければ、いのちつきんまで念仏退転《ねんぶつたいてん》せずして往生《わうじやう》すべし。ただし業報《ごふほう》かぎりあることなれば、いかなる不思議《ふしぎ》のことにもあひ、また病悩苦痛《びやうなうくつう》をせめて、正念《しやうねん》に住《ぢう》せずしてをはらんに、念仏《ねんぶつ》まうすことかたし。そのあひだの罪《つみ》は、いかがして滅《めつ》すべきや。つみきえざれば往生《わうじやう》はかなふべからざるか。摂取不捨《せつしゆふしや》の願《ぐわん》をたのみたてまつらば、いかなる不思議《ふしぎ》ありて罪業《ざいごふ》をおかし、念仏《ねんぶつ》まうさずしてをはるとも、すみやかに往生《わうじやう》をとぐべし。また念仏《ねんぶつ》のまうされんも、ただいまさとりをひらかんずる期《ご》のちかづくにしたがひても、いよいよ弥陀《みだ》をたのみ、御恩《ごおん》を報《ほう》じたてまつるにてこそさふらはめ。つみを滅《めつ》せんとおもはんは自力《じりき》の心《こころ》にして、臨終正念《りんじゆしやうねん》といのる人《ひと》の本意《ほんい》なれば、他力《たりき》の信心《しんじん》なきにてさふらふなり。

一度念仏を唱えれば八十億劫《おくこう》の罪が消えると信じて、一度でも多く念仏を唱えよということがある。これは、観経《かんぎょう》の中に、十悪五逆の罪を犯した罪人で、しかも平常念仏を唱えることも無かった者が、善知識に逢って、一声念仏《ひとこえねんぶつ》を唱えれば八十億劫の間生死《しょうじ》に苦しむべき罪が滅び、十声唱えれば、その十倍の、十八十億劫《おくこう》の罪が滅びると書いてあるのに拠《よ》ったものであろう。この一声とか、十声とかあるのは十悪と五逆との罪の軽重を示したものと思われる。ともかくも念仏に滅罪の利益があることを信じて、多く唱えよと云うのである。がこれはわれわれの信仰しているところに及ばないと思われるというのだ。われわれの信仰は、初め弥陀の光明に照らされ、その誓願不思議《せいがんふしぎ》によって、摂取《せつしゆ》せられると信じて、念仏申そうと一念発起《いちねんほっき》した時、金剛《こんごう》の信《しん》をたまわるので、それはこの身ぐるみその時救済《きゅうさい》されるので、一つ一つの罪を、その時、その時に、声にしたがって滅ぼすというようなものではない。もっと根こそぎの救済だ。われわれの身柄《みがら》、身分を根柢から転位《てんい》せしめられるのだ。すなわちその瞬間からわれわれの流転生死《るてんしょうじ》の身分は抜かれて、正定聚《しょうじょうじゅ》の位《くらい》に据《す》えられたのだ。そして命が終れば、一切の煩悩《ぼんのう》や、障《さわ》りを転《てん》じて、不生不滅《ふしょうふめつ》の法性《ほっしょう》を悟《さと》らしめられるのだ。

正定聚《しょうじょうじゅ》というのは、まさしく浄土に生まれることの決定《けつじょう》させられたともがらという意味だが、これは抽象的意味でなく、仏から与えられた客観的な、身分、境涯の名である。だからすでにその新しい身分に転位されたものが、今さら、これから罪を滅ぼしにかかって、一声唱えればこれだけ、十声唱えればこれだけと、なし崩しに、滅罪して行くといったようなものではないのである。念仏を唱えるごとに、罪を消して往生しようと思うのは、自分の力で罪を消し、唱えた功徳《くどく》を積んで往生の業因《ごういん》をつくろうという自力の心持が蔵《かく》されている。もしそうだったら、一生の間、思い思うこと悉《ことごと》くが、生死の絆《きずな》でないものはないのだから、念仏と追いかけっこをしているようなもので、ちょっと油断《ゆだん》しても、罪業《ざいごう》がたまってしまう。二六時中借金を返すことばかりに奔走しているような惨《みじ》めな生活になって心は常に追われるような、あわただしいものになってしまう。われわれが何よりも欲しい心の静かさ、ゆたかさというものはまるで得られないことになる。それでは前の章で述べたような、重荷を下してくつろぐための念仏ではなくて、重荷を背負っていらいらする念仏になってしまう。それればかりではない。そういう考えは、業報《ごうほう》の恐ろしさを知らぬもので、業報次第では、どんな思いがけない事に出逢うかも知れないし、また病気や、怪我などの苦痛のために、心をしっかりと落ちつけている事が出来ずに死ぬような場合もある。そんな時にはなかなか念仏を唱えられるものではない。そうするとその間の罪はどうして滅ぼそうというのだろう。罪が消えなければ往生はかなわないのか。一旦摂取不捨《せっしゅふしゃ》の悲願《ひがん》をたのみ奉った以上は、どんな思いがけない目に逢って罪を犯し、念仏を唱えることができずに死んでも、すみやかに極楽に往生させて頂けるだろう。

このどんな時でも念仏を唱えられると考えている人たちは、心の底から業報というものが解っていないので、神経痛の激烈な発作《ほっさ》や、大怪我《けが》や、拷問《ごうもん》の時などその肉体的苦痛に占領されてる間は、念仏を唱えられるものではない。これは人間の生命の潜在機構《せんざいきこう》がそうつくられているからで、その間はわれわれは動物的存在に堕《お》ちてしまうのである。それは不随意《ずいい》であって、あたかも棒を目前に近づければ目《ま》たたきせざるを得ないような必然であり、たとい拳闘の選手でも、軍人でもその期間は仕方がないのである。

それから、次ぎにわれわれの心がいつでもわれわれの自由になると思ってるから、いつでも念仏が唱えられると思うのであるが、精神病にかかると、多年の念仏の行者も、念仏が唱えられなくなる。本人の意志でなしに、心というものが相違して来るのだ。これは実に、いわゆる修養とか、人格主義の倫理学などを根柢《こんてい》から覆《くつがえ》すに足る恐ろしい事実であって、そういう道徳とか、人格修養というようなものも畢竟《ひっきょう》業報《ごうほう》内の事柄であるに過ぎない。すなわち業報次第では、道徳も人格修養も成立して立派な光を放ち得るが、業報次第ではそれはいつ本人の意志でなしに毀《こわ》れるかも知れない。忠勇な士官も弾丸を脳《のう》に受ければ白痴《はくち》となり、カントのような哲学者も精神病にかかれば、前後不覚な人間になってしまう。われわれは一旦弥陀《みだ》の悲願《ひがん》に遇《あ》い、一念発起《いちねんほっき》して、念仏し、摂取《せっしゅ》された以上は、その運命を仏の手に委ねたのであるから、業報によって、その後に、白痴になっても、精神病者になっても、それは仏の方で始末をつけて頂かねばならない。それでこそ「たのむ」というものではないか。人間の身の上というものはいつどんな事になるかも解らない事を痛感せず、動物の無明《むみょう》な運命についても汎々《ひしひし》と考えて見ないようでは、弥陀《みだ》の誓願《せいがん》というものの味も本当には解らないのではあるまいか。臨終正念《りんじゅうしょうねん》を祈ることも、もとより、正念は望ましく、それに越した事はないが、それは業報によることで必ず出来るとは限らず、まして往生の条件でも、業因でもない。法然上人のように、何もかも解って、無条件の往生は決定《けつじょう》してしまった上で、安心したゆとりから、法楽として、その上にも臨終正念や、諸仏来迎をいのるのはいいが、唱名《しょうみょう》を励《はげ》み、その数を積んで、罪を滅ぼして、往生しようとはかるのは、自力《じりき》の念仏であって、他力の信心ではない。

前に、第一章でも云ったように、一念義《いちねんぎ》、多念義《たねんぎ》という争いは、ともに念仏者の心理を内から痕《あと》つけずに、抽象的に救済の理論条件を引き出そうとする所から生ずる偏執《へんしゅう》であって、共に「数」に拘泥《こうでい》する点で概念《がいねん》的である。しかし理論的条件から言えば、一念義の方が救済の原理として、徹底しているといわねばならぬ。

しかしそうだからと言って、唱名《しょうみょう》は一度以上は必要でないとか、多く唱えてはならないとかいうようなものではない。仏の悲願を思う毎に、自《おの》ずと唱名されるのは当然なことである。事につけ、物にふれては、結局念仏にまで思い至らざるを得ないのは、一度悲願にふれたものの自然の心理である。その度に念仏申さるる。それはもう往生のためではない。往生はすでに定まっている。それを思うごとに感恩されるのだ。そればかりではない。われわれは「この世の過ぎよう」を念仏申さるるように導くゆえに、一つ一つの日常行為にことごとく念仏が浸潤する。念仏を申さずには何事も行えず、何事も決定出来なくなる。一つ一つの選択《せんちゃく》の動機が、「善いから、正しいからこれをしよう」というのでなく、「念仏申されるからこれをしよう」となるのだから、日常生活の全面において、念仏が申され、それは内部発声的に生活の中に織り込まれてしまい、その遍数たるや算数を超越してしまう。法然上人《ほうねんしょうにん》の一日七万遍《べん》もまだ有限であると云わねばならない。これが本当の多念義というべきではあるまいか。

十六　成仏と往生

煩悩具足《ぼんなうぐそく》の身《み》をもてすでにさとりをひらくといふこと、この条《でう》もてのほかのことにさふらふ。即身成仏《そくしんじやうぶつ》は真言秘密《しんごんひみつ》の本意《ほんい》、三密行業《さんみつぎやうごふ》の証果《しようくわ》なり。六根清浄《ろつこんしやうじやう》はまた法華《ほつけ》一乗《いちじよう》の所説《しよせつ》、四安楽《しあんらく》の行《ぎやう》の感徳《かんとく》なり。これみな難行上根《なんぎやうじやうこん》のつとめ、観念成就《くわんねんじやうじゆ》のさとりなり。来生《らいしやう》の開覚《かいかく》は他力浄土《たりきじやうど》の宗旨《しうし》、信心決定《しんじんけつぢやう》の道《みち》なるがゆへなり。これまた易行下根《いぎやうげこん》のつとめ、不簡善悪《ふげんぜんあく》の法《ほふ》なり。おほよそ今生《こんじやう》にをいては、煩悩悪障《ぼんなうあくしやう》を断《だん》ぜんこと、きはめてありがたきあひだ、真言《しんごん》・法華《ほつけ》を行《ぎやう》ずる浄侶《じやうりよ》、なをもて順次生《じゆんししやう》のさとりをいのる。いかにいはんや、戒行慧解《かいぎやうゑげ》ともになしといへども、弥陀《みだ》の願船《ぐわんせん》に乗《じよう》じて生死《しやうじ》の苦海《くかい》をわたり、報土《ほうど》の岸《きし》につきぬるものならば、煩悩《ぼんなう》の黒雲《こくうん》はやくはれ、法性《ほつしやう》の覚月《かくげつ》すみやかにあらはれて、尽十方《じんじつぱう》の無礙《むげ》の光明《くわうみやう》に一味《いちみ》にして、一切《いつさい》の衆生《しゆじやう》を利益《りやく》せんときにこそ、さとりにてはさふらへ。この身《み》をもて、さとりをひらくとさふらふなるひとは、釈尊《しやくそん》のごとく種々《しゆじゆ》の応化《おうけ》の身《み》を現《げん》じ、三十二相八十随形好《さんじふにさうはちじふずゐぎやうかう》をも具足《ぐそく》して、説法利益《せつぽふりやく》さふらふにや。これをこそ今生《こんじやう》にさとりをひらく本《もと》とはまうしさふらへ。和讃《わさん》にいはく、金剛堅固《こんがうけんご》の信心《しんじん》の、さだまるときをまちえてぞ、弥陀《みだ》の心光摂護《しんくわうせふご》して、ながく生死《しやうじ》をへだてけるとはさふらへば、信心《しんじん》のさだまるときに、ひとたび摂取《せつしゆ》してすてたまはざれば、六道《ろくだう》に輪廻《りんね》すべからず。しかればながく生死《しやうじ》をばへだてさふらふぞかし。かくのごとくしるを、さとるとはいひまぎらかすべきや。あはれにさふらふをや。浄土真宗《じやうどしんしう》には今生《こんじやう》に本《ほん》願《ぐわん》を信《しん》じて、かの土《ど》にしてさとりをばひらくと、ならひさふらふぞとこそ、故聖人《こしやうにん》のおほせにはさふらひしか。

煩悩《ぼんのう》が一杯に充《み》ち足《た》りたこの現身《うつしみ》のままで、さとりを開くという者があるがそれはとんでもないことだ。

即身成仏《そくしんじようぶつ》ということがあるが、それは真言宗《しんごんしゅう》の神秘《しんぴ》の教で、普通の人には門扉《もんぴ》がとざされており、それには三密加持《さんみつかじ》と言って、手に印《いん》を結び、口に真言《しんごん》を唱え、意に本願を念じて、大日如来《だいにちにょらい》の三行《さんぎょう》と行者の三行とが相応して、我《われ》は彼《かれ》に入り、彼《かれ》は我《われ》に入るという所まで、修行して初めて得られるさとりの結果である。この汚穢《おえ》のままの身でさとりを開いて仏に成るというようなものではない。

六根清浄《ろっこんしょうじょう》というのは法華経《ほけきょう》に説かれている。四安楽行《しあんらくぎょう》と云って、身《しん》、口《く》、意《い》、誓願《せいがん》の四通りの修行をやって、眼、耳、鼻、舌、身、意の六根《ろっこん》を清浄無垢《しょうじょうむく》にして、仏果を得るという教で、余程上根《じょうこん》な者が難行をし、観念を凝《こ》らして初めて得られることのあるさとりである。

浄土真宗の教はこれとは違って、末世でさとりを開くので、修行《しゅぎょう》をせず、弥陀《みだ》の願船《がんせん》に乗って、生死《しょうじ》の苦海《くかい》を渡り、極楽《ごくらく》の彼岸《ひがん》につくなら、久しく障《さわ》りをなしていた煩悩《ぼんのう》の黒雲が忽《たちま》ちにして晴れ、かくされていた本当の仏性《ぶっしょう》が月の澄み渡るがごとくにあらわれて、十方世界に隈《くま》なく行き渡って、さまたげるもののない光明《こうみょう》とひとつになって、一切の衆生《しゅじょう》を助ける、その時にこそさとりを開いたというものであって、この世で、この穢身《えしん》のままで仏に成るのではない。

この世で仏になったという人は、それでは、釈迦《しゃか》のように、あるいは三十二通り、あるいは八十通りの微妙殊勝《みみょうしゅしょう》の相《そう》を具《そな》え、衆生《しゅじょう》の機《き》に応《おう》じて、どんな姿にも身を変現して、説法して救済せられるのであろうか。そんな有り難い相もなければ、そんな大きな働きも、通力《つうりき》もなく、凡夫《ぼんぷ》と同じく煩悩に苦しみ喘《あえ》ぎながら仏でもあるまい。

真言《しんごん》の開祖《かいそ》弘法大師《こうぼうだいし》でさえも、母には念仏をすすめ、また入寂《にゅうじゃく》の時には、「自分はまだ仏果を得ておらぬから、弥勒菩薩《みろくぼさつ》の出世《しゅっせ》を待って再び修行《しゅぎょう》する」と言ったと言われている。

中国天台宗《てんだいしゅう》の開祖天台大師も、日本の伝教大師《でんぎょうだいし》もともに念仏をすすめた。聖道門《しょうどうもん》の高僧でさえそういう風だ。まして戒行《かいぎょう》も保ち得ず、智慧《ちえ》の理解もない凡夫が、この身ながらの成仏《じょうぶつ》などを考えるのは身の程知らずというものだ。浄土真宗ではこの世で本願を信じて、あの世でさとりを開くのだと、法然《ほうねん》上人から教えられているぞと、親鸞《しんらん》聖人は仰《おお》せられた。――

それでは浄土真宗の信者はこの世ではどこまで行けるのか。それは前にも言った正定《しょうじょうじゅ》聚の位までだ。もう六道に輪廻《りんね》することはないという安心を持ち、命終れば仏になれるという確信を持った、安心と希望との境涯《きょうがい》だ。そしてこの世では、善悪《ぜんなく》を業報《ごうほう》にさしまかせて、のびのびと手足を延ばして自由に活動し、享楽《きょうらく》し、人間らしく喜び、悲しみ、愛し、また欲望し、その生活の全過程において、弥陀《みだ》の大慈《だいじ》大悲《だいひ》を感恩《かんおん》しつつ、義務としてではなしに、自《おの》ずから、その慈愛《じあい》を、共存同悲の衆生《しゅじょう》にあやからしめたいと心を砕くのだ。そしてたとい踏み外《はず》してもそこは平らかな青畳《あおだたみ》の上であり、み仏の舟の中での出来事に過ぎないのだ。

額《ぬか》ずりてただにありなむ身はすでに
　み舟のなかにとられまつれば

十七　ただ一度の廻心《えしん》

信心《しんじん》の行者《ぎやうじや》、自然《じねん》に腹《はら》をもたて、あしざまなることをもおかし、同朋同侶《どうぼうどうりよ》にもあひて、口論《こうろん》をもしては、かならず廻心《ゑしん》すべしといふこと、この条断悪修善《でうだんあくしゆぜん》のここちか。一向専《いちかうせん》修《じゆ》のひとにをいては、廻心《ゑしん》といふこと、ただ一度《ひとたび》あるべし。その廻心《ゑしん》は、日《ひ》ごろ本願他《ほんぐわんた》力真宗《りきしんしう》を知《し》らざる人《ひと》、弥陀《みだ》の智慧《ちゑ》をたまはりて、日《ひ》ごろの心《こころ》にては往生《わうじやう》かなふべからずとおもひて、もとの心《こころ》をひきかへて、本願《ほんぐわん》をたのみまいらするをこそ、廻心《ゑしん》とはまうしさふらへ。一切《いつさい》の事《こと》に朝《あした》夕《ゆふべ》に廻心《ゑしん》して、往生《わうじやう》をとげさふらふべくば、人《ひと》の命《いのち》は出《いづ》るいき入《いる》ほとを待《ま》たずして、をはることなれば、廻心《ゑしん》もせず、柔和忍辱《にうわにんにく》の思《おも》ひにも住《ぢう》せざらんさきに、いのちつきば、摂取不捨《せつしゆふしや》の誓願《せいぐわん》はむなしくならせおはしますべきにや。くちには願力《ぐわんりき》をたのみたてまつるといひて、こころには、さこそ悪人《あくにん》をたすけんといふ願不《ぐわんふ》思議《しぎ》にましますといふとも、さすが善《よ》からんものをこそ、たすけたまはんずれとおもふほどに、願力《ぐわんりき》をうたがひ、他力《たりき》をたのみまいらする心《こころ》かけて、辺地《へんぢ》の生《しやう》をうけんこと、もともなげきおもひたまふべきことなり。信心《しんじん》さだまりなば、往生《わうじやう》は弥陀《みだ》にはからはれまいらせてすることなれば、わがはからひなるべからず。わろからんにつけても、いよいよ願力《ぐわんりき》をあをぎまいらせば、自然《じねん》のことはりにて、柔和《にうわ》忍辱《にんにく》の心《こころ》をもいでくべし。すべてよろづのことにつけて、往生《わうじやう》には、かしこきおもひを具《ぐ》せずして、ただほれぼれと弥陀《みだ》の御恩《ごおん》の深重《じんぢう》なること、つねにおもひいだしまいらすべし。しかれば念仏《ねんぶつ》もまうされさふらふ。これ自然《じねん》なり。わがはからはざるを、自然《じねん》とまうすなり。これすなはち他《た》力《りき》にてまします。しかるを、自然《じねん》といふことの別《べつ》にあるやうに、われものしりがほにいふひとのさふらふよしうけたまはる、あさましくさふらふなり。

浄土真宗の信者が、いろいろな生活過程の中で、自然と腹を立てたり、悪い行いをしたり、仲間と口論をしたりした時には、その都度必ず懺悔《ざんげ》して、心を入れかえなければならぬというものがあるが、これは悪を断って善を行おうとする自力《じりき》の心ではなかろうか。ひたすらに念仏のみをたのむ信者にとっては、懺悔転向ということはただ一度ある切りだ。

すなわち未だ他力の信心を知らなかった自力《じりき》の人が、弥陀《みだ》の催《もよお》しにふれて、これまでの心がけではとても往生はできないと思って、これまでの自力根情をひるがえして、本願をたのむ心に帰する時だ。これが浄土真宗での本当の廻心《えしん》というもので、この外の廻心は別の立場での廻心《えしん》であって、他力の信心には関係がない。

一切の所業《しょぎょう》に、朝《あした》に懺悔《ざんげ》し、夕《ゆう》べに改心《かいしん》して往生《おうじょう》するといふのでは、人間のいのちは出る息、入る息を待たず、いつ終るかも知れないから、改心もせず、まだ怒りが解けずに柔和《にゅうわ》な、忍耐《にんたい》ぶかい心にならない時に死んでしまったら、摂取不捨《せっしゅふしゃ》の誓願《せいがん》は無駄《むだ》になってしまうのであろうか。

弥陀の願力をたのむとは言いながら、やはり善いものをお助けになるだろうという気がして、つい他力の信心が薄くなって、本願に相応《そうおう》しなくなり、辺地《へんじ》に生れたりしたら、一番悲しむべき事である。信心が定まった以上、往生《おうじょう》は弥陀のはからいで、わがはからいではないのだから、悪い事のあった時にも、いよいよ願力《がんりき》をたのんで行けば、直接に悪を矯《た》めようとしなくても、自然の道理で柔和な、忍耐深い心も起って来るだろう。

すべて何事につけても、往生には、とやかくと悧巧ぶらずに、ただほれぼれと弥陀の悲願の深いことを感恩《かんおん》した方がいい。そうすればおのずと念仏が申される。これが自然《じねん》というものだ。自分が細工《さいく》をしないのを自然というのだ。これがとりもなおさず他力《たりき》の御法《みのり》でましますのだ。それだのに自然というものが何か特別にあるように、物知り顔して沙汰《さた》せられる人があるそうであるが、浅ましい事に思われる。

われがはからわなければ自《おの》ずと法の大用《だいよう》があらわれる。自然というものをこしらえようとする必要はない。もしそうすればそれもはからいになってしまって、自然の趣きはあらわれて来ない。

そしていろいろのはからいの中で、一番捨てられないのは、善悪のはからいだ。これは無理のないことで、他のはからいと違って、良心の強いそして頭のいい善人が殊勝《しゆしよう》な心から造《ぞう》作《さ》をするのであるが、これがかえって、弥陀の本願と相応《そうおう》しなくなり、自然のことわりから外《そ》れて、人間の細工の思いもつかない、天衣無縫《てんいむほう》の自然法爾《じねんほうに》の運行を邪魔《じやま》するようになるのだ。一見善く、正しく見えながら、真理に契合しない行為があるということをよくよく留意すべきである。なぜなら宇宙《うちゆう》の命法、生命の秘義は善・悪、邪・正を超越した絶対一枚の勅《ちよく》命《めい》だからだ。

十八　第二十の願のこころ

辺地《へんぢ》の往生《わうじやう》をとぐるひと、つゐには地獄《ぢごく》におつべしといふこと、この条《でう》、いづれの証文《しようもん》にみえさふらふぞや。学生《がくしやう》たつる人《ひと》の中《なか》にいひ出《い》ださるることにてさふらふなるこそ、あさましくさふらへ。経《きやう》論聖《ろんしやう》教《けう》をば、いかやうに見《み》なされてさふらふやらん。信心《しんじん》かけたる行者《ぎやうじや》は、本願《ほんぐわん》を疑《うたが》ふによりて、辺地《へんぢ》に生《しやう》じて、疑《うたがひ》の罪《つみ》をつぐのひてのち、報土《はうど》のさとりをひらくとこそうけたまはりさふらへ。信心《しんじん》の行者《ぎやうじや》すくなきゆへに、化土《けど》におほくすすめいれられさふらふを、つゐにむなしくなるべしとさふらふなるこそ、如来《にょらい》に虚妄《こまう》をまうしつけまいらせられさふらふなれ。

これは第十一章のところで述べた辺地往生《へんじおうじょう》の人が、本願を疑う罪によって、ついには地獄に堕《お》ちるということを、当時の学者ぶりたがる人々の中に言いふらす者があったのに対して、唯円《ゆいえん》が抗議したのである。

一にはそういう説は経文をどう読みちがえたものか知らないが、経文にはそういうことは書いてないはずである。

大経の第十八願・観経の第十九願、弥陀経の第二十願、ともに大慈大悲《だいじだいひ》の誓願《せいがん》であって、一切衆生《いっさいしゅじょう》を報土《ほうど》に往生せしめたいための善巧方便《ぜんぎょうほうべん》であり、一人でも漏《も》れたら正覚《しょうがく》を取らないとの誓いであって、そのためわざわざ設けた辺地の人たちを地獄に堕《おと》すなどという事は弥陀誓願の趣旨から言ってあるべからざる事である。本願に対して半信半疑であり、そのために半自力《じりき》、半他力《たりき》である人たちが仮《かり》に往生するのが、辺地であるが、弥陀はそれどころでなく、全然本願を信ぜぬ自力一方の人たちさえもついには救わずには置かぬと誓願されているほどではないか。それが大経に説いてある第十九願ではないか。自力の人も、半自力《はんじりき》の人も、方便《ほうべん》を設けてついには他力の信に帰せしめて、方便《ほうべん》の化土《けど》を離れて、真実の浄土《じょうど》に往《おう》生《じよう》させるというのが仏の誓いである。仏の心は助けたい一方で、地獄に堕《おと》したいという動機など少しもないのに、辺地《へんじ》の人たちがついに地獄へおとされるなどとは、そもそも仏の心を汲まずにただ経釈の字義ばかり見ている証拠《しようこ》である。それも何ら確かな典拠《てんこ》のない読みちがえか、曲解に過ぎないのだ。

本当の読み方をする者には第十九願、第二十願があるために、かえって第十八願の真意が一層はっきりするはずだ。仏の心はいかにもして助けとりたいばかりなのだ。無始《むし》以来生死《しようじ》に流転《るてん》している衆生《しゆじよう》はよほどの込み入った難病人だ。ひと通りでは治せない。本願に近づいて来ぬものは、次第に方便《ほうべん》をもって、近づけて、ついに救い取るよりない。そのため仮に辺地《へんじ》、胎宮《たいぐう》等の化土《けど》を設けたのだ。

法華経の「信解品《しんげほん》」に出ている長者窮子《ちようじやぐうじ》の喩《たとえ》のように、久しく流浪《るろう》して落ちぶれている子は、いきなりわが子だ、すべての財宝はお前のものだと寵遇《ちようぐう》しようとしても、ひねくれ、疑って、近づいて来ないので、初めはただの掃除人に雇《やと》って家へ入れ、だんだん引きあげて、本人の心がゆたかに、素直になってから、実はお前はわが嫡子《ちやくし》なのだ、すべてはお前のものだと打ち明けると初めて今度はそのまま信じるといった具合だ。

信じぬものは助けぬと捨てるのではない。信じさせて、救ってやりたい。そのために、十九、二十の願があり、辺地《へんじ》、胎宮《たいぐう》も設けてあるのだ。辺地から地獄へおとすのでは、何のための辺地かわからない。これなどは仏の深い深い、十八願にも盛り切れぬ広大な慈悲を汲みとらずに、仏に心にもない虚妄《こもう》のぬれ衣《ぎぬ》きせるというものだ。

それだからこそ親鸞聖人は、「教行信証《きょうぎょうしんしょう》」の第六巻、「化身土巻《けしんどのまき》」で、第十九願、第二十願の教義を詳述せられ、「三経往生文類《さんぎょうおうじょうもんるい》」で、十八、十九、二十の三願を比較して述べ、仏の誓願の真意を明らかにせられた。

性信房《しょうしんぼう》への手紙の中にも、

「仏願の深きことは、懈慢辺地《けまんへんぢ》に往生《わうじやう》し、疑城胎宮《ぎじやうたいぐう》に往生するだにも、弥陀の御ちかひの中に、第十九、第二十の願の御あはれみにてこそ、不可思議のたのしみにあふことにて候へ」

と書いてある。

われわれの生活でもこの愛の方便を用いるということは、その愛のしんみである証拠で、おつとめの奉仕にはそんなものはない。俺はこれだけしてやってる。しかしあの子は勉強しないで、なまける。だから俺のせいではない。俺はもう知らぬ。これは義理の子へのつとめの愛だ。この場合には自分のせいでなければいい。良心が疾《や》まなければいいのだ。

しかししんみの愛はそうではない。それは道徳や、良心が主問題ではない。罪はどちらにあろうとも、相手が可愛いのだ。

だから、勉強せよと言っても駄目なら、いろいろ工夫して、勉強するように、間接な手段を講じるのだ。

責任がどちらにあるかを考えて、こちらになかったら、見捨てるという、裁《さば》きのある愛では、到底他人を愛し得るものでない。それでは腹立たしくなるにきまっている。対手《あいて》が改めるように、仮の方便で、だんだんと導く気でなくては愛にはならない。正直《しょうじき》で、正義感の強いものはそれでかえって他人を愛し難くなる。インテリゲンチャの青年は臆病で、ブルジョアの娘は甘い。それは皆本人が悪いのだ。だからそれを直して来るまで俺は知らないというのでは、結縁《けちえん》にはならない。彼らがそうなったのには、事情があるのだから、そのままで結縁し、愛の誠で融《と》かし、境遇の方から、いろいろと導いて行くよりない。弥陀の方便化土《けど》、辺地《へんじ》、胎宮《たいぐう》なども、そういう慈悲から生じたものに外ならない。しかし学者ぶる者には、そういう心は解らないから、経文《きようもん》を曲解して、彼らの誇りである新しい説を生み出そうとしたものであろう。

十九　弥陀《みだ》の身量《しんりよう》

仏法《ぶつぽふ》のかたに施入物《せにゆうもつ》の多少《たせう》にしたがひて、大小仏《だいせうぶつ》になるべしといふこと、この条《でう》不可説《ふかせつ》なり。様々比興《やうやうひきよう》のことなり。まづ仏《ほとけ》に大小《だいせう》の分量《ぶんりやう》をさだめんことあるべからずさふらふ。かの安養浄土《あんにようじやうど》の教主《けうしゆ》の御身量《おんしんりやう》とかれてさふらふも、それは方便報身《はうべんはうしん》のかたちなり。法性《ほつしやう》のさとりをひらいて、長短方円《ちやうたんはうゑん》の形《かたち》にもあらず、青黄赤白黒《しやうわうしやくびやくこく》の色《いろ》をも離《はな》れなば、なにをもてか大小《だいせう》をさだむべきや。念仏《ねんぶつ》まうすに化仏《けぶつ》を見《み》たてまつるといふことのさふらふなるこそ、大念《だいねん》には大仏《だいぶつ》を見《み》、小念《せうねん》には小仏《せうぶつ》を見《み》るといへるか。もしこのことはりなんどに、はしひきかけられさふらふやらん。かつはまた檀波羅蜜《だんはらみつ》の行《ぎやう》ともいひつべし。いかに宝物《たからもの》を仏前《ぶつぜん》にもなげ、師匠《ししやう》にも施《ほどこ》すとも、信心《しんじん》かけなばその詮《せん》なし。一紙半銭《しはんせん》も仏法《ぶつぽふ》のかたにいれずとも、他力《たりき》に心《こころ》をなげて、信心《しんじん》ふかくば、それこそ願《ぐわん》の本《ほん》意《い》にてさふらはめ。すべて仏法《ぶつぽう》にことをよせて、世間《せけん》の慾心《よくしん》もあるゆへに、同朋《どうほう》をいひをどさるるにや。

布施《ふせ》の多少に従って大きな仏になったり、小さな仏になったりするというような事のお話しにならない事は、今更とりあげていう程の事でもあるまい。今日ではそういう事を信じるものはあるまい。しかし唯円のいた頃は、浄土真宗にさえ、そういう事を言って、愚民から施入物《せにゆうぶつ》を多く貪《むさぼ》ろうとした者が少くなかったものと見える。比興というのは恐らく非興の誤写で、興がさめるという意味であろう。

それにつけても思い出すのは大谷《おおたに》の納骨《のうこつ》だ。関西では死者の骨の一部を京都の大谷に納《おさ》めて、供養《くよう》して貰《もら》う風習があるが、私も亡父の骨を納めに大谷に参ったが、納骨料の多少に従って、取り扱いに等級があるのは、世の習わしとしても、やり方があまりに露骨《ろこつ》、粗野《そや》なので、全く非興の思いに打たれた。生きている間じゅう同様の事で気をくさらし、骨になってまでまだその浅ましい取り扱いから逃れられないのかと思って暗然とした。布施の多少で大仏、小仏になれるというのと相通じるところのある比興の沙汰《さた》である。

さてこの章には一つの大事な問題が取り扱ってある。

それは仏の実体の問題だ。

仏身には大小の分量はないと云ってある。観無量寿経には、安養《あんにょう》浄土《じゃうど》の教主、阿弥陀仏の身量を六十万億那由他《なゆた》恒河《こうが》沙由旬《しゃゆじゅん》と説いてあるが、これは差別《さべつ》と相対《そうたい》と形色《けいしょく》としか想像することのできない凡夫の機に応じるための方便《ほうべん》報身のかたちであって、真実報身の仏は、法性のさとりを開いて、長い、短い、とか、四角、円とかいうような形もなければ、青、黄、赤、白、黒等の色も離れるから、大きい仏、小さい仏ということは決めようがない。

また「大集《だいしゅう》日蔵経《にちぞうぎょう》」には「大念には大を見、小念には小を見たてまつる」とあり、「地蔵《じぞう》十輪経《じゅうりんきょう》」には、「もし小身仏を念ずれば則《すなわ》ち小身仏を見たてまつり、もし大身仏を念ずれば則《すなわ》ち大身仏を見たてまつる」とあるから、これに引きかけて言ったものかも知れないが、これらは皆観念を凝《こ》らして、その念力《ねんりき》に対応《たいおう》する化仏《けぶつ》を見るのであって、仏の真実報身《しんじつほうしん》を見たてまつるのではない。仏の真実報身は「虚無之身無極之体《きよむのしんむごくのたい》」であって、形と色とを離れ、言語の形容を絶した、名付《なづ》け方も、想像の仕方もないものである。

また施物《せもつ》の多少ということは、檀波羅蜜《だんはらみつ》、すなわち布施《ふせ》の行《ぎょう》として解釈すれば意味ある事であり、同じ誠心からならば多く布施するに越した事はないが、それは他力《たりき》の往生とは関係のない自力の行である。またいかに仏前に財物をささげ、僧侶に施《ほどこ》しても信心が欠けていたのでは何にもならない。一紙半銭《いっしはんせん》も仏法への身《み》の代《しろ》に入れなくとも、他力に心を投げ入れて、しかと信仰を定めておれば、それが一番大事な本願の心にそう事だ。畢竟《ひっきょう》仏法にかこつけて、世間の欲をもとげようとするから、そんな事を言って、信者たちをおどかすことになるのだろう。

今日でもいろいろな宗派に、この施物《せもつ》と利益《りやく》との取引きに類する事はさかんに行われている。宗教を堕落《だらく》させるものはこれより大きいものはない。反宗教運動などが起るのもこういう事が目にあまるからで、そのために宗教意識そのものまでも排斥《はいせき》されるようになるのは遺憾《いかん》の至りである。現世利益《げんせりやく》と宗教とは関係がない。後世の利益すらも福利《ふくり》ではない。清浄《しょうじょう》の国土《こくど》に仏《ほとけ》と成《な》らしめられることである。

二十　結文

右《みぎ》の条条《でうでう》はみなもて信心《しんじん》のことなるより、をこりさふらふか。故聖人《こしやうにん》の御物語《おんものがたり》に、法然《ほふねん》聖人《しやうにん》の御《おん》とき、御弟子《おんでし》そのかずおほかりける中《なか》に、おなじく御信心《ごしんじん》のひとも、すくなくおはしけるにこそ、親鸞《しんらん》、御同朋《おんどうぼう》の御中《おんなか》にして、御相論《ごさうろん》のことさふらひけり。そのゆへは、善信《ぜんしん》が信心《しんじん》も聖人《しやうにん》の御信心《ごしんじん》もひとつなりとおほせのさふらひければ、誓観房《せいくわんぼう》・念仏《ねんぶつ》房《ぼう》なんどまうす御同朋達《おんどうぼうたち》もてのほかにあらそひて、いかでか聖人《しやうにん》の御信心《ごしんじん》に、善信房《ぜんしんぼう》の信心《しんじん》ひとつにはあるべきぞとさふらひければ、聖人《しやうにん》の御智慧才覚《おんちゑさいかく》ひろくおはしますに、一《ひとつ》ならんとまうさばこそ、ひがごとならめ、往生《わうじやう》の信心《しんじん》にをいては、またくことなることなし、ただひとつなりと御返答《おんへんたふ》ありけれども、なをいかでかその義《ぎ》あらんといふ疑難《ぎなん》ありければ、詮《せん》ずるところ聖人《しやうにん》の御前《おんまへ》にて、自他《じた》の是非《ぜひ》をさだむべきにて、この子細《しさい》をまうしあげければ、法然聖人《ほふねんしやうにん》のおほせには、源空《げんくう》が信心《しんじん》も如来《によらい》よりたまはりたる信心《しんじん》なり、善信房《ぜんしんぼう》の信心《しんじん》も如来《によらい》よりたまはらせたまひたる信心《しんじん》なり、さればただひとつなり。別《べつ》の信心《しんじん》にておはしまさん人《ひと》は、源空《げんくう》がまいらんずる浄土《じやうど》へは、よもまひらせたまひさふらはじとおほせさふらひしかば、当時《たうじ》の一向専修《いつかうせんじゆ》の人々《ひとびと》の中《なか》にも、親鸞《しんらん》の御信心《ごしんじん》にひとつならぬ御《おん》ことも、さふらふらんとおぼえさふらふ。いづれもいづれも、くりごとにてさふらへども、かきつけさふらふなり。露命《ろめい》わづかに枯草《かれくさ》の身《み》にかかりてさふらふほどにこそ、あひともなはしめたまふ人々《ひとびと》の御不審《ごふしん》をもうけたまはり、聖人《しやうにん》のおほせのさふらひし趣《おもむき》をも、まうしきかせまいらせさふらへども、閉眼《へいがん》ののちは、さこそしどけなきことどもにてさふらはんずらめと、なげき存《ぞん》じさふらひて、かくのごとくの義《ぎ》ともおぼせられあひさふらふ。人々《ひとびと》にも、いひまよはされなんどせらるることのさふらはんときは、故聖人《こしやうにん》の御心《みこころ》にあひかなひて、御《ご》もちゐさふらふ御聖教《ごせいけう》どもを、よくよく御覧《ごらん》さふらふべし。おほよそ聖教《せいけう》には、真実権仮《しんじつごんけ》ともにあひまじはりさふらふなり。権《ごん》をすてて実《じつ》をとり、仮《け》をさしをきて真《しん》をもちゐるこそ、聖人《しやうにん》の御本意《ごほんい》にてさふらへ。かまへてかまへて聖教《せいけう》を見《み》みだらせたまふまじくさふらふ。大切《たいせつ》の証文《しようもん》ども、少々《せうせう》ぬきいでまいらせさふらふて、目安《めやす》にして、この書《しよ》にそへまいらせてさふらふなり。聖人《しやうにん》のつねのおほせには、弥陀《みだ》の五劫思惟《ごこふしゆゐ》の願《ぐわん》をよくよく案《あん》ずれば、ひとへに親鸞一人《しんらんいちにん》がためなりけり、さればそくばくの業《ごふ》をもちける身《み》にてありけるを、たすけんとおぼしめしたちける本願《ほんぐわん》のかたじけなさよと、御述懐《ごじゆつくわい》さふらひしことを、今《いま》また案《あん》ずるに、善導《ぜんだう》の、自身《じしん》はこれ現《げん》に罪悪生死《ざいあくしやうじ》の凡夫《ぼんぷ》、曠劫《くわうごふ》よりこのかた、つねにしづみつねに流転《るてん》して、出離《しゆつり》の縁《えん》あることなき身《み》としれといふ金言《きんげん》に、すこしもたがはせおはしまさず。さればかたじけなくも、わが御身《おんみ》にひきかけて、われらが身《み》の罪悪《ざいあく》の深《ふか》きほどをもしらず、如来《にょらい》の御恩《ごおん》の高《たか》きことをもしらずしてまよへるをおもひしらせんがためにてさふらひけり。まことに如来《にょらい》の御恩《ごおん》といふことをばさたなくして、われも人《ひと》も、よしあしといふことをのみまうしあへり。聖人《しやうにん》のおほせには、善悪《ぜんあく》のふたつ、総《そう》じてもて存知《ぞんち》せざるなり。そのゆへは、如来《にょらい》の御意《みこころ》によしとおぼしめすほどにしりとほしたらばこそ、よきを知《し》りたるにてもあらめ、如来《にょらい》のあしとおぼしめすほどに、しりとほしたらばこそ、あしさを知《し》りたるにてもあらめど、煩悩具足《ぼんなうぐそく》の凡夫《ぼんぶ》、火宅無常《くわたくむじやう》の世界《せかい》は、よろづのこと、みなもてそらごと、たわごと、まことあることなきに、ただ念仏《ねんぶつ》のみぞまことにておはしますとこそ、おほせさふらひしか。まことに、われも人《ひと》も、そらごとをのみまうしあひさふらふ中《なか》に、ひとついたましきことのさふらふなり。そのゆへは、念仏《ねんぶつ》まうすについて、信心《しんじん》の趣《おもむき》をも互《たが》ひに問答《もんだふ》し、ひとにもいひきかするとき、ひとのくちをふさぎ、相論《さうろん》のたたかひかたんがために、またくおほせにてなきことをも、おほせとのみまうすことあさましくなげき存《ぞん》じさふらふなり。このむねをよくよくおもひとき、こころえらるべきことにさふらふなり。これさらに私《わたくし》の言《ことば》にあらずといへども、経釈《きやうしやく》のゆくぢも知《し》らず、法文《ほふぶん》の浅深《せんしん》をこころえわけたることもさふらはねば、さだめておかしきことにてさふらはめども、古親鸞《こしんらん》のおほせごとさふらひしをもむき、百分が一、かたはしばかりをもおもひいでまいらせて、かきつけさふらふなり。かなしきかなや、さひはひに念仏《ねんぶつ》しながら、直《ただち》に報土《はうど》にむまれずして辺地《へんち》にやどをとらんこと。一室《しつ》の行者《ぎやうじや》のなかに信心《しんじん》こと なることなからんために、なくなく筆《ふで》をそめて、これをしるす。なづけて歎異鈔《たんにせう》といふべし。外見《げけん》あるべからず。

ここまでで異義の節々を一つ一つ挙げて、それを匡正《きようせい》して来たので、これからの部分は、全体の総結文とも言うべきものに当るのである。

唯円《ゆいえん》は以上逐条《ちくじよう》批評して来たような異義が生じるのは結局信心の発祥《はつしよう》を仏の本願そのものに置かずに、自分の智見分別《ちけんふんべつ》から出発しようとする所から来るのであると見た。したがって皆の信心を一つにして異義が生じないようにするためには、各自の智見を捨てて、ひとしく如来からたまわった信心である点に還元《かんげん》せしめ、その信心はただ念仏申して往生せしめらるると信じて念仏するという一事に帰宗《きしゆう》せしむべきであると考えた。そこで親鸞聖人の在世《ざいせ》の頃に聞いた話で、法然上人の吉水禅房《よしみずぜんぼう》で門弟たちの間に起った、例の「信心《しんじん》諍論《じようろん》」の事を持ち出して来たのだ。

この話については、親鸞聖人の伝記の処で詳しく書いたから、ここではくり返さない事にする。

善信房《ぜんしんぼう》（親鸞《しんらん》）の信心も如来《にょらい》から頂いた信心、わしの信心も如来からたまわった信心だから、さらに変りはないと法然上人《ほうねんしょうにん》はおっしゃった。その上、別の信心を抱いている者はわしの往《ゆ》く浄土へは到底来られまいといわれたのだから、法然上人がこの事をよくよく思い込まれていたという事が解る。信心というものは手前の方を問題にせず、仏の方に目をつけなければ異義を生じることを免《まぬか》れない。それから信心を思想だと思ってはならない。信心には、助けられると信じて念仏申すという事の外に、なんらの思想内容も与えてはならない。なんらかの思想内容を与えたらもはや懐疑と分裂とを免れない。思想から解放されるという事が実に信心のたまものである。現代人は思想過剰《かじょう》に食滞《しょくたい》している。それを一度すべて嘔吐《おうと》しつくして、胃《い》の腑《ふ》をきれいに洗滌《せんでき》してしまわねばならぬ。現代の思想迷路、思想地獄《じごく》を充分に知っているものには、この無思想の信心の境地がどんなに尊いか知れないのである。無くてならぬものはただ一つ、それは決して思想ではない。科学でも、哲学でも、芸術でもない。このなくてならぬただ一つのものを摑《つか》むのには、哲学も、科学も、芸術も、一切の思想も要《い》らない。まったくの手ふりでいい。一文不知《いちもんふち》の尼入道《あまにゅうどう》でいい。それを摑《つか》んでしまってから、その人の器量次第《きりょうしだい》、業報《ごうほう》次第で、科学、哲学、芸術の世界に分け入ることが出来るなら、これに越したためでたい事はない。しかしそれは誰にでも出来ることではない。器量次第、業報《ごうほう》次第ではそれらはほとんど享受《きょうじゅ》し得られないこともある。しかしそれが得られないからと言って往生には障《さわ》りはない。安心立命《あんしんりつめい》には影響はない。宇宙《うちゅう》とひとつとなり、許されて生き、その人のいのちは法界《ほうかい》におさめ摂《と》られる。死んでももういい。

「露命《ろめい》わづかに枯草《かれくさ》の身《み》にかかりてさふらふほどにこそ」のあたりから、唯円《ゆいえん》の文章は沁々《しみじみ》と、一抹《まつ》の哀調を帯《お》びて来て、慈《いつく》しみとさとしとの優雅な、物やわらかな、美しい味を出している。蜩《ひぐらし》が啼くだけ啼き尽くして、終りが近づいたと云った感じである。

自分が生きている間は、何とかして、一緒に念仏を申し合っている人たちの不審も聞き、聖人から承わっていることをもお取次ぎも出来ようが、死んだ後にはどんな事になろうも知れないから、それが心配だ。もしいろいろな異義を唱える人たちに迷わされそうな時には、親鸞聖人《しんらんしょうにん》のお心にぴったりとして常に引用せられた経文《きょうもん》などをよく見られるがいい。だがおよそ経には真実と仮のものとが混淆《こんこう》している。仮のものを捨てて真実のものを用いるのが聖人の御本意である。呉《く》れぐれも気をつけて、経を読み違えないようにされるがいい。

親鸞聖人の心に適《かの》うて、常に引用した聖教というのは、三部経はいうまでもないとして、道綽《どうしゃく》、善導《ぜんどう》、源信《げんしん》、源空《げんくう》らの著書、それから、聖覚法印《せいかくほういん》の「唯信鈔《ゆいしんしょう》」、隆寛律師《りゅうかんりつし》の「後世物《ごせもの》語《がたり》」、「自力他力《じりきたりき》の事」、「一念多念分別事《いちねんたねんふんべつのこと》」などをさすものらしい。

「大切の証文ども」というのは、何か聖教《しょうきょう》から抜き書きしたものを集めて、この「歎異鈔」に添えてあったに相違ないが、それは散逸《さんいつ》して今は伝わっていない。

　聖人が常々いわるるには、

弥陀《みだ》が五劫《ごこう》という長い間、何とかして始末におえない、業《ごう》の深い難病人の凡夫《ぼんぷ》を助けたいものと、工夫《くふう》に工夫を凝《こ》らして下さった悲願の心を、よくよく考えて見れば、まったくこの親鸞一人のためであった。かほどまでの業《ごう》の深い自分を助けてやろうと思い立って下さった本願のかたじけなさよとよく言い言いせられたものだ。

　昔善導和尚《ぜんどうかしょう》は、自分は劫初《ごうしょ》の昔から浮きつ、沈みつして出離《しゅつり》の道の永久にない身であることをはっきりと思い知れと云われたが、聖人もその通りであられた。

　これは思うに自分の身に事よせて、われわれどもが、どこまで罪深いかも知らず、仏恩を思わずに迷っているのを思い知らせようとされたものなのだ。――

　それから唯円《ゆいえん》は最後に親鸞の力強い、大道破《どうは》をあげている。これは秋霜烈日《しゅうそうれつじつ》の威《い》と、肺腑《はいふ》を貫《つらぬ》く鋭さとをもってわれわれに迫って来る。いかなる偽善者《ぎぜんしゃ》もこの言を読んで顔を蔽《おお》わずにはおられないだろう。

　われわれは仏の悲願のことはそち除《の》けにして、とかく善いとか、悪いとかいう事ばかりかれこれ言っている。

　しかし親鸞聖人は「善悪の二つ、総じてもて存知《ぞんち》せざるなり」と言われた。

そのわけは、仏の心によしと思われるぐらいに、徹底的に知っているなら、善を知っているとも言えよう。仏の心に悪しと思われるぐらいに悪を知り究《きわ》めているなら、悪を知っているとも言えよう。しかしわれわれの小さな知見をもって、善いとか、悪いとかいうのはおこがましいことだ。

パリサイはいつもキリストの所業を悪いと言っていた。聖道門《しょうどうもん》の学生《がくしょう》たちは自分の行為は善いと自信している。しかし、五年前自分が他人を非難したり、裁《さば》いたりした事で、今日冷《ひや》汗《あせ》の流れない事が幾らあるだろう。考えの不足、経験の未熟、心の傲《おご》りのために、本当の事が見えなかったのだ。今日でもどれほどの事が解っているか。われながら怪《あや》しい。善悪の沙《さ》汰《た》するのは実に危《あぶ》ない事だ。

煩悩《ぼんのう》の一杯充ちているわれら、火のついてる家にも比すべき、草の端《は》の露にもたとうべき、あわただしい、不確《ふたし》かなこの世界では、すべての事は、そらごと、たわごとであって真実というものはない中に、ただ念仏だけが真実であると聖人は言われた。

この「すべての事はそらごと、たわごと」という人生の実相の深い認識に達しなくては、念仏の心も本当には沁々《しみじみ》としない。初めから「そらごと」「たわごと」を企《たく》んで言ったり、行ったりするのは論外であるが、自分で気がつかずに、「そらごと」「たわごと」を言ったり行ったりする事は多い。つまり無意識的虚仮《こけ》である。いわゆる客気《かっき》というようなものはこれこであり、愛とか正義とかいうものが、念仏に裏付けられていない時には、百中九十九までこの無意識的虚仮《こけ》である。日本のマルキシストの転向者などもこの無意識的虚仮《こけ》に陥っていたものであり、河上肇氏などもその数に漏れない。今にして思えば、彼らは結局「そらごと」「たわごと」を言っていたのである。そして当時彼らはいかに自信をもって宗教意識を非難していたであろうか。しかも今こそ親鸞の大痛棒を喫しなければならないではないか。五、六年前僧侶を社会生活に湧《わ》く蚤《のみ》や虱《しらみ》に比して冷罵《れいば》された河上氏が、自己の現在の心境を「深山に薬草を探《さぐ》る老僧」に喩《たと》えなければならなくなるなどと誰が思ったろう。

愛とか正義とかいうものは、一度それらをも止揚《しよう》した念仏の心になって、念仏申し、念仏申さるるように生きる生活の中に摂《と》り入れられてこそ初めて真実のものとなるのである。客気《かっき》や、こしらえものでなく、自己興奮《じここうふん》でなく、行きがかりでなく、身についた、真実のものとなるのである。

愛とか正義とかいうものは実に危なげなものである。念仏者は、仮《かり》に、方便として、愛とか正義とかいう表現を使っても、その内容は、単なる愛や正義とは違っている。それは法《のり》の光に照らされたる愛と正義とである。

男女の誓いや、友情においても同じ事だ。法の光に照らされない限り、それは「たわごと」、「そらごと」である。

争い合う二人がある。相方《そうほう》の主張する所を聞いて見るに、これも、念仏申す心にならない限り、「そらごと」、「たわごと」である。手前勝手な要求である。

それればかりではない。訴えてこぼす涙でも信用できるものではない。偽《いつわ》ってこぼす涙ではないが、無自覚からの「そら涙」である。涙に同情し得るためには、まずその人が宗教的反省をして、念仏申す心になって来てくれなくてはならない。

まずわが心に誠《まこと》がないこと、身勝手《みがって》であること、愛《あい》と正義《せいぎ》との無いことを根底《こんてい》から自覚しているもののいうことでなくては、真面目《まじめ》にとりあげる気にはなれない。恐らく阿弥陀仏《あみだぶつ》は人間に対してその気がされるのではあるまいか。それは仏の心を推し測る不謙虚《けんきょ》であるならば、われわれはただ自《みずか》ら念仏して、「そらごと」、「たわごと」のとかくともない勝ちな善悪の沙汰《さた》をせずに、持てる限りの善業のおのずとあらわれるような、念仏の生活をするに如《し》くはない。

唯円《ゆいえん》は終りに臨《のぞ》んでしきりに嘆《なげ》く。

われも人もそらごと、たわごとをいうは是非なしとするも、痛ましいのは、諍論《そうろん》の虜《とりこ》となって、聖人《しょうにん》の仰《おお》せでもないことを、仰せであると言いふらす人たちのあることである。よく心得て、思いわけ、まどわされ給うなかれ。

以上はひとえに故聖人の仰せを旨《むね》とし、さらに自分の私見を述べたものではないけれども、経釈《きょうしゃく》の理すじも知らず、法文《ほうもん》の浅い、深いをも弁《わきま》え分けぬ自分のことだから、定めし笑止なことであろうけれども、故聖人の仰せになった仔細《しさい》を、百分が一、片端《かたはし》なりと思い出して、書きつけたのである。

悲しいかな。さいわいに値い難き法に遇うて念仏を申しながら、自力の心息《やす》まぬばかりに、直《ただ》ちに浄土《じょうど》に往生《おうじょう》かなわずして、辺地《へんじ》に宿らねばならないことは。同じ親鸞聖人の流れを汲む念仏の信者の中に、信心の異なるものが無いようにと、泣く泣く筆をとってこれを書き記したのだ。歎異鈔《たんにしょう》という名をつけたい。心ない人たちには見せて欲しくない。

歎異鈔の歎異という文字も、唯円のは心から法のために歎いている心がよく解る。「悲しきかな」と云い、「泣く泣く筆を染《そ》めて」と言っても、誇張《こちょう》には聞えない。それはこの鈔《しょう》全体にこもっている、真摯《しんし》と、謙虚《けんきょ》と、法憤《ほうふん》とそして一脈の悲愁とによるものである。

「外見あるべからず」

とあるのは秘伝というような意味ではなく、この善悪や、精進《しょうじん》の問題について実に、危険な、大胆《だいたん》な表現がしてあるからだ。ある意味で、毒薬や、鴉《あ》片《へん》や、刃《やいば》を蔵している。これらの信仰の密意《みつい》は用い方によっては非常に危険である。慎しみ深かい心で読まないなら、それらは恐しい誤解や、曲解を招くであろう。唯円はそれを虞《おそ》れたのである。

二十一　附録と奥書《おくがき》

後鳥羽院《ごとばいん》の御宇《ぎよう》、法然聖人他力本願《たりきほんぐわん》念仏宗《ねんぶつしう》を興行《こうぎやう》す。時に興福寺の僧侶敵奏の上御弟子中狼藉子細《らうぜきしさい》あるよし、無実風聞《むじつふうぶん》によりて罪科に処せらるる人数の事。

一、法然聖人并《ならび》に御弟子七人流罪《るざい》、又御弟子四人死罪におこなはるるなり。聖人は土佐国《とさのくに》番田《ばんでん》といふ所へ流罪、罪名藤井《ふぢゐ》元彦《もとひこ》男《を》云々、生年七十六歳なり。

親鸞は越後国《ゑちごのくに》、罪名藤井善信《ぜんしん》云々、生年三十五歳なり。

浄聞《じやうもん》房　備後国《びんご》　澄西禅光《ちようさいぜんくわう》房　伯耆《はうき》国

好覚《かうかく》房　伊豆国　行空法本房　佐渡国

幸西成覚《かうさいじやうがく》房　善恵《ぜんゑ》房二人　同

遠流《をんる》にさだまる。しかるに無動寺《むどうじ》の善題《ぜんだい》大僧正これを申しあづかると云々。

遠流の人々已上《いじやう》八人なりと云々。

死罪を行はれし人々

一番　西意善綽房《さいいぜんしやくぼう》

二番　性　願　房《しやうぐわんぼう》

三番　住蓮房《ぢゆうれんぼう》
四番　安楽房《あんらくぼう》
二《に》位法印《ゐのほふいん》尊長《たかなが》の沙汰《さた》なり。
親鸞は僧儀《そうぎ》を改めて俗名《ぞくみやう》を賜ふ。仍《すなはち》僧に非ず、俗に非ず。然る間《あひだ》禿《かむろ》の字をもつて姓となし、奏聞を経《へ》られ畢《をは》んぬ。彼《か》の御申状今に外記庁《げきのちやう》に納《い》ると云々。
流罪以後愚禿《ぐとく》親鸞と書かしめ給ふなり。
右斯《こ》の聖教は当流大事の聖教となすなり。無宿善の機においては、左右《さう》なく之を許すべからざるものなり。――（原文一部漢文）
釈蓮如《しやくれんによ》　御判

歎異鈔《たんにしよう》には附録と奥書《おくがき》とがついている。

附録は承元《しようげん》の法難《ほうなん》の時の殉教者《じゆんきようしや》の名前と、流罪《るざい》に処せられた人々の名前、その配国《はいこく》などを挙げてある。それから親鸞《しんらん》が流罪《るざい》以後愚禿《ぐとく》親鸞と名乗った次第を記してある。がこれらの事については、法然の伝記および親鸞の伝記の処で詳述したからここにはくり返さない。

ただこれは親鸞聖人が、師の法然上人と同じ法難に座して配流になった歴史上の事実を思い起こさせ、その法統《ほうとう》の正しい事を示し、また浄土教《じょうどきょう》の宣布《せんぷ》のためには、かかる殉教者の血の流されていることを示して、信仰の私ならぬ一大事であることを裏書きしたものであろう。

奥書《おくがき》は本願寺《ほんがんじ》第八世の蓮如上人《れんにょしょうにん》が、後代になって、附けたもので、「無宿善《むしゅくぜん》の機《き》においては左右《さう》なく許すべからざるものなり」というのは、唯円《ゆいえん》の「外見あるべからず」というのに附随して、後代の浄土真宗《じょうどしんしゅう》という宗派の立場から、自家宗門の大切な聖教であることの折紙をつけ、「宿善無き者に猥《みだ》りに見せしむべからず」と権威を与えたものであろう。もっとも蓮如上人は歎異鈔を如信《にょしん》上人の作と思っていたであろう。

だがこの無宿善の機云々《うんぬん》というのは、「大経」東方の偈《げ》に、「もし人善本なければこの経を聞くことを得《え》ず」とあり、善導《ぜんどう》大師は「散善義《さんぜんぎ》」に「過去《かこ》すでに曽《かつ》てこの法を修習し、今かさねて聞くことを得て、すなわち歓喜を得」と書き、親鸞も「たまたま信心を獲《え》ば遠く宿縁《しゅくえん》をよろこべ」と言っているので、仏教にはすぐれた聖教を見ることが出来るのは、宿善《しゅくぜん》の因《いん》縁《ねん》であるということになっているのである。

しかし蓮如のこの奥書は、唯円《ゆいえん》の「外見あるべからず」というのに比較して、何となく世間的なひびきがある。

むしろ無くもがなという気がする。

後　書

一

以上私は法然《ほうねん》の一枚起請文《きしょうもん》と唯円《ゆいえん》の歎異鈔《たんにしょう》とを、その作者の心に添おうと努めつつ、展開解説して来た。心に添おうと努めるとは云っても、その信仰の本質、根本主要の趣旨《しゅし》、ならびに、心もちの雰囲気《ふんいき》において感激、共鳴がなかったら、それは不可能であったであろう。まことに一枚起請文と歎異鈔《たんにしょう》とは、私の信仰の求心的方面においての会心《かいしん》の文書《もんじょ》である。しかしながら信仰には、その求心的方面と、遠心《えんしん》的方面とがある。昔からの言葉で言えば、往相《おうそう》の方面と還相《げんそう》の方面とである。そして一枚起請文と歎異鈔とはこの往相の方面を深く探り、掘《ほ》り穿《うが》ち、底に徹《てっ》しようと努《つと》めたものである。その信仰が現実の生活面にどういう作用となって現われるか、また自己の環境、社会、国家に対していかに働きかけるかというような信仰の遠心的方面についてはこの二つの文書は取り扱っていない。読者はそのために、信仰にはその方面は無いものと早飲み込みしてはならない。信仰そのものを求めた動機がすでに現実生活の悩みと、苦痛と矛盾とであったのに、信仰を得て後、それが現実生活の上に還って来ないなどということはあり得ないことである。法然や、唯円にしても、もしその還相《げんそう》の方面を取り扱うために書くのなら、その方面の著作が出来たに相違ない。取り扱う問題が違うのだということを忘れてはならぬ。一枚起請文や、歎異鈔に対して、遠心的方面を求めて、失望する者があったら求める方が筋ちがいである。

宗教生活においては、この求心的方面、安心立命《あんしんりつめい》の問題が根本要件であって、これが確立せずして、外界に働きかけるということは浅薄なことであり、結局自他をつまずかせ、傷ついて帰るということにきまっている。弘法大師は外界に対する働きの方面で、その名は人口に膾炙《かいしゃ》しているけれども、彼の安心立命は密教《みっきょう》の秘法の中に封印《ふういん》されているのであって、唯《ゆい》仏《ぶつ》と仏とのみ肯《うなず》き合う境地に安住しているのである。自らは宇宙とひとつになり、法と合体してしまって、傷つくことなく、焦《あせ》ることなく、また怨《うら》むことなくして、在家成就《ざいけじょうじゅ》、国家安《あん》穏《のん》のために働いたのである。しかるに心は目に見えず、働きは跡《あと》をとどめるから、その事蹟《じせき》の方面のみ人目を引き、人の口に伝えられたのである。

一枚起請文《きしょうもん》と歎異鈔《たんにしょう》とに対しては、読者はどこまでも信仰の眼目《がんもく》、安心立命の根本問題を追究する態度を持って向わねばならぬ。

信仰の対他的方面については、私の『大乗《だいじょう》精神の政治的展開』『生活と一枚の宗教』『絶対的生活』等を読んで頂ければ幸いである。

二

浄土(真)宗の信仰は現世《げんせ》否定《ひてい》か、現世肯定《こうてい》か。

この問題も信仰の内面的体験およびそれから自《おの》ずと現われて来る現実の働きを離れては空論になってしまう。外からは否定的な生活に見えても、本人の心境では現世の一切を熱く、烈しく肯定《こうてい》していることもある。また現実生活の働きの上では、自分の欲望の追求愛惜《あいせき》についても、他人への献身《けんしん》、国家への犠牲《ぎせい》についても、善悪《ぜんあく》の批判《ひはん》を越えての、絶対的な、抑《おさ》うべからざる勇気と熱情とを発し得るのである。しかしその肯定は、生活全体としては、一度徹底的な否定をくぐっていることは確実である。一度捨ててしまい、放擲《ほうてき》してしまい、どうなっても構わぬ、現世の何ものも得られず、何一つ味われず、学ばれず、このまま死んでしまってもいいとわぬという大死底《だいしてい》の否定がなければならぬ。その意味では現世の強い否定である。現世を否定せずして安心立命を得《え》ようなどというのは、千両箱を背負《せお》って溺死《できし》を免《まぬが》れようとするような虫のいい企《くわだて》である。否定をくぐらない肯定は浅薄《せんぱく》である。

浄土門の信仰が現世を否定するのは、その世界での善、真、愛、美というような尊いものがことごとく相対的であってわれわれの理想を満たすに足りないからである。絶対なものでなくてはわれわれの生をつなぎ、賭《と》するに足りない。彼岸《ひがん》の浄土を要請《ようせい》するのは結局善、真、美、愛等を愛着《あいじゃく》し、追求する熱情が強いからである。しかもその不完全ながらも、此の世の現象《げんしょう》としての善、真、美、愛等への愛着を断たんとして、断つ能《あた》わざる所より、煩悩《ぼんのう》愛着のままでの救いの法を求めるのである。それは浄土門の信者の、現世への強い執着《しゅうじゃく》を示すものにほかならない。

浄土門の信者は現世を否定しつつ、肯定《こうてい》する。それはもとより矛盾《むじゅん》である。しかしこの矛《む》盾《じゅん》こそ生の業報《ごうほう》であり、生という現象の生じている意味である。この矛盾がないなら生は消滅し、人間の歴史は終息する。そしてそれは往生や、涅槃《ねはん》の真の意味ではない。往生や、涅槃は、この現象としての生とその歴史の持続のままに、しかもそれを越えて成立するものでなくてはならぬ。生死即涅槃《しょうじそくねはん》とか、煩悩即菩提《ぼんのうそくぼだい》とかいう大乗仏教の真諦《しんたい》はそこにあるのであって、浄土宗の信仰は、この現世否定と肯定との矛盾の中に、業報の意識となって成立し、そのあらわれ行く過程の歩々《ほほ》において、悲願《ひがん》のはからいに委《ゆだ》ねて、地獄《じごく》に行こうとも、極楽に行こうとも、(歎異鈔第二章)そのままに、安んじて、生の事実を受け容《い》れて行くのである。これが本当の現世の肯定《こうてい》というものである。そして生活の指導原理としては、法然の

「念仏申さるるように」生きる道によって、善悪を見ずして、ひたすら念仏することによって、身代限りの善、業報《ごうほう》の許す限りの善が、わが身にも、社会にも自《おの》ずと実現するように生きるのである。念仏申さるるなら、マルクス主義者となるも、国民主義者となるも、ないし自由主義者となるもいい。画家となって美を追究し、軍人となって銃剣をとるもいい。しかし念仏申されないなら、そのいずれとなるも、そうなる必然性がまだ切迫していないのである。言い換えればまだ隙間《すきま》があるのである。そうならなくてもすむのである。念仏申さるるように生きるとは、絶対一枚、そうなるよりほかなく生きることである。

三

先人《せんじん》の信仰と自分の信仰との一致ということは信仰の極致《きょくち》においてのみ要求され得る事である。それは、信仰の極致は一切の思想を離れ、言説を離れた絶対境《ぜったいきょう》だからであって、説が分れ、義を異にする余地が存しないからだ。法然《ほうねん》の信心も、善信《ぜんしん》の信心もひとしく如来《にょらい》からたまわった信心であるから一つであって、さらに変りはないというのはこれである。禅家《ぜんけ》における相承《そうじょう》などもそうであって、言説の相を離れた一枚の境は異義の分れる余地がないのである。それだから、信仰の極致は、愚者が正機《しょうき》であり、一枚起請文等にもしきりに愚者になれ、奥深い事を知るなと誡《いまし》められているのであり、一切の概念《がいねん》内容を排斥《はいせき》して、ただ念仏の一念に帰宗《きしゆう》せしめるのである。そこには個人色というものは存在しない。安心立命《あんしんりつめい》はそれでなくては定まるものでない。しかしそれ以下の多少とも思想内容、感覚内容を含む問題になって来れば、各人が全く同一ということはあり得ないことであり、また必ずしもその必要もない。

各人の性格、境遇、教養等の異なるに従って、信仰の思想内容、感覚内容は個性を帯びて来る。

すでに親鸞の思想は法然のそれと相違している。念仏申して、弥陀《みだ》に助けられ参らするという根本信仰はひとつであるが、唱名に対する行《ぎよう》の意識、臨終正念《りんじゆうしようねん》、来迎《らいごう》をいのる心等は親鸞にはなく、一念多念については親鸞は一念に近く、善悪《ぜんなく》の問題については親鸞は法然よりも遙かに放下《ほうげ》している。

法然の「悪人なほ生《む》まる、況《いは》んや、善人をや」というのと親鸞の「善人なをもて往生《わうじやう》を遂《と》ぐ、況《いは》んや悪人をや」というのではあべこべの表現である。法然の「十悪五逆《じふあくごぎやく》も生《うま》ると知りて、小罪をも犯《おか》さじと思ふべし」というのと親鸞の「悪も恐るべからず。弥陀《みだ》の本願《ほんぐわん》をさまたぐるほどの悪なきがゆへに」というのとはインテンシチイも、ひびきも相違する。

しかしそれにもかかわらず、親鸞は法然の忠実な後継者をもって自ら任じ、そのために別《べつ》宗開立《しゅうかいりゅう》の意志もなかった。それは信仰の本質、根本信念において、ひとつであったからである。

唯円の歎異は、当時この信仰の根本において、異説があり、しかも私心《ししん》、驕慢《きょうまん》、名利《みょうり》の成心《せいしん》を蔵しての異義によって、単純な信徒が惑《まど》わされ、おびやかされているのを黙視するに忍びなかったのであって、その心情はなんにも同感、共鳴し得る。しかし各人の信仰を、その思想内容、感覚内容より、枝葉の問題に到るまで全く同一ならしめようとするのは、不可能であるばかりでなく、信仰を他律的にする。師嗣継承《しけいしょう》の場合には個性差を生じるのは、その信仰が自分の体験内容であって、鵜《う》呑《の》みでない証拠《しょうこ》である。禅家で、「仏を殺し、祖を殺し」というのもその消息である。しかも絶対境においては一味なればこそ印契するのである。

善導、源信、法然、親鸞、皆その信仰の思想内容、感覚内容に個性差がある。たとえば今日、念仏申して、仏に助けとられるという根本信仰においては、そのままこれを受け容れ得る現代人も、六道輪廻《ろくどうりんね》の説などをそのまま肯定することは至難であろう。また弥陀《みだ》の身体、浄土の荘厳《しょうごん》等についても、すでに唯円《ゆいえん》自身が歎異鈔《たんにしょう》第十八章において、観経《かんきょう》、阿弥陀《あみだ》経に説くところが、凡夫《ぼんぷ》の機に応ずるための仮の方便報身《ほうべんほうしん》であって、真実報身は形も、色も離れた法性《ほっしょう》のさとりであるというような思想を述べているとすれば、それに対して異見を抱くものは非常に多いであろうし、第一文不知《いちもんふち》の尼入道《あまにゅうどう》にとっては、それを聴いたこと自身がかなりの動揺を与えるであろう。

これはいかなる身体を有せらるる仏に、どこにある、いかなる荘厳を具《そな》えた楽土《らくど》に往生せしめられるというような、思想内容、感覚内容から、信仰の本質が超越していなければならない所以《ゆえん》であって、それは必ず懐疑《かいぎ》に導くものである。したがって、そういう点まで異義を斥《しりぞ》けるということは、自見《じけん》に執《しゅう》するものである。新しき時代に生れた者は、古き時代の信仰の本質を正統的に継承《けいしょう》しつつ、しかもその思想内容、感覚内容においては、新しき時代への適応がなされるのは当然なことであって、その意味の異義をもしりぞけようとするのは、かえって信仰を桎梏《しっこく》し、涸渇《こかつ》せしめるものである。

安心立命《あんしんりつめい》は一切の思想内容、感覚内容をはなれた絶対境において不易《ふえき》であるということと、それ以外は個性と時代とによって自由に解釈されることを許すやということとは、宗教の宇宙的不易性を守るとともに、いつの時代までも活《い》ける働きを継続せしめるのに欠くべからざる用意であると思う。

四

私は仏の悲願により、このままの状態に一糸も加えないで、念仏申して、浄土に摂取《せっしゅ》されるということを信じる。しかし仏とはどんなものか、浄土はどこにあるか、摂取《せっしゅ》とはどういう意味かというような問題になるともう分明《ぶんめい》ではない。そしてそれは決して分明にし得ることではなく、またその必要もないと思う。それにはいろいろな考え方、描き方があって、必ずこれでなくてはならぬと決する事は出来ない。また強いて一つに決定して信ぜしめようとすれば懐疑《かいぎ》に陥《おとしい》れるのは当然である。もともとそういう決められないことを決めようとして懐疑を生じ、諍論《そうろん》が起るから、「ただ往生極楽のためには南無阿弥陀仏《なむあみだぶつ》と申して、疑いなく往生《おうじょう》するぞと思いとりて申すほかには」何も沙汰《さた》する必要はないと法然は言ったのである。

しかし安心立命の条件としてでなくて、法楽としてならいろいろと考え、想像して見たくなるのは自然の人情であろう。恐らくそれは、限られた思想と、想像力とで、考えたり、描いたりするのだから、いずれも当るまいと思われる。たとい当っても一部面を髣髴《ほうふつ》するに過ぎないだろう。

阿弥陀経の極楽《ごくらく》の荘厳《しょうごん》なども想像力が豊麗過ぎるというよりも、むしろ有限であると見るべきであろう。

またすでに歎異鈔第十八章のように、仏身を形も色もはなれた法性《ほっしょう》と見るぐらいならば、感覚的荘厳《しょうごん》の浄土も方便報土《ほうべんほうど》と見ねばならなくなり、仏も浄土も感覚内容ではなくなり、それがいかなるものであるかは知見《ちけん》と想像とを絶するものになる。したがって、西方《さいほう》浄土の地理的位置もなくなる。しかしそれで少しも信仰には動揺を来さない。むしろそれらが人間の有限は知見と想像とを絶し、したがって、いろいろに考えられ、描かれ得るということは、現代人を懐疑から救い、信仰内容の歴史的発展を可能にするものである。

昔の人は仏と浄土とを、これだけ貧しく、窮窟《きゅうくつ》にしか、考え、描くことが出来なかったのに、現代では、これほど豊かに、自由に考え、描くことが出来るようになったという発展が許される。しかもそれもまだ有限で、及ばない。

即身成仏《そくしんじょうぶつ》か、来世往生《らいせおうじょう》かという問題なども、歎異鈔等十五章には、来世往生でなくてはならぬと決めてあるけれども、すでに仏と浄土とが感覚内容を離れ得るなら、往生という意味も自ら変容して来ねばならぬ。荘厳《しょうごん》の浄土で、物的饗養《きょうよう》や、心的安楽《あんらく》を享受《きょうじゅ》するのが往生《おうじょう》でないなら、往生とは一体どうならしめらるる事であるか。これも知見と想像とを絶して来る。

往生とはこのままで法界に容《い》れられているという自覚である。宇宙《うちゅう》とひとつになっているという信念である。死ぬも、生きるも宇宙の命法《めいほう》のほかにはみ出る恐れはないから、その流《る》転《てん》のままに身を委《ゆだ》ねて安んずる心である。宇宙の命法に帰依《きえ》する心である。――こうも考えられる。

親鸞自身の言葉にも、

「弥陀仏は形もなくまします。弥陀仏とは自然のやうを知らせん料《れう》なり。」

と言うのがある。

仏、浄土《じょうど》、往生《おうじょう》等の意味をひとつに決めようとするのもはからいである。

いかなる仏に、いかなる浄土に、いかに往生せしめられるかは信仰の根本要件ではない。恐らくそれは永久に人間の知見と想像力とを超えるであろう。したがってそれを一つの決《きま》ったものとして執《しゅう》することは冒瀆《ぼうとく》であり、はからいであり、そしてその意味で異義を許さぬことは「私」であると言わねばならぬ。

あるいは、思想内容、感覚内容といえども仏説と聖教とを離れることは許されないと言うであろう。しかし仏教といえども宇宙《うちゅう》の真理の把握《はあく》であって、釈迦《しゃか》出世以前にも、宇宙の真理そのものは存在したのである。ただ釈迦がその稀有《けう》な宗教的叡智《えいち》をもって、宇宙の真理を直観《ちょっかん》したのである。

われわれは宇宙の真理に対しては、釈迦と同じ求道者《ぐどうしゃ》の態度をもって向わなければならない。自分の思索《しさく》と体験とを離れて、仏説を鵜《う》呑みにすることは無意味である。

自分の智見《ちけん》、思想のすべてを捨てるということも、それを捨てる必然《ひつぜん》が自分の内《うち》になければならない。仏説のままを信じるということも、信じられる内外の機が熟していなければならない。「仏の催ほしにあづかる」とはその間《かん》の消息《しょうそく》を言いあらわした宗教体験の表白《ひょうはく》でなくてはならぬ。

（一九三四、九、六）

解説

稲垣友美

一　倉田百三との出会い

私は文芸評論家でも宗教研究家でもない。倉田百三研究や浄土門研究があるわけでもない。人文科学方面を講義している一介の大学教師にすぎない。その私が倉田百三の『法然と親鸞の信仰』の解説を引き受けたのには多分に私的な事情がある。そのことをまず申し上げて解説ならぬ解説の序にしたいと思う。あるいは、私のような経験をもって、法然や親鸞や倉田百三に関心を持つようになり勉強を深められる方も多いのではないかと思うので、敢えて告白を申し上げてみようと思う。

私が倉田百三の『法然と親鸞の信仰』に出会ったのはまことに偶然である。読書経験など全くないままに青春期を迎えていた私は、学校の図書室で、新着書架の金網ごしに「法然」

を見つけた。それがこの『法然と親鸞の信仰』であったわけである。それは、私の精神の深層に「法然」が在ったからであると思う。学校の講義で法然や親鸞については聞いていたはずだと思うが、このとき、私を突き動かしたものは、観念ではなくて、もっと本源的なものであったように思う。そのころの私には親鸞に関する知識も、ましてや倉田百三に関するそれも皆無であった。しかし、法然については知識ではなくて魂に焼き付けられた何かがあった。

私は物ごころついてからしばらくの間、無学ではあったが信心深い祖母の教育を受けた。なかでも、勤労と親切と信心は日常のうちに教えられて、今も印象に深く残っている。祖母は信心に関しては特に厳しかったように思う。仏前の正坐はつらい苦行であったが、一日として解放してはくれなかった。跡とりの初孫に在家の勤行《ごんぎょう》の作法と信仰を教えようとしていたものと思う。間もなく経文を暗記し、勤行の次第をおぼえてしまった。小学校一年生になったころには、何かにつけ期待をかけるようになって、朝夕の勤行のときには、ときどき私を導師の座に坐らせた。この間に「法然上人」の名を憶え『一枚起請文』を記憶してしまったのである。読んで憶えたわけでもなく特に記憶を強要されたわけでもない。まさに門前の小僧のように自然に憶えてしまったのである。

幾つかの経のあと、最後の『一枚起請文』のくだりになると、これまでの経文と違う響きのあることを感じた。日本語らしいと思ったりもした。今から考えると笑い話になるのだが、この『一枚起請文』の最後が「げんくうごはん」となっていて、本当にこれを言い終ると「ごはん」（御飯）になったので、お経は親切なものだと思い、いつも、このことばを楽しみにしたものである。これは「源空御判」だということは、後になってから知った。

小学校二年生のとき、こういう生活は終った。それから十五年もして「法然」に学校の図書室で再会したわけである。『法然と親鸞の信仰』の「一枚起請文講評」の章を開き、一段と大きな活字で組まれた四百字足らずの『一枚起請文』をまず読んだ。それは私の記憶そのままであったが、「げんくうごはん」はなかった。記憶していた『一枚起請文』が実はこういう文章であったかと驚いた。倉田百三がそこに「これは暗記してほしいものだ」と書き添えている。自分は順序が逆になったと思ったが、しかし反面ではすでに暗記していることが嬉しかった。

『法然と親鸞の信仰』は若い人たちを魅《ひ》きつける書名ではない。私にとっては倉田百三の最初の出会いになったものだが、このような経緯から、まことに偶然に与えられたものである。やがて、私は法然や親鸞の教えに魅かれるようになり、倉田百三の魅力にとりつかれてしまった。間もなく『出家とその弟子』――これは読む戯曲だ――を読んだとき、倉田百三のさけびがそこにあるような強い印象を受けたことを今も憶えている。作品の順序から見れば、十五年も後の作品を先に読んでから、この戯曲を読んだことは感動を半減したのかも知れないが、『歎異鈔』を多少理解していたことは『出家とその弟子』を読むのに助けになったと思う。つづいて『愛と認識との出発』を読んだ。この本は全部、百三の個性であり、魂の表白であると思った。自分とほとんど同年齢の百三がこれを書いたことに気づいたとき、恐ろしい人間がいるものだと感じた。

しばらくの間は、人生論に魅かれ、阿部次郎や吉田絃二郎などを乱読した。倫理学や日本文学史の講義の中に、これらの人々や作品が出てくると私はひそかに得意になった。

京大出身の若い哲学教師は講壇的講義のあいまに白樺派や青鞜社のことなどを話してくれた。そこでも倉田百三のことを聞いた。倉田百三を読んでから、そういう講義の印象が強くなったのであろう。哲学のテキストは田辺元の『哲学通論』であった。私にとっては難解な本であったが、西田幾多郎の話がしばしばあったのでまじめに聞いた。『愛と認識との出発』の中に「西田幾多郎論」があり、ひそかに『善の研究』を読みはじめていたころなので、わざわざ先生の下宿へ行って西田幾多郎のことなどを聞いたこともあった。ようやく私にも青年期らしい読書がはじまり、人生論や哲学の間を彷徨する時期がやって来た。

二　浄土門の二上人

私はこの『法然と親鸞の信仰』について専門的な解説や評論をする考えはない。また、その力もない。そして、倉田百三の宗教的作品にはかえって、そういうことが邪魔になりはしないかと思う。語句の中に難解なのがあるので、そういうものの注釈などはほしいと思うが、それ以外は無い方がよいと思う。ということは、評論が不必要だということではなく、何よりもまず、作品を直接読んでみることが大事だと思っているからである。百三は何を言わんとしているか、読者はいかに読むべきかというような予備知識は無い方がよい。倉田百三の精神が一度に読みとれるというわけにはいかないが、読者が何にもとらわれずに読んでみることが倉田百三を読む者には最も似つかわしいことだと思う。そのようなわけで『法然と親鸞の信仰』そのものの解説は避けたいと思うが、しかし、一、二気づいたことを述べておきたい。

この本を読まれる方は、二つの興味を感じておられると思う。一つは倉田百三についてであり、もう一つは法然や親鸞についてである。私は倉田百三については、少し述べたいと思うが、法然や親鸞については解説する余裕はない。この本自身が法然や親鸞の解説そのものであり、この二上人、なかでも親鸞の研究書は枚挙に遑《いとま》がないほど出回っており、それも数種類の文庫本になっているので、誰でも容易に読むことができる。例えば講談社文庫『歎異鈔』は梅原猛の校注・解釈と現代語訳付きでまことに親切な本である。その上、五十冊以上の注解書を紹介しているし、年表や本文語彙索引まで付けている。このように文庫本でも権威ある解説者の注釈や解説をのせているものが多いので、専門家でも見のがすことはできないほどである。それに比べると法然に関するものは少く、『一枚起請文』だけでまとめているものなどは普通には発見できない。これらの中で、倉田百三の『法然と親鸞の信仰』は異色の本である。これは百三が法然と親鸞を通して自己の信仰を述べたものである。この本の固有性は百三自身の個性に根ざしたものである。したがって、正統派・講壇派から見れば単なる独断的解釈、個人の主観的信仰の告白にすぎないとして無視されてしまう恐れもあろう。

倉田百三は一宗派一教義にとらわれない信仰者だったと思う。キリスト教に関心を持ち仏教に深く帰投したが、既成宗団にとらわれたり、いずれかを排斥したりはしなかった。虚偽のない真実の生活を熱望した彼の信仰は、彼自身が発見した教えでなくてはならなかった。彼が信仰の遍歴者のように思われているのは、熱烈な主体的求道の必然的な結果である。次第に親鸞に凝集していったのではあるが、それは倉田百三の親鸞であった。彼は彼の親鸞が真実普遍の親鸞に一致してこそ、はじめて信仰の真実性が得られるとして苦闘したのである。倉田百三は生れてから死ぬまでさまざまな形ではあったが親鸞と離れたことはなかった。とくに『出家とその弟子』のころから、『法然と親鸞の信仰』のころまでは、読書と研究を通して、そして、最も厳しく自己の生活を見つめることを通して、親鸞追求が行われた。

　こうして、倉田百三は浄土宗の個性とその奥義は親鸞一人のものでもなく、ましてや法然一人のものでもないと認識するようになったのである。『一枚起請文』と『歎異鈔』は別のものではなく、二つあって完全すると彼には映ったのである。二つは一つであり、二つを同時に扱わなければ親鸞の存在意義や教義の説明は不可能だと理解したのである。こういう発想は倉田百三のような絶対的な生活者によって、はじめて生れてくるものである。既成宗派への思わくや類型へのとらわれがあるうちは思いもつかず、勇気も湧かないものだと私は思う。『法然と親鸞の信仰』は、やはり倉田百三にして、はじめて創《つく》り得たものである。

　横道にそれるが、私は倉田百三を思うときよく木下尚江を思い起こす。倉田百三はより求心的、木下はより遠心的に生きたように思うので、この結合は意外に思われるかもしれないが、生き方の真剣さや真面目さには何か共通なものがあるように思える。四十代の倉田百三の関心は主として外に向けられ、ために、読者にとまどいを感じさせたこともある。逆に木下尚江はこれまでの社会主義運動や政治的活動から訣別して求心的な仏教信仰に入っていくのである。木下尚江は『日蓮論』（明治四十三年）や『法然と親鸞』（明治四十四年）を四十代の始めに書いている。木下の『法然と親鸞』は日本の宗教改革者として二上人をとらえようとしたもので、やはり木下尚江によってはじめて成し得られた労作と言える。日本仏教はこの鎌倉期の上人によって大衆のものとしての生命を与えられたことを指摘し、大衆の中に根付いていったその教えを説いたものである。今は『木下尚江著作集』（明治文献刊）の第十一巻に収められている。

倉田百三は『一枚起請文』と『歎異鈔』は「信仰の求心的方面においての会心の文書」であるとし、この二つの文章を主軸にして『法然と親鸞の信仰』を書き上げた。したがって、この本では信仰の求心的方面について扱ったのだから、遠心的方面で不満に思う人は『生活の一枚の宗教』『絶対的生活』などを読むように望んだ。その通りではあるが、歴史的・社会的背景をえがいている「法然の生涯」「親鸞聖人の生涯」は、信仰の遠心的方面を小説風な手法でえがき出したものでもあると思う。ここには二上人の対他的信仰の態度が語られているので、伝記のおもしろさに晦《くら》まされないよう読みとりたいものである。

三　倉田百三文献解題

倉田百三の文学やエッセイ、それらに関する評論などについて、入手の容易なものを中心に触れておく。倉田百三は大正から、昭和戦前戦後にわたって若い人たちに愛読されている。そして、今では、多くの作品が青年向けの古典的必読書に数えられている。

それらは各社の文庫に収められ、いつでも容易に手に入るようになったが、彼や彼の作品に関した評論になると極く僅かである。まず、入手の容易な文庫本から紹介する。

講談社学術文庫『法然と親鸞の信仰』

倉田百三の作品の中では「学術」文庫にふさわしいものだが、教養的文庫の中に入れても落着く。戦後は発見しにくい本であったが、今度こういう形で刊行されたことは痛快である。『一枚起請文』『歎異鈔』、法然、親鸞、そして百三を理解したい人のために役立つ。青年向きの適書である。

講談社文庫『出家とその弟子』

紅野敏郎早大教授の語注と解説、辻橋三郎の詳しい年譜が付いている。解説は「倉田百三の生活と思想」「『出家とその弟子』の周辺」とから成る。百三の人間と百三文学の文学史的解明が要領よくまとめられている。

旺文社文庫『出家とその弟子』他一編

他一編は『俊寛』である。この文庫は百三の代表的戯曲二編を一冊に収めている。解説は佐古純一郎二松学舎教授で「人と文学」「作品解題」「作品鑑賞」「『俊寛』について」から成る。実証的で丁寧《ていねい》な解説である。このあと、村山知義の「上演の思い出」、長男倉田地三の「父の思い出」、代表的作品解題、参考文献、それに詳しい年譜が添えられている。

新潮文庫『出家とその弟子』

三好行雄が四十四語にわたって注を書き、亀井勝一郎が解説を書いている。亀井の『倉田百三論』（後出）のダイジェストである。

角川文庫『出家とその弟子』

これにはロマン・ロランの序文と「倉田君への手紙」（高村光太郎訳）、阿部次郎の「『出家とその弟子』について」、倉田艶子の「『出家とその弟子』ができるまで」が入っている。また、藤原定の主要参考文献と年譜が掲載されている。

同『愛と認識との出発』『青春の息の痕《あと》』（書簡集）『超克』『絶対的生活』『絶対の恋愛』（書簡集）『青春をいかに生きるか』『静思』『俊寛・布施太子の入山』『親鸞』

これらは角川文庫発刊間もなく同文庫本として出版され、いずれも数十版を重ね、最近になって改版されたものが多い。

岩波文庫では『出家とその弟子』を現在も刊行している。

角川新書『生きんとて』『孤独な愛の使徒』

二つとも戦後に出版された書簡集。

次に全集としてまとまったものが三社から出ているが、いずれも昭和二十年代の出版で手に入れにくい。

倉田百三選集　全十三巻および別巻　二十三年　大東出版社

倉田百三作品集　全七巻　二十六年　創芸社

倉田百三選集　全五巻　二十九年　春秋社

昭和三十年代の教養全集には必ず阿部次郎や倉田百三のものがはいっている。次に二つ紹介しておこう。

世界教養全集　全三十四巻別巻四冊　平凡社

『愛と認識との出発』の他に四十一歳の作品『生活と一枚の宗教』が収められている。この『生活と一枚の宗教』は、三十九歳の作品『絶対的生活』とともに彼の信仰の記録ともいわれるもので、『法然と親鸞の信仰』を書いた四十三歳の倉田百三の心事を知るのに欠かせぬ書物である。

人生論読本　全十二巻　角川書店

一人一冊形式で、そのなかに『倉田百三』が藤原定編集で入っている。藤原定は学生時代に百三に接し、百三編集の文学雑誌『生活者』に寄稿していた人である。藤原は「氏の全著作を読みかえして、若い世代の人々が当然に深い関心をもつべきだと思われるようなその創作やまた思索のあとをたどり、年代順とテーマの発展の順とに従って配列して私なりの解説を付け」、この『倉田百三』を編集したと述べている。この全集は難解語句に脚注をつけ、親しみやすい箴言《しんげん》（いましめとなる短い句）まで付けるほど編集上の工夫が行き届いていて、特に若い人に対して親切である。

これには亀井勝一郎の『倉田百三論』中の「宗教的人間」一章が転載されている。これは前述した大東出版社『倉田百三選集』の別巻『倉田百三評伝』の中に書かれたものの一部である。本書には、主要参考文献解題と年譜がついている。倉田百三における人間や思想展開の研究にも役立つ書物である。

倉田百三論　亀井勝一郎　亀井勝一郎全集第四巻　講談社

大東出版社の『倉田百三評伝』の「倉田百三論」を移したもので、生前倉田と交際のあった亀井の評論である。百三の妹艶子に批判を浴びたところもあるが、今日もなお、倉田百三研究書としては高く評価されている。なお『倉田百三評伝』については、藤原定『倉田百三』の「文献解題」に説明がある。

四　倉田百三における人間

倉田百三は明治二十四年二月に広島県の庄原町で生れ、昭和十八年二月に東京の大森の自宅で永眠した。満五十二歳であった。

百三は、『青春の息の痕』を出版した昭和十三年に幾度目かの熱烈な恋をしていた。そのとき百三は満四十七歳、彼女は十九歳（恐らく満十八歳であろう）であった。昭和十一年の暮れごろから、この文学少女と文通が始まったと思われるが、昭和十三年には百三にとって真実な恋として結実していた。しかし、数日間の同棲生活まであったが、終末は急速にやって来たようである。ちょうど、私が『法然と親鸞の信仰』を読んでいたころである。二人の文通の記録は『絶対の恋愛』として彼の死後出版された。百三が彼だけの書簡集としてまとめ、自身の手で、昭和十三年の十一月頃に某編集者に預けたものだといわれている。このことに関していろいろな想像と疑問がわいてくる。なかでも破局（百三にとってはそうでなかったかも知れない。彼は彼女の写真を死ぬまで大切にしていた）直後に公表を意図するようなことは通俗的なわれわれ常識家には理解できにくいところである。百三の作品はいずれも百三の内面の告白によって作られた。真実な生は百三の五十余年の生涯を通じて追い求められたものである。百三の文学はその虚偽なき真実の生を写し出すことであった。だから三年間にわたる真実の表出である自分の書簡は、そのまま文学になると信じたのであろう。そして、ゲーテへの追随もあったかもしれない。いずれにしても恐らく大したためらいもなく、これを託したものと思われる。

百三は、常々フェミニストであると自負もし、恋愛の研究者・主体的な実践者としても自認していた。百三が若い人たちに愛読されるのは、そうした恋愛の実践的分析や告白が若い人たちを打つからであろう。

恋愛を単なる快楽としてとらえては倉田百三の文学は生れず、倉田百三の信仰は消えてしまう。肉体と精神との乖離《かいり》とその純一化が百三を常にせき立てていたのである。これが続く限り百三の文学は若々しく健在であったのだろう。

百三は三次《みよし》中学時代、十六歳の時淡い恋をした。以後、一高時代のH・H、入院中のお絹さん、伊吹山直子夫人や若い久子さんなど幾人もの女性が近くにいた。それぞれの交渉はその都度どれもが彼の理想を満たすものであり、ロマンチシズムを実現するものであった。

倉田百三は一高在学中に病を得てから以後三十年間に多種多様の重病を患った。闘病生活と執筆生活が並行したり繰り返されたりした。病気が傑作を創ったと亀井勝一郎は『倉田百三論』の「病気論」で解釈している。気力横溢していた時期に『出家とその弟子』は書かれたという反論もあるが、やはり病気が百三を作っている重要な要素であることは言うまでもなかろう。激しい信仰によって、病気にたち向かい、実際に克服もした。それが百三の生命即信仰そのものであった。

倉田百三は愛において甚しく実存的で、個性的であった。信仰において多面的かつ集中的で生活的であった。また、その肉体において病弱と強靭が同時に存在した。彼の作品や生活に対して批判はあろう。しかし、私たちは彼の誠実さと真剣さに動かされるのである。妻の再起をひたすらに祈りつつ、私の百三解説を終りたい。

（昭和五十二年三月十九日　成蹊大学教授）

本書は、一九七七年刊の講談社学術文庫『法然と親鸞の信仰』上下巻を一冊にまとめ、新版としたものです。

倉田百三（くらた　ひゃくぞう）

1891年広島県生まれ。旧制第一高等学校を病気のため中退。大正期の人道主義的文学を代表する。1943年没。著書に『出家とその弟子』『愛と認識との出発』『絶対的生活』など多数。

講談社学術文庫

定価はカバーに表示してあります。

新版　法然《ほうねん》と親鸞《しんらん》の信仰《しんこう》

倉《くら》田《た》百三《ひゃくぞう》

2018年4月10日　第1刷発行

発行者　渡瀬昌彦
発行所　株式会社講談社
　　東京都文京区音羽2-12-21 〒112-8001
　　電話　編集（03）5395-3512
　　　　　販売（03）5395-4415
　　　　　業務（03）5395-3615
装　幀　蟹江征治
印　刷　豊国印刷株式会社
製　本　株式会社国宝社

Printed in Japan

ISBN978-4-06-292432-0

「講談社学術文庫」の刊行に当たって

これは、学術をポケットに入れることをモットーとして生まれた文庫である。学術は少年の心を養い、成年の心を満たす。その学術がポケットにはいる形で、万人のものになることは、生涯教育をうたう現代の理想である。

こうした考え方は、学術を巨大な城のように見る世間の常識に反するかもしれない。また、一部の人たちからは、学術の権威をおとすものと非難されるかもしれない。しかし、それはいずれも学術の新しい在り方を解しないものといわざるをえない。

学術は、まず魔術への挑戦から始まった。やがて、いわゆる常識をつぎつぎに改めていった。学術の権威は、幾百年、幾千年にわたる、苦しい戦いの成果である。こうしてきずきあげられた城が、一見して近づきがたいものにうつるのは、そのためである。しかし、学術の権威を、その形の上だけで判断してはならない。その生成のあとをかえりみれば、その根は常に人々の生活の中にあった。学術が大きな力たりうるのはそのためであって、生活をはなれた学術は、どこにもない。

開かれた社会といわれる現代にとって、これはまったく自明である。生活と学術との間に、もし距離があるとすれば、何をおいてもこれを埋めねばならない。もしこの距離が形の上の迷信からきているとすれば、その迷信をうち破らねばならぬ。

学術文庫は、内外の迷信を打破し、学術のために新しい天地をひらく意図をもって生まれた。文庫という小さい形と、学術という壮大な城とが、完全に両立するためには、なおいくらかの時を必要とするであろう。しかし、学術をポケットにした社会が、人間の生活にとってより豊かな社会であることは、たしかである。そうした社会の実現のために、文庫の世界に新しいジャンルを加えることができれば幸いである。

一九七六年六月

野間省一

宗教

法然と親鸞の信仰（上）（下）
倉《くら》田《た》百《ひやく》三《ぞう》著（解説・稲垣友美）

本書では、法然の「一枚起請文」と、親鸞の『歎異抄』を中心として、浄土宗と浄土真宗の信仰が平易にしかも奥所をつきつめて説かれる。倉田百三の熱っぽい語り口は、読者の心を動かさずにはおかない。

155・156

仏陀の観《み》たもの
鎌田茂雄著

仏教は一体どんな宗教であり、どういう教えを説いてきたのだろうか。本書は難解な仏教の世界をその基本構造から説き起こし、仏教の今日的な存在意義を明らかにする。只今を生きる人のための仏教入門書。

174

釈尊のさとり
増谷《ますたに》文雄《ふみお》著

長年に亘って釈尊の本当の姿を求めつづけた著者は、ついに釈尊の菩提樹下の大覚成就、すなわち「さとり」こそ直観であったという結論を導き出した。釈尊の真実の姿を説き明かした仏教入門の白眉の書。

344

禅とはなにか
鎌田茂雄著

禅に関心をよせる人は多い。だが、禅を理解することは難しい。本書は、著者自らの禅修行の体験を踏まえ、禅の思想や禅者の生き方、また禅を現代にどう生かすか等々、禅の全てについて分りやすく説く。

409

空海の思想について
梅原　猛著（解説・宮坂宥勝）

「大師は空海にとられ」といわれるように、宗派を越え、一般庶民大衆に尊崇されてきた空海であったが、その思想は難解さの故に敬遠されてきた。本書はその空海の思想に真向から肉薄した意欲作である。

460

ギリシャ正教
高橋保行著

今なおキリスト教本来の伝統を保持しているギリシャ正教。その全貌が初めて明らかにされるとともに、キリスト教は西洋のものとする通念を排し、西洋のキリスト教とその文化の源泉をも問い直す注目の書。

500

《講談社学術文庫　既刊より》

宗教

内村鑑三著（解説・山本七平）
キリスト教問答
近代日本を代表するキリスト教思想家内村鑑三が、信仰と人生を語る名著。「来世は有るや無きや」などキリスト教の八つの基本問題に対して、はぎれよく簡明に答えるとともに、人生の指針を与えてくれる。
531

友松圓諦著（解説・奈良康明）
法句経《ほっくきょう》講義
原始仏教のみずみずしい感性を再興し、昭和の仏教改革運動の起点となった書。法句経の名を天下に知らしめるとともに、仏教の真の姿を提示した。混迷を深める現代日本の精神文化に力強い指針を与える書。
533

暁烏《あけがらす》 敏《はや》著（解説・松永伍一）
歎異抄《たんにしょう》講話
本書は、明治期まで秘義書とされた『歎異抄』をはじめて公衆に説き示し、その真価を広く一般に知らしめた画期的な書である。文章の解釈、さらに種々の角度からの解説により、『歎異抄』の真髄に迫る。
547

友松圓諦著（解説・友松諦道）
仏教聖典
釈尊の求道と布教の姿を、最古の仏典を素材にして格調高い文章で再現した仏教聖典の決定版。全日本仏教会の推薦を受け、広く各宗派にわたって支持され、全国にあまねくゆきわたった、人生の伴侶となる書。
550

凝然大徳《ぎょうねんだいとく》著／鎌田茂雄全訳注
八宗綱要《はっしゅうこうよう》　仏教を真によく知るための本
仏教の教理の基本構造を簡潔に説き明かした名著。凝然大徳の『八宗綱要』は今日なお仏教概論として最高のものといわれている。その原文に忠実に全注釈を加えた本書は、まさに初学者必携の書といえる。
555

酒井得元《とくげん》著（解説・鎌田茂雄）
沢木興道《さわきこうどう》聞き書き　ある禅者の生涯
沢木興道老師の言葉には寸毫の虚飾もごまかしもない。ここには老師の清らかに、真実に、徹底して生きぬいた一人の禅者の珠玉の言葉がちりばめられている。近代における不世出の禅者、沢木老師の伝記。
639

宗教

友松圓諦著（解説・奈良康明）

法句経《ほっくきょう》

法句経は、お経の中の「論語」に例えられる釈尊の人生訓をしるしたお経。宗教革新の意気に燃え、人間平等の人格主義を貫く青年釈尊のラジカルな思想を、四百二十三の詩句に謳いあげた真理の詞華集である。

679

M・エックハルト著／相原信作訳（解説・上田閑照）

神の慰めの書

「脱却して自由」「我が苦悩こそ神なれ、神こそ我が苦悩なれ」と好んで語る中世ドイツの神秘思想家エックハルトが、己れの信ずるところを余すところなく説いた不朽の名著。格調高い名訳で、神の本質に迫る。

690

柳田聖山《せいざん》著

禅と日本文化

禅とは何か。禅が日本人の心と文化に及ぼした影響、またその今日的課題とは何か。これら禅の基本的テーゼが明快に説かれるとともに、禅からの問いかけとして〈現代〉への根本的な問題が提起されている。

707

大森曹玄《そうげん》著（解説・寺山旦中）

参禅入門

禅を学ぶには理論や思想も必要であるが、実践的には直接正師につくことが第一である。本書は「わが修道の記録」と自任する著者が、みずからの体験に照らして整然と体系化した文字禅の代表的な指南書。

717

鎌田茂雄著

般若心経《はんにゃしんぎょう》講話

数多くのお経の中で『般若心経』ほど人々に親しまれているものはない。わずか二六二文字の中に、無限の真理と哲学が溢れているからである。本書は字句の解釈に捉われることなく、そのこころを明らかにした。

756

鎌田茂雄著

正法眼蔵随聞記《しょうぼうげんぞうずいもんき》講話

学道する人は如何にあるべきか、またその修行法や心構えについて生活の実際に即しながら弟子の懐奘に気骨をこめて語った道元禅師。その言葉を分かりやすく説きながら人間道元の姿を浮彫りにする。

785

鎌田茂雄著
華厳《けごん》の思想
限りあるもの、小さなものの中に、無限なるもの、大いなるものを見ようとする華厳の教えは、日本の茶道や華道の中にも生きている。日本人の心に生き続ける華厳思想を分り易く説いた仏教の基本と玄理。

827

井筒俊彦《いづつとしひこ》著（解説・牧野信也）
マホメット
沙漠を渡る風の声、澄んだ夜空に縺れて光る星々。世に無道時代と呼ばれるイスラーム誕生前夜のアラビアの美しい風土と人間から説き起し、沙漠の宗教の誕生を描く。世界的に令名高い碩学による名著中の名著。

877

石田瑞麿《みずまろ》著
教行信証《きょうぎょうしんしょう》入門
浄土の真実の心を考えるとき、如来の恵みである浄土に生まれる姿には、真実の教えと行と信とさとりがあるという。浄土真宗の根本をなす親鸞の「教行信証」を諄々と説きながらその思想にせまる格好の入門書。

902

鎌田茂雄著
維摩経《ゆいまぎょう》講話
維摩経は、大乗仏教の根本原理、すなわち煩悩即菩提《ぼんのうそくぼだい》を最もあざやかにとらえているといわれる。在家の信者の維摩居士が主役となって、出家者の菩薩や声聞を相手に、生活に即した教えを活殺自在に説き明かした。

919

鏡島元隆《かがみしまげんりゅう》著
道元禅師語録《どうげんぜんじごろく》
仏法の精随を伝えて比類ない道元禅師の語録。道元の思想と信仰は、「正法眼蔵」と双璧をなす「永平広録」に最も鮮明かつ凝縮した形で伝えられている。思慮を傾けた高度な道元の言葉を平易な現代語訳で解説。

944

道元著／中村璋八他訳
典座教訓《てんぞきょうくん》・赴粥飯法《ふしゅくはんぽう》
典座とは、禅の修行道場における食事を司る役をいい、赴粥飯法とは、僧堂に赴いて食事を頂く作法をいう。両者の基本にあるものこそ真実の仏道修行そのものと説く。食の仏法の平等一如を唱えた道元の食の基本。

980

宗教

鎌田茂雄著
観音経講話《かんのんきょう》
宇宙の根本原理を説く観音経のこころ。時代と地域を超えて信仰されてきた観世音菩薩。そして最も広く読誦されてきた観音経。道元や明恵などの仮名法語を引用しつつ、観音経典の真髄を平易に解説した好著。

1000

鎌田茂雄著
法華経《ほけきょう》を読む
諸経の王たる「法華経」の根本思想を説く。文学的にも思想的にも古今独歩といわれる法華経。わずか七巻二十八品の経典の教えを、日蓮は「心の財第一なり」といった。混迷した現代を生きる人々にこそ必読書。

1112

荒井　献《ささぐ》著
トマスによる福音書《ふくいんしょ》
キリスト教史上、最古・最大の異端グノーシス派によってつくられたトマス福音書。同書は資料的に正典福音書と匹敵する一方、同派ならではの独自なイエス像を示す。第一人者による異端の福音書の翻訳と解説。

1149

宮家《みやけ》　準《ひとし》著
日本の民俗宗教
従来、個々に解明されてきた民間伝承を宗教学の視点から捉えるため、日本人の原風景、儀礼、物語、図像等を考察。民俗宗教の世界観を総合的に把握し、日本の民間伝承を体系的に捉えた待望の民俗宗教論。

1152

小田垣雅也著
キリスト教の歴史
イエス誕生から現代に至るキリスト教通史。旧約聖書を生んだユダヤの歴史から説き起こし、イエスと使徒たちによる布教やその後の教義の論争や改革運動を、世界史の中で解説した。キリスト教入門に最適の書。

1178

山田　晶著（解説・飯沼二郎）
アウグスティヌス講話
アウグスティヌスの名著『告白』を綿密に分析し「青年期は放蕩者」とした通説を否定。また「創造と悪」の章では道元との共通点を指摘するなど著者独自の解釈が光る。第一人者が説く教父アウグスティヌスの実像。

1186

道教の神々

窪　徳忠著

道教の神々の素顔に迫る興味尽きない研究書。日本の習俗や信仰に多大の影響を及ぼした道教。鍾馗や竈の神など、中国唯一の固有宗教といわれる道教の神々を紹介。道教研究に新局面を拓いた著者の代表作。

1239

宗教学入門

脇本平也著（解説・山折哲雄）

人間生活に必要な宗教の機能と役割を説く。宗教学とは何か。信仰や伝道とは無縁の立場から世界の多宗教を客観的に比較考察。宗教を人間の生活現象の一つとして捉え、その基本知識を詳述した待望の入門書。

1294

玄奘三蔵《げんじょうさんぞう》　西域・インド紀行

慧立《えりゅう》・彦悰《げんそう》著／長澤和俊訳

天竺の仏法を求めた名僧玄奘の不屈の生涯。七世紀、大唐の時代に中央アジアの砂漠や天に至る山巓を越えて聖地インドを目ざした求法の旅。更に経典翻訳の大事業に生涯をかけた玄奘三蔵の最も信頼すべき伝記。

1334

仏陀のいいたかったこと

田上太秀《たがみたいしゅう》著（解説・湯田　豊）

釈尊の言動のうちに問い直す仏教思想の原点。霊魂の否定、宗教儀礼の排除、肉食肯定等々、釈尊の教えは日本仏教と異なるところが多い。釈尊は何を教えどこへ導こうとしたのか。仏教の始祖の本音を探る好著。

1422

夢中問答集

夢窓国師《むそうこくし》著／川瀬一馬校注・現代語訳

仏教の本質と禅の在り方を平易に説く法話集。悟達明眼の夢窓が在俗の武家政治家、足利直義の問いに懇切丁寧に答える。大乗の慈悲、坐禅と学問などについて、欲心を捨てることの大切さと仏道の要諦を指し示す。

1441

歎異抄

梅原　猛全訳注（解説・杉浦弘通）

大文字版

流麗な文章に秘められた生命への深い思想性。悪人正機、他力本願を説く親鸞の教えの本質とは何か。親鸞の苦悩と信仰の極みを弟子の唯円が書き綴った聖典を、詳細な語釈、現代語訳、丁寧な解説を付し読みとく。

1444